처음 읽는
중국
현대철학

처음 읽는 중국 현대철학

캉유웨이에서 리쩌허우까지, 현대 중국을 이해하는 첫걸음

ⓒ 중국현대철학연구회, 2016

초판 1쇄 펴낸날 2016년 4월 25일

지은이 중국현대철학연구회
펴낸이 이건복
펴낸곳 도서출판 동녘

전무 정락윤
주간 곽종구
책임편집 이정신
편집 최미혜 박은영 이환희 사공영
미술 조하늘 고영선
영업 김진규 조현수
관리 서숙희 장하나 김지하

교정·교열 김보은
인쇄·제본 영신사 **라미네이팅** 북웨어 **종이** 한서지업사

등록 제311-1980-01호 1980년 3월 25일
주소 (10881) 경기도 파주시 회동길 77-26
전화 영업 031-955-3000 편집 031-955-3005 **전송** 031-955-3009
블로그 www.dongnyok.com **전자우편** editor@dongnyok.com

ISBN 978-89-7297-760-5 03150

처음 읽는

중국
현대철학

캉유웨이에서 리쩌허우까지, 현대 중국을 이해하는 첫걸음

중국현대철학연구회 지음

동녘

| 일러두기 |

1. 맞춤법과 띄어쓰기는 '한글 맞춤법'에 따랐다. 다만 이 책에 등장하는 현대 중국 인명 및 지명 등은 국립국어원에 등재되어 있지 않은 경우 원어에 가깝게 표기했다.

2. 본문에 사용한 기호의 쓰임새는 다음과 같다.
   《》: 단행본, 잡지명
   〈〉: 논문, 신문명 등

3. 이 책에 등장하는 단행본의 경우 국내에 번역 출간된 경우는 번역서의 제목을 따랐으나, 출간연도는 원서의 초판 출간연도를 따랐다. 번역되지 않은 단행본 및 잡지, 논문 등은 독자들의 이해를 돕기 위해 원서의 제목을 번역해 표기했다.

4. 이 책의 본문 중 세 장은 글쓴이들이 기존에 발표된 자신의 글을 참조·수정·재인용해 새로 작성한 글이다.
   1장: 이연도, 〈대동과 유토피아: 강유위 사상의 특색〉(《한국철학논집》 18, 2006)을 기본으로 함.
   2장: 양일모, 《옌푸: 중국의 근대성과 서양사상》(태학사, 2008), 〈중국의 근대성 문제와 엄복의 《천연론》〉(《중국학보》 53, 2006)을 참조함.
   3장: 고재욱, 〈웅십력의 본체론 연구〉(《퇴계학연구》 7, 1993), 〈웅십력의 심성론 연구〉(《성곡논총》, 27-4, 1996)를 수정 및 재인용함.

목차

o

o

머리말

최근 중국 근현대철학에 대한 연구는 예전에 비해 괄목할 만한 성과를 거두고 있습니다. 이는 '현대 신유학' 연구를 중심으로 하는 타이완, 홍콩 철학계뿐만 아니라 중국 대륙에서도 두드러지게 나타나는 현상입니다. 해외의 다양한 연구 시도에 비해, 이 분야에 대한 국내의 논의는 여전히 초보적인 단계에 있습니다. 우리 사회에서 중국과 중국 문화에 대한 관심이 비약적으로 증가한 현실에 비추어 볼 때, 이는 매우 유감스러운 일이 아닐 수 없습니다. 철학이 한 나라의 문화를 이해하는 핵심이라는 것은 모두 알고 있는 사실입니다. 현재의 중국을 올바로 이해하기 위해서는 지금 그들의 의식형태를 구성하는 철학사상에 대한 이해가 불가피합니다. 이 책의 글쓴이들이 각자의 글에서 다루려고 했던 주제 역시 이러한 문제의식에서 출발한 것입니다.

중국의 근대는 언제부터 시작되었을까요? 학계에서는 일반적으로 1840년 아편전쟁을 기점으로 보고 있습니다. 영국과의 무역관계 속에서 빚어진 마찰이 군사력의 충돌로 이어진 이 전쟁은 중국을 봉건 전제의 깊은 잠에서 깨어나게 했습니다. 근대의 시작이 자신의 선택이 아닌 외세와의 충돌에 의한 것이라는 사실은 중국으로서는 자존심 상하는 일이겠지만, 이 충격은 3,000여 년을 이어 내려온 왕조체제를 전면적으로 바꾸어놓았습니다.

근대 중국은 중국 역사상 가장 위기의 시기였습니다. 중국의 역사에서 이민족의 침입에 의한 왕조의 교체는 자주 있었던 일입니다. 중국의 마지막 왕조인 청나라 역시 동북의 소수민족인 만주족에 의해 창건되었습니다. 우리는 흔히 중국의 역사가 대부분 한족에 의해 지배되었다고 생각하지만, 중국에서 이민족의 지배는 생각보다 훨씬 길게 진행되었습니다. 그럼에도 불구하고 문화적으로 별다른 마찰이 빚어지지 않았던 이유는 중국의 독특한 화이론華夷論에 있습니다. 춘추시대 이래로 중국에서 중화中華의 기준은 종족보다는 그 문화에 있었습니다. 몽골족이 지배한 원나라나 만주족의 청나라는 모두 유학을 국가이념으로 삼고 전통문화를 계승했다는 측면에서 큰 문제가 되지 않았습니다. 중국에서 근대의 위기가 심각한 의미를 갖는 것은 그 충격이 문화와 전통을 완전히 달리하는 서구의 침략에 의한 것이라는 데에서 비롯됩니다. 철학이나 문화의 측면에서 이러한 긴박감은 더욱 명백하게 나타납니다. 중국

9

은 외부에서 유입된 사상을 자신의 전통사상으로 해석하는 문화가 오래전부터 형성되어 왔습니다. 불교가 중국에 전래된 이후 중국 특유의 천태종이나 선종으로 거듭난 것은 그 좋은 예입니다. 그런데 근대 중국에서는 지식인들이 오히려 서구의 개념을 사용하여 중국의 전통사상을 해석하였습니다. 그들이 전통적으로 사용했던 '격의格義'의 방식이 거꾸로 적용되었다는 점에서 이는 질적으로 완전히 다른 변화를 의미합니다. 그런 점에서 근대 중국 지식인의 가장 중요한 관심은 '중국을 외세의 위협으로부터 어떻게 보존할 것인가'였으며, 나아가 '중국이 어디로 나아가야 하는가'였습니다.

중국의 지식인들이 민족의 위기, 물밀듯 밀려드는 서학西學의 공세에 직면해서 어떻게 대응했는가는 흥미 있는 주제가 아닐 수 없습니다. 철학사에서 근현대 중국이 의미를 갖는 것도 이 시기에 춘추시대에 비견될 만큼 새롭고 다양한 사상들이 등장하기 때문입니다. 새로운 사상의 탄생은 아무 때나 이루어질 수 없습니다. 패러다임의 전환은 시대의 변화와 밀접한 관계가 있습니다. 정치·사회·문화의 거대한 변환기에 철학은 새로운 날개를 폅니다. 그런 점에서 근현대 중국은 새로운 사상의 탄생에 적합한 조건을 갖추었다고 할 수 있습니다.

근현대 중국의 사상 흐름은 크게 세 가지로 볼 수 있습니다. 첫째, 전통 유학의 근대적 전환, 둘째, 현대 신유학의 등장, 셋째, 사회주의의 도입과 발전입니다. 이 책은 이를 바탕으로 각 사상 조류의 대표적인 철학자들을 뽑아 그 주요 사상을 소개하고 분석한 글들을 묶었습니다. 캉유웨이康有爲(1858~1927)와 옌푸嚴復(1854~1921), 량수밍梁漱溟(1893~1988)의 사상은 전통 유학자들이 사회·정치적 전환기에 어떻게 대응했는지를 잘 보여줍니다. 아울러 진화론을 비롯한 서구의 철학사상이 당시 중국의 지식인들에게 어떻게 받아들여졌는지 파악할 수 있는 계기가 될 것입니다.

현대 신유학의 대표적 인물인 슝스리熊十力(1885~1968), 탕쥔이唐君毅(1909~1978), 모우쫑산牟宗三(1909~1995), 쉬푸관徐復觀(1903~1982), 그리고 사회주의 중국에 남아 중국 현대철학의 토대를 닦은 펑유란馮友蘭(1895~1990)의 철학사상은 중국 현대철학의 쟁점에 대한 다양한 시각과 깊이 있는 논의를 엿볼 수 있게 합니다. 마지막으로 천두슈陳獨秀(1879~1942)와 리다자오李大釗(1889~1927), 마오쩌둥毛澤東(1893~1976)의 사상에서는 중국적 사회주의의 도입과 발전 과정에 대한 이해를 다루었습니다. 이를 통해 중국에서 사회주의가 성립된 배경과 함께 중국 특색의 정치사상으로 어떻게 정착했는가를 확인할 수 있을 것입니다. 생존해 있는 철학자인 리쩌허우李澤厚(1930~)의 철학사상은 "서학西學을 체體로 하고, 중학中學을 용用으로 한다"라는 그의 독특한 학설만큼이나 흥미롭습니다.

전통 철학사상을 현실에 맞게 재해석하고, 이를 개혁의 근거로 삼은 것은 근대 이래 중국 지식인이 주로 사용하는 방법이었습니다. 중국의 이러한 시도는 유학을 비롯한 중국 철학에 새로운 생명력을 가져왔다는 점에서 충분한 의의를 가지고 있습니다. 전 세계가 신자유주의의 그늘 아래 경제뿐만 아니라 사상·문화 영역에서도 획일화되어가는 추세에서 이는 중국뿐만 아니라 우리에게도 시사하는 부분이 적지 않다고 생각합니다.

이 책의 글쓴이들은 2005년 결성된 중국현대철학연구회에서 함께 공부해온 동학들입니다. 척박한 환경에서 연구회의 기틀을 잡느라 애쓰신 고재욱 선생님, 이명한 선생님, 문병도 선생님, 그리고 지난해 여름 갑작스럽게 저희 곁을 떠나신 김병채 선생님께 감사드립니다. 또한 지난 10여 년 동안 연구회의 학술 활동을 지원해준 한국고등교육재단에도 고마움을 전합니다. 여기에서 미처 다루지 못한 현대 중국의 철학자들이 적지 않습니다. 이는 앞으로 우리 연구자들이 계속 채워나가야 할 과제입니다. 이 책은 우리 사회에서 불모지나 다름없던 중국 현대철학에 뿌린 작은 씨앗이라고 생각합니다. 여러 선배, 동학들의 가르침과 독자분들의 관심을 바랍니다.

이 책의 출간을 결심해 주신 동녘 출판사와 편집을 도맡아 수고해주신 이정신 선생님께 감사드립니다.

2016년 봄 글쓴이를 대표하여, 기획을 맡은 이연도 씀.

1장

캉유웨이와 대동사상
중국 대동사상의 근대적 전환

—

이연도

캉유웨이
康有爲(1858~1927)

캉유웨이는 1858년에 광둥성 남하이에서 태어났다. 본명은 조이祖詒, 자字는 광하廣廈, 호號는 장소長素이다. 관료 집안 출신으로 유년에는 유교 전통교육을 받았다. 청년기에는 서방으로부터 들어온 자연과학 지식과 사회, 정치학설을 공부하였다. 1888년 청프전쟁 패배의 자극 속에서 '수재(秀才: 지방 향시에 급제한 선비)'의 자격으로 황제에게 글을 올려 변법(變法: 정치·사회 제도의 개혁)을 주장하였다. 1888년부터 1898년까지 일곱 차례 상소를 올려 정치체제의 개혁을 건의하였다. 1895년 청일전쟁 패배로 일본과 맺은 시모노세키 조약의 폐지를 주장하며 회시(會試: 황제 앞에서 치르는 최상급 과거시험)에 모인 거인(擧人: 성급省級 과거에 급제한 선비) 1,300여 명과 함께 올린 〈공거상서公車上書〉는 캉유웨이를 전국적으로 유명하게 만든 상소였다. 청나라 말기의 금문경학 부흥운동의 대표적인 학자로, 1891년 고문경학이 모두 후한의 유흠에 의해 위조된 것이라는 주장을 담은 《신학위경고》를 출간하였다. 1898년 광서제가 단행한 정치, 사회 개혁 조치인 무술변법을 주도하였으며, 이를 전후하여 부국자강을 위한 모임인 강학회强學會와 성학회聖學會, 보국회保國會 등을 조직하였다. 무술변법이 실패로 끝난 후 해외로 망명하여 황제를 보위하는 모임인 보황회保皇會를 조직하여 입헌군주제를 주창하였다. 1902년 망명지에서 집필한 《대동서》는 중국의 대동사상과 서양 유토피아 이론을 결합한 것으로 중국의 유토피아 사상을 대표하는 저작이다. 1911년 신해혁명이 발발하자 공교회孔教會(공자孔子(B.C.551~B.C.479)를 교주로 하는 종교)를 조직하여 초대회장을 역임하였다. 1913년 잡지 《불인不忍》을 창간하였으며 1917년 장훈의 복벽復辟(황제 복원 운동)에 참가하였다. 1927년 청도에서 병사하였다. 주요 저작으로는 《신학위경고》, 《대동서》 이외에 《공자개제고》, 《춘추동씨학》, 《예운주》, 《중용주中庸注》, 《논어주》, 《맹자미》 등이 있다.

유토피아주의의 흥기

"공자의 도는 크고 위대하다. 그 전부를 볼 수 없으니, 잠깐 그 일부만 보아도 좋겠지만, 애석하게도 그 뜻이 너무 심오하고 넓어서 몇 마디 말로 그 요지를 파악할 수는 없다. 그러므로 모든 주석서를 버리고, 경문을 탐구하였는데, 〈예운禮運〉을 읽고 비로소 공자의 삼세의 변화와 대도의 진실이 여기에 있다는 것을 알게 되었다." (《예운주禮運注》, 1884 서문)

근현대 중국은 춘추전국시대 이래 자신의 학설을 성현의 가르침에 의지하지 않고 독자적으로 펼치는 '백가쟁명百家爭鳴'이 다시 도래한 시기입니다. 근대 중국에서 가장 광범위하게 논의된 주제는 '민족국가' 논쟁이었습니다. 이민족의 지배를 받았던 청나라에 대한 반발로 '한족漢族'을 중심으로 한 민족국가 건설을 주장하는 그룹과 이에 반대하는 주장이 팽팽하게 맞선 이 논쟁은 청일전쟁에서 신문화운동에 이르기까지 당시 중국의 시대 상황과 맞물려 큰 사상적 영향을 미쳤습니다. 이와 더불어 또 하나의 사상 조류가 크게 유행했는데, 바로 유토피아주의 즉 이상사회에 대한 모색이었습니다. '유토피아'라는 용어는 옌푸의 《천연론天演論》(1898)에 처음 등장하며 원어를 중국어 발음대로 표기한 '우투오팡烏托邦'으로 표현되었습니다. 유토피아 사상은 주로 기존의 정치사회체제가 전면적인 위기에 처했을 때 대두됩니다. 독일의 사회학자 칼 만하임Karl Mannheim(1893~1947)은 "집단적·무의식적 동기가 의식화되는 과정은 모든 시대에 다 있었던 것은 아니며, 특수한 상황 속에서만 실현될 수 있다"라고 하였는데, 근대 중국은 유토피아주의가 흥기할 수 있었던 최상의 조건을 갖춘 시대인 셈입니다. 이천여 년을 유지해온 전제왕권체제가 근본적으로 흔들리는 상황에서 새로운 정치체제가 어떤 모습이어야 할지 당시 지식인들의 고민은 이상적인 사회 건설이라는 꿈과 맞물려 있었습니다.

캉유웨이의 대동사상은 이런 시대적 배경에서 나온 것입니다. 그의 저서 《대동서大同書》(1902)는 동서양의 이상사회에 대한 내용을 풍부하게 담고 있습니다. 여기엔 중국의 전통 유학사상과 대승불교의 영향이 반영되어 있으며 기독교와 묵가의 종교적 구원관, 서구 유토피아 사상까지 이상사회의 특징을 골고루 담고 있습니다. 캉유웨이 대동사상의 가장 두드러진 특징인 '세계주의'와 '민주주의'는 이 시기의 변화하는 사상적 경향을 반영한 것입니다. 국경을 철폐하고 남녀평등을 기본으로 한 차별 없는 사회라는 그의 주장은 서구의 공화체제와 민주주의를 중국식으로 재해석한 것입니다. 현대 신유학의 특징이 중국의 전통사상을 서양의 철학이나 방법론으로 해석한 것이라고 한다면 캉유웨이는 이를 가장 먼저 시도한 사상가 중의 한 명입니다. 그는 유가의 '인仁' 사상을 바탕으로 서구의 사회사상을 흡수하여 자신만의 독특한 사상체계를 구성하였습니다.

캉유웨이를 중국 현대철학의 첫머리에 두는 이유는 그가 전통 유학을 근현대 중국의 현실에 맞게 재해석하고 이를 개혁의 근거로 삼았기 때문입니다. 그의 사상은 전환시기인 근현대 중국의 시대적 배경과 사상적 흐름을 잘 반영하고 있습니다. 그런 측면에서 그는 전통 유학의 마지막 장에 해당하는 인물이면서, 새로운 철학의 막을 여는 사상가입니다. 전통 경학經學의 계승자이면서 동시에 유학을 시대적 요구에 맞춰 재해석하는 그의 태도는 유학의 근대적 전환을 이루고, 새로운 생명력을 가져왔다는 점에서 중요한 의의를 갖고 있습니다. "전통문화를 무조건 사수하자"는 봉건 유학자들과 "전면적으로 서구를 본받자(全法歐美論)"는 진보주의자들의 대립이 심각한 당시 사상계에서 동서사상의 융합을 꾀하고 유학을 새롭게 해석한 그의 태도는 오늘날 재평가할 여지가 있다고 생각합니다.

캉유웨이는 수십 권에 이르는 방대한 분량의 저서를 남겼는데, 그 중에서 가장 대표적인 책은 《신학위경고新學僞經考》(1891), 《공자개제고孔子改制考》(1898), 《대동서》를 들 수 있습니다.

춘추공양학의 설법: 미언대의

《신학위경고》와 《공자개제고》는 캉유웨이가 금문경학今文經學의 입장에서 전통 경학(고문경학古文經學)을 비판한 저서입니다. 한나라 때 유가 고전을 해석한 경서는 금문今文과 고문古文으로 나뉩니다. 고문은 진나라 이전의 문자인 전서篆書 계통의 문자를 가리킵니다. 진시황의 분서焚書로 인해 위기에 처한 경서經書들을 당시 학자들이 은밀한 곳에 감추었는데, 한나라 때 이를 새로 발굴한 경우가 있었고 그때 발견된 경서들을 정본正本으로 보는 경학을 고문경학이라고 부릅니다. 금문경학은 한대 문자인 예서隸書로 쓴 경서를 가리킵니다. 한대에 유학이 존중되면서 금문과 고문으로 기록된 경서를 둘러싸고 그 진위와 존중을 놓고 큰 논쟁이 벌어졌는데, 이를 금고문논쟁今古文論爭이라고 부릅니다.

청 말 금문경학의 흥기는 당시의 시대적 상황과 깊은 연관이 있습니다. 아편전쟁과 연이은 서구 열강과의 전쟁에서 잇달아 패배한 청조의 지식인들은 중국이 쇠약해진 원인을 학문의 중점이 잘못되었기 때문이라고 보았습니다. 송명대 이래 유학의 중점은 정치와 경제에 있지 않고 인간의 심성에만 치중되어 있었습니다. 본래 공자가 중심으로 삼은 것은 '개제改制'인데, 이를 역사와 교육에만 한정시킨 것이 문제라는 것입니다. '개제'란 정치제도의 개혁을 의미합니다. 이러한 인식 아래 한대 초기의 금고문논쟁이 청나라 말기에 다시 부각됩니다. 고문경학은 공자를 만세의 스승으로 여겨 그가《논어》에서 밝힌 '술이부작述而不作(옛일을 서술할 뿐이지 새로 창작하지는 않는다)'의 원칙에 따라 그를 교육자로 규정합니다. 이에 비해 금문경학은 공자가 제자들과 열국을 주유한 것은 자신의 정치적 이상을 펼치기 위함이며,《춘추》역시 공자의 정치 개혁에 대한 의지를 담고 있는 책이라고 주장합니다. 한대 중기 이후 금문경학은 그 세력을 잃고 이후 중국의 학술세계는 고문경학이 주류를 이뤄왔습니다. 청나라 말기의 위기 상황이 지하에 있던 금문경학을 다시 소환하였습니다. 중국이 위기에 처한 이유가 학문의 중점이 정치나 경제에 있지 않고 심성 수양에만 치중했다는 반성이 일었던 것입니다. 이 시기 금문경학의 부흥은 장존여莊存與(1719~1788), 유봉록劉逢祿(1776~1829) 등에 의해 주도되었는데, 그 내용이 한대의 금문경학과는 큰 변화가 있습니다. 경학의 해석 대상이《춘추공양전》뿐만 아니라 사서오경으로 크게 확대된 점이 그 대표적인 예입니다. 공자진龔自珍(1792~1841)과 위원魏源(1794~1857)은 이들을 이은 사상가들로 금문경학의 근대적 전환 과정에서 중요한 역할을 한 사람들입니다. 특히 위원의 '사이제이師夷制夷(오랑캐의 기술을 배워 오랑캐를 제압한다)' 주장은 양무운동의 사상적 기반을 제공한 것이기도 합니다. 서구 열강과의 전쟁에서 패한 청조는 중국의 전통적인 정치, 문화는 그대로 유지하며 서양의 과학 기술을 수용하여 개혁을 진행하였는데, 이를 '양무운동洋務運動'이라 합니다.

금문경학에서 가장 중요한 경전은 《춘추공양전》입니다. 《춘추》는 《공양전公羊傳》, 《곡량전穀梁傳》, 《좌전左傳》 등 세 종류의 경전이 있는데, 금문경학은 《공양전》을 '정전正典'이라고 여겼습니다. 고문경학으로 분류되는 《춘추좌전》이 역사적 고증과 사실에 중점을 둔 '역사서'인 데 비해 《춘추공양전》은 공자의 본래 뜻을 밝히는 것을 중점에 둔 경전입니다. 공자의 개제 의지가 행간에 숨어 있다고 본 《공양전》의 관점으로 《춘추》를 재해석한 학문이 바로 '춘추공양학'인데 이것이 금문경학의 주요 내용입니다. 이는 공자의 현실 정치에 대한 관심을 반영한 것으로 청 말 현실 정치의 개혁과 백성의 구제가 가장 중요한 과제로 등장하면서 자연스럽게 다시 부각된 것입니다. 캉유웨이 역시 금문경학파의 맥락을 이어 춘추공양학의 입장에서 자신의 주장을 펼쳐나갑니다.

캉유웨이가 춘추공양학의 입장을 채택한 데에는 여러 원인이 있겠지만, 가장 중요한 것은 '미언대의微言大義'를 강조한 공양학의 표현 방식도 큰 이유일 겁니다. '미언微言'은 미래의 징조를 약속하는 은밀〔隱〕한 말〔言〕이라는 뜻입니다. '대의大義'는 큰 뜻으로, '미언대의'는 역사적 사건이나 인물에 대해 간결한 문장의 숨은 뜻을 통해 자신의 의지를 표현하는 방식을 말합니다. 공자가 《춘추》를 쓸 때 사용한 방식이어서 '춘추필법春秋筆法'이라고 하기도 합니다. 캉유웨이는 학문을 함에 있어 자신의 창조적 견해를 중시했으며 그의 제자들에게도 이를 여러 차례 강조하였습니다. 만목초당萬目草堂에서 제자를 양성할 당시 그는 선현의 경전을 읽을 때 가장 중요한 조건은 자신의 사유작용을 통해 선현이 본래 말하고자 하는 뜻이 무엇인지 파악하는 것이라고 보았습니다. 성인聖人의 뜻은 경전에 미처 반영되지 못한 것이 있고 구전口傳에 의한 것은 전달되지 못한 내용이 있기 때문입니다. 경전의 자구字句는 후학의 창조적 해석을 기다리는 것으로 결코 '교조敎條'로 여겨선 안 된다는 것이 그의 지론입니다. 캉유웨이가 강조한 이 조건은 공양학의 '미언대의'에 딱 들어맞는 표현 방식입니다.

　캉유웨이는 공자 사상의 정수로 《춘추》를 들었는데, 그는 공자가 《춘추》를 지은 목적은 '왕도'가 이미 쇠약해진 상태에서 《춘추》를 통해 그의 개혁 의지를 표현하고자 한 것으로 보았습니다. 그러므로 《춘추》의 본뜻은 '미언'을 통한 방식으로 전달될 수밖에 없습니다. 그 본의가 구전에 의탁하여 은밀하게 전수될 수밖에 없으니, 《춘추공양전》을 이해하기 위해선 먼저 공자의 개제 의지를 믿어야 합니다. 공자의 현실 정치에 대한 관심과 의지를 믿지 못한다면 이 책은 아무런 쓸모도 없는 책입니다. 캉유웨이의 《신학위경고》는 이러한 내용을 기반으로 동한東漢 이래의 고문경학이 모두 유흠劉歆(B.C.53?~B.C.25?)에 의해 위조된 것임을 밝힌 저서입니다. 한나라는 유방劉邦(B.C.247?~B.C.195)이 세웠는데, 중간에 그 명맥이 끊어졌다 다시 광무제光武帝(B.C.6~A.D.57)에 의해 복원되었습니다. 수도 역시 서안에서 낙양으로 옮겨졌기 때문에, 광무제 이후 복원

된 한나라를 동한東漢이라 부릅니다. 서한과 동한 사이에 왕망王莽 (B.C.45~A.D.23)이 세운 신新나라가 있는데, 유흠은 당시의 대표적 인 경학자입니다. 캉유웨이는 동한 이래의 고문경학이 이 유흠에 의해 위조된 경전이라는 주장을 폈습니다. 캉유웨이는 금문경학이 비록 공자의 작품이 아니라 할지라도 최소한 그 제자의 작품인 것 은 분명하며 공자의 뜻을 가장 잘 표현하는 것으로 보았습니다. 유 학은 선왕의 도를 발휘하여 백성의 어려움을 구제하는 데 그 뜻이 있으며, 고대의 예의전장禮儀典章(예의 규칙과 형식에 대한 자세한 기록) 에 함몰되어 있는 고문경학은 공자의 본의와는 거리가 멀다는 것 입니다. 캉유웨이는《공자개제고》서문에서 다음과 같이 말합니다.

하늘은 이미 대지를 살아가는 사람들이 많은 곤란을 겪고 있는 것을 가엾이 여겼으므로, 흑제(黑帝: 오행설에서 북쪽을 맡은 신)는 정기精氣를 내려 백성의 환란을 구제하고, 신명이 되게 하고, 성왕이 되게 하고, 아 울러 시대의 스승이 되게 하여 만민의 보루로 삼았다. 또한 대지의 교 주가 되게 하였다. 공자는 난세에 태어났으니, 난세에 의거하여 삼세의 법을 수립하여 태평세를 위해 온 정신을 쏟았다. 그리하여 마침내 대지 의 원근대소를 아우른 하나의 대일통을 이루는 데 전력을 다하였다.

근대 중국의 지식인들 대부분은 사상의 실천성을 무엇보다도 강조하였습니다. 캉유웨이는 무술변법戊戌變法을 주도한 인물로 그 역시 실천을 그 무엇보다 중시하였습니다. 캉유웨이는 인仁의 작용 은 세상을 구제하는 데 있다고 보았습니다. 그는 '자신을 지키기만 〔自守〕' 하는 공부는 세상에 아무런 도움이 되지 못한다고 강력하게 비판합니다. 캉유웨이가 당시의 유학자들을 '송유宋儒'라 부르며 비판한 가장 큰 이유는 그들이 '자신의 깨끗함[潔身]'에만 치중하며 정작 '세상과 백성을 구하는 일[濟世]'에는 소홀하다고 생각했기 때문입니다. 캉유웨이는 이는 공자의 본뜻과는 거리가 멀다고 보았습니다.(《논어주論語注》, 1984) 인仁이란 자신이 원하는 바를 사람들에게 베푸는 것이며 백성과 더불어 즐거움을 함께 하는 데 있기 때문이라고 여겼기 때문입니다.

캉유웨이는 당시 학자들의 가장 큰 병폐가 실질적인 공부를 소홀히 한 채, 공리공담空理空談의 늪에 빠져 있는 것이라고 보았습니다. 인仁의 최종목표는 "백성을 구하고, 널리 중생을 구제하는 데 있다[普救生民, 博濟衆生]"라고 생각한 것입니다. 유학의 이상理想은 성인의 도를 본받아 자신을 수양하고, 이를 바탕으로 왕도의 정치를 실행한다는 '내성외왕內聖外王'에 있으며 그 어느 일면에 치중하여 다른 한쪽을 소홀히 한다면 이는 유학의 기본 도리를 저버리는 일이 된다고 본 것입니다. 공자가 수십 년 동안 여러 나라를 돌아다닌 이유 또한 오로지 백성을 구하고자 하는 일념에서였습니다. 캉유웨이는 이것이 공자가 백성을 구하고자 하는 의지의 실천이며, '차마 다른 사람의 고통을 견디지 못하는' 마음의 구체적 발로라고 보았습니다. 이 점에서 그는 심성론과 본체론에 빠져 '개제改制'의 본래 목적을 잃어버린 유학에 대해 강한 불만을 토로합니다. 그의 저서인 《신학위경고》, 《공자개제고》, 《대동서》는 심성유학의 그늘에 가려 무시되어온 정치유학政治儒學의 역할을 되살리려는 시도라고 볼 수 있습니다.

캉유웨이의 당시의 유학자들에 대한 비판은 구체적이고도 신랄

했습니다. 그는 전통의 도리만을 중시하고 일의 실질을 가벼이 여기는 유학자들의 태도는 문제가 많다고 보았습니다. 이는 그가 전통 유가에서 비판의 대상이었던 관중(管仲, B.C.725~B.C.645, 제나라의 환공을 춘추오패의 첫 번째 패자로 만드는 데 큰 역할을 한 재상)을 옹호하는 태도에서도 확인할 수 있습니다. 세상에서 가장 큰 불행은 전쟁이며, 전쟁을 막는 일은 가장 큰 인仁을 실천하는 행위입니다. 천하의 전쟁을 그치게 하고 백성들의 생명을 보존할 수 있게 한 관중의 공은 그 무엇보다도 큰 것입니다. 관중을 비난한 송명 유가가 결국엔 나라를 이민족의 지배에 내맡기고, 백성을 도탄에 빠뜨린 이유는 그들이 공자의 본래 가르침을 잃고, 일의 실질을 가볍게 여긴 데서 비롯된 것이라는 것입니다. 그의 이러한 태도에는 서구 열강에 의해 국가의 존망이 위협받는 당시의 상황이 반영되어 있습니다.《대동서》의 시작은 "전쟁을 반대하고 이를 위해 국가 간의 경계를 해소하자〔去國界合大地〕"라는 제안입니다. 알렉산더 대왕이나 진시황, 칭기즈 칸과 같은 전쟁 영웅을 한낱 '도살수'에 불과하다고 비판한 데서 그의 평화에 대한 열망을 읽을 수 있습니다. 이 점에서 그는 덕을 힘보다 중시한 유가의 전통에 충실합니다. 유가가 지향하는 성인聖人의 모습은 백성과 괴로움을 함께 하고 아픔을 같이 겪는 사람입니다. 여기에서 캉유웨이는 천하를 자신의 임무로 여기는 유가 지식인의 모습을 고스란히 드러냅니다.

대일통설과 삼세설

'대일통大一統'설과 '삼세三世'설은 춘추공양학의 핵심사상입니다. '대일통'의 형성은 동중서董仲舒(B.C.170?~B.C.120?)에서 시작되어 하휴何休(129~182)의 《춘추공양해고春秋公羊解詁》에서 완성됩니다. 《춘추공양전》은 원년元年의 시작을 주문왕周文王으로 보고, 하늘의 명을 받은 그가 천하 만물을 다스리고 양성할 권한을 가졌다고 보았습니다. 대일통은 왕이 명을 받아 정치를 할 때 그 다스림의 영역이 인간에서 산천초목에 이르기까지 두루 펼쳐져 있음을 의미합니다. 하휴의 해석에 의하면 천자의 대일통을 체현하기 위해서는 반드시 제후로부터 서인, 그리고 산천의 만물에 이르기까지 천자의 통치 아래 포섭되어야 합니다. 중국이 광대한 국가로 역사적으로 오랫동안 통일 국면을 유지해온 근거가 여기에 있습니다. 천하가 하나로 통일되어 있으며 그 정점에 천자가 있다는 '천하관'은 중국의 전통 사유에서 중요한 개념입니다. 이와 대응하는 화이론華夷論은 고대 중국에서 한족 중심의 자아의식을 드러내는 개념입니다. 화이론은 한족과 이민족을 명확히 구분하는 이론이기 때문입니다. 청나라 때 만주족이 중원에 들어온 이후 이민족이 중화민족의 도통을 대표하는 계승자가 되었습니다. 과거의 화이 개념으로는 이를 해석할 길이 모호했는데, 청조는 양자의 차이를 종족이 아닌 문화의 계승 여부로 둠으로써 이를 해결했습니다.

근대 중국은 민족주의가 성행한 시기로 장태염章太炎(1869~1936) 등은 강력하게 '한족' 혁명을 주장하며 종족 간의 구별을 강조하였습니다. 캉유웨이는 일관되게 이러한 시각을 반대하였는데 그 근거로 대일통의 전통을 들었습니다. 《춘추》의 뜻은 '덕을 중히 여기고 종족을 가볍게 본다(重德輕種)'는 것입니다. 캉유웨이 대동사상의 중요한 특징이 '세계주의'인데, 그 근거가 되는 사상이 바로 대일통인 셈입니다. 그는 대일통을 인류 진화의 자연적인 귀결로 보았습니다. 인류의 역사는 '종족'에서 대일통으로 가는 궤도를 따라 발전하며, 그에 따라 정치체제 또한 군주제에서 공화제로 가는 것이 순리라고 본 것입니다. 민족주의가 성행하고 만주족과 한족의 대립이 첨예한 근대 중국에서 캉유웨이의 이런 행동은 결코 쉬운 일이 아니었을 것입니다. 아울러 《춘추공양전》에서 제기된 삼세설은 공자의 정치구도가 시대적으로 진화한다는 의미를 담고 있습니다. 인간의 역사 과정은 거란세據亂世에서 시작하여 승평세昇平世로 이어지고 태평세太平世로 나아간다는 것이 삼세설의 요체입니다. 이는 중국에서 전통적인 이상사회를 요순堯舜이라는 과거의 원시사회에 두었던 것과는 큰 차이가 있습니다. 역사의 발전은 저급한 단계에서 고급한 단계로 나아가며, 이상사회가 과거보다 미래에 있다고 하는 관점의 변화에 주목할 필요가 있습니다. 캉유웨이는 공자가 《춘추》를 지은 목적이 '왕도'가 이미 쇠해진 상태에서 그의 정치 개혁에 대한 의지를 표현하려는 데 있다고 보았습니다.

《춘추》에는 한 집안에 관한 말이 있는가 하면, 한 나라에 관한 말이 있다. 신하된 백성 자신과 가족, 국가의 군주와 재상, 천하의 만국에 이르기까지 모든 권리와 의무가 규정되어 있다. 권리와 의무란 《춘추》에서 말한 명분을 가리킨다. 모두가 명분을 지키게 되면 모두가 각각의 자리를 얻을 것이다. 공자는 당시의 성인이었다. 기운이 변한다는 것을 알아 시기에 맞추어 주나라 문화를 세상에 적용시켰다. 그것은 당시 거란세의 법이었다. 그것이 구비되자 다시 장래의 제도를 위해 법을 수정할수 있도록 하고, '삼통'(흑통黑統, 백통白統, 적통赤統으로 하, 은, 주 삼대를 가리킨다)을 통하게 했다. 아울러 진화의 도를 말하고, 시대와 더불어 진전시켜 시의時宜에 부응하도록 하였다. 승평세와 태평세의 법을 마련하여 미래의 대동세에서 법을 수정할 때 근거로 삼도록 했다. (《춘추 미언대의 고찰을 출간하며 쓴 제사刊布春秋筆削大義微言考題詞〉, 1976)

삼세설과 대일통설은 캉유웨이의 사상체계에 중요한 영향을 주었습니다. 캉유웨이 대동사상의 핵심은 삼세설과《예기禮記》〈예운禮運〉편의 대동소강설입니다. 캉유웨이는 삼세의 '승평세'를 〈예운〉의 '소강小康'에 대입시키고, '태평세'를 '대동大同'에 대입시킵니다. 태평세는 '미언微言'에 속하는 부분이니 현실에서는 실현되기 힘든 것이지만, 인류가 지향하는 이상사회의 모습을 표현합니다.

대동과 소강

'대동大同'은 중국 사상사에서 일종의 이상사회를 표현하는 말입니다. 중국의 경전이나 역사자료에는 '대동'과 관련한 내용이 무척 풍부합니다. 중국의 학자 천정옌陳正焱이 쓴《중국의 유토피아 사상中國大同思想研究》(1993)의 분류에 따르면 중국의 대동사상은 크게 여섯 가지로 구분됩니다. 첫째, 노자의 '소국과민小國寡民'이나《예기》〈예운〉의 '대동' 등으로 원시공동체 사회입니다. 둘째, 불교의 '정토

淨土'나 '극락', 도교의 '선경仙境' 등과 같이 비인간세계의 경계를 묘사한 것입니다. 셋째, 소설이나 시 등에서 묘사된 이상적인 세계입니다. 도연명의 〈도화원기〉가 대표적입니다. 넷째, 정치가나 개혁 사상가의 사회 구상 방안들에서 나오는 모델들입니다. 정전제井田制가 이 유형을 대표하는 것들입니다. 다섯째, 서구 공상사회주의와 같은 공동체 실험들에서 나타나는 것들입니다. 동한의 장로張魯(?~216)가 세운 '의사義舍'나 명나라 때 하심은何心隱(1517~1579)이 창립한 '취화당聚和黨' 등이 그것입니다. 여섯째, 역대 농민기의에서 제출한 행동강령이나 구호들입니다. 당나라 때 황소黃巢(?~884)가 주창한 '균평均平'이나 송나라 때 방랍方臘(1048~1121)이 내세운 '귀천과 빈부의 평등〔等貴賤, 均貧富〕' 등입니다.

'대동'이란 단어가 중국 경전에서 최초로 사용된 것은 《장자莊子》이지만, 그 이상사회적 성격이 명확하게 드러난 것은 《예기》〈예운〉편입니다. 고대부터 지금에 이르기까지 중국의 이상사회에 대한 묘사는 대부분 〈예운〉편과 연관이 있습니다. '대동'과 '소강'은 서로 상대적인 개념입니다. 소강이 우禹, 탕湯, 문文, 무武, 성왕成王, 주공周公 등의 성군이 다스리는 정치를 의미한다면, 대동은 이상사회를 추구하는 사람들의 희망을 반영한 것이라 할 수 있습니다. '대동'과 '소강'은 공公과 사私의 대립적인 개념으로, 양자를 비교해보면 그 개념의 차이가 명확하게 드러납니다. 다음은 〈예운〉편에서 묘사된 대동의 모습입니다.

대도가 행해지니 천하는 모든 사람의 것이다. 현명한 자에게 능력에 따라 관직을 수여하고 신의와 화목을 가르친다. 그러므로 사람들은 그 자신의 어버이만을 섬기지 않고, 자기 자식만을 따로 보살피지 않는다. 늙은이는 편안하게 여생을 보내게 하고 장년은 그 쓰이는 바가 있다. 어린이는 잘 자라게 키워주고, 과부와 홀아비, 병든 자는 모두 보살핌을 받는다. 남자는 그 직분이 있고 여자는 자신의 일이 있다. 재화가 땅에 버려지는 것을 싫어하지만, 굳이 사사로이 저장할 필요는 없다. 스스로 노동하는 것을 싫어하지 않지만 반드시 자신만을 위해 일하지는 않는다. 그러므로 은밀히 음모하는 일이 생기지 않고, 도적과 난적이 나오지 않는다. 그러므로 바깥 대문을 닫을 필요가 없다.

이에 비해 소강은 사유와 세습이 그 사회의 기반인 사회입니다.

대도가 숨으니 천하는 개인의 일가가 되었다. 사람들은 각기 자신의 어버이만 어버이로 섬기고 자신의 자식만을 보살핀다. 재화와 노동은 오직 자신을 위해 사용한다. 대인이 그 지위를 세습하는 것을 예라 하니 성곽과 해자로 요새를 만들고 예의를 기강으로 삼아 군신의 관계를 바로 잡는다. 부자의 관계를 돈독히 하고, 형제를 화목하게 하며 부부의 화합을 교육한다. 밭과 논의 경계를 세우고, 용감하고 지혜로운 자를 현명하다고 하며, 자신을 위해 공을 세운다. 그러므로 음모가 생기고 병란이 발생한다. 우禹, 탕湯, 문文, 무武, 성왕成王, 주공周公은 이로 인해 뽑힌 사람들이다. 이 여섯 군자들은 모두 성실하게 예를 따른 사람들이다. 그 의를 밝히고 신의를 입증하였으며 잘못을 밝히고 인仁을 본받았다. 사양하는 법을 가르쳐 백성에서 변하지 않는 법도가 있음을 보여주었다. 이를 따르지 않는 자가 있으면 권세가 있는 자도 제거되었고 백성들은 그를 재앙으로 여겼다.

여기에서 '대도가 행해지는 사회'와 '하나라, 은나라, 주나라 삼대의 정치'는 서로 다른 정치단계를 상징합니다. 소강사회는 '천하를 개인의 소유로 하는 사회〔家天下〕'이며, '사람들이 각자 자신의 집안만을 위한다'는 의미를 갖고 있습니다. 정권이 세습되고 예의를 기강으로 삼는 사회를 말합니다.

대동사회는 요순에 의탁하여 정치의 최고 이상을 표현한 것으로, 역사적으로 실현된 적은 없는 사회입니다. 다만, '현명한 자에게 그 능력에 따라 관직을 수여하는〔選賢與能〕' 일은 한대 이후부터 중국 역사에서 이미 존재해왔던 사실이며, 원칙적으로 긍정되어온 보편적 원칙입니다. "재화가 땅에 버려지는 것을 싫어하지만, 굳이 사사로이 저장할 필요가 없다. 스스로 노동하는 것을 싫어하지 않지만 반드시 자신만을 위해서 일하지도 않는다"라는 구절은 경제적 '평등'을 말하는 것입니다. 여기에서 대동은 정치적 측면에서는 '공화주의〔天爲公〕'를, 경제적으로는 '균등'을 추구하는 사회라고 할 수 있습니다. 또한 여기에는 정치, 경제 이외에 또 다른 요소가 있습니다. "신의와 화목을 가르치고, 사람들이 그 자신의 어버이만을 따로 섬기지 않고, 자기 자식만을 보살피지 않게 한다." 즉 보편적 도덕의 실현이 강조되고 있는 것입니다. 이는 정치·경제적 이상이 실현되는 근거가 됩니다. 여기에서 서양의 유토피아와는 구별되는 중국 대동사상의 특징을 확인할 수 있습니다.

유토피아주의는 본래 일상의 세계와 독립되어 있는 작은 천국을 상정한다는 면에서 현실 도피의 성격이 짙습니다. 이에 비해 중국의 대동사상은 세상을 구제하는 것을 목적으로 하며, 인간과 우주의 생명을 중시합니다. 대동의 건설은 어떤 초자연이나 신적인 힘을 빌려 이루어지는 것이 아닙니다. 대동을 추동해나가는 주요한 힘은 도덕이며, 인간의 노력과 자각을 통해 이루어집니다. 유토피아가 이데올로기와 대립하여 실현될 수 없는 인간의 이상사회에 대한 열망을 상징한다면, 대동은 현실세계의 근본적 변혁과 깊이 맞물려 있는 동양 특유의 사상입니다. 대동의 사회는 인간의 수양에 근거하며 타인의 고통에 대한 깊은 공감을 통해 완성됩니다.

유학의 이상 정치

유학은 중국의 정치와 사회에서 주도적 역할을 해왔습니다. 유가는 '평천하平天下'의 목적 아래 인륜을 중심으로 강렬한 현실 감각을 지니고 있습니다. 그렇다고 유가사상이 초월이나 이상적 성격을 지니고 있지 않은 것은 아닙니다. 공자는 일찍이 자신이 지향하는 이상에 대해 이야기한 바 있습니다. "노인들은 편안하게 하고, 벗들에겐 믿음을 주고, 젊은이들을 품어주고 싶다"(《논어論語》〈공야장公冶長〉)는 것입니다. 이는 공자의 정치이상인 동시에 유가 정치철학의 기본 목표이기도 합니다. 그렇지만 얼핏 간단해 보이는 이 꿈의 실현은 그리 쉬운 일이 아닙니다. 공자가 당시 사람들에게 "안 되는 일인 줄 알면서도 굳이 하는 사람"(《논어》〈헌문憲問〉)으로 불린 것도 이러한 이유에서일 겁니다.

흔히 유학을 '자신을 위한 공부[爲己之學]'라고 합니다. 여기에서 '자신'은 자신과 그를 둘러싼 인간, 사회, 국가, 그리고 천지만물과의 관계 모두를 포괄합니다. "오직 천하에 지극히 성실한 사람이라야 자신의 성性을 다할 것이니, 자신의 성을 다하면 남의 성을 다할 것이며, 남의 성을 다하면 사물의 성을 다할 것이다. 사물의 성을 다하면 천지의 보살핌化育을 도울 수 있고, 천지의 보살핌을 도우면 천지와 함께 할 수 있다"라는 《중용》의 이 문장은 유가의 '천인합일天人合一' 정신이 갖는 초월성을 잘 보여줍니다.

캉유웨이의 제자 량치차오梁啓超(1873~1929)는 일찍이 유가의 "안 되는 줄 알면서도 해보려는" 정신의 의의에 대해 얘기한 적이 있습니다. 그는 이를 서양의 공리주의와 비교하며, 양자는 근본적인 차이를 지닌다고 보았습니다. 공리주의는 어떤 일을 할 때 매번 "어떤 효과가 있는가"를 묻습니다. 이에 비해 유가의 태도는 "어떤 결과나 효과가 있든 간에"라는 것입니다. 이 점에서 유가의 "안 되는 줄 알면서도 해보려는" 정신은 인간의 잠재적인 생명충동을 고무합니다. 이는 인류 정신생활의 발전에 있어 매우 중요한 가치를 갖고 있습니다.(량치차오, 《양계초철학사상논문선梁啓超哲學思想論文選》, 1984) 유가의 이러한 현실 초월정신은 캉유웨이의 대동사상에 그대로 반영되어 있다고 볼 수 있습니다.

캉유웨이는 공자의 도는 "인仁에 근본을 두고, 공公을 도리로 한다. 그 법은 평등平에 있고, 그 제도의 확립은 문文에 있다. 그 체體는 명분을 밝히는 데 있고, 그 작용은 시기에 맞게 진화하는 데 있다"(《춘추 미언대의의 고찰 서문春秋筆削大義微言考序》, 1976)고 말합니다. 캉유웨이의 대동사상은 이 공자의 도를 시기에 맞게 응용하고 재해석한 결과라고 할 수 있습니다. 그의 대동사상에는 여러 사상적 요인들이 혼재되어 있습니다. 《대동서》의 내용과 형식은 당시 《만국공보萬國公報》에 실렸던 미국 학자 벨라미E.Bellamy(1850~1898)

의《백년일각百年一覺》(원제《Looking Backward, 2000~1887》)과 비슷합니다.《대동서》에는 공상사회주의자 푸리에Charles Fourier(1772~1837)의 사회구상에 대한 언급이 있고, 비록 저자를 '다윈'으로 잘못 표기하고 있긴 하지만 '유토피아'라는 단어를 직접 사용하고 있기도 합니다.《대동서》의 사유제 폐지나 자유혼인은 토머스 모어Thomas More(1478~1535)의《유토피아Utopia》와 캄파넬라Tommaso Campanella(1568~1639)가 쓴《태양의 도시Civitas Solis》에서 나온 내용입니다. 그럼에도 불구하고, 캉유웨이의 대동사상은 서구 유토피아 서적과는 근본적인 차이를 갖고 있습니다. 바로 인仁을 대동사회 실현의 근본으로 보고, 도덕과 교화를 강조한다는 것입니다.

《대동서》의 서론 격에 해당하는 〈세계에 들어가 각종 고통을 본다入世界觀衆苦〉는 "사람은 모두 차마 다른 사람의 고통을 견디지 못하는 마음을 갖고 있다〔人有不忍之心〕"라는 부제를 달고 있습니다. 이는《대동서》의 요체가 무엇인지 잘 표현해주는 것입니다. 캉유웨이의 대동사상의 근본은 유가의 인仁 사상입니다. 인은 유가사상의 가장 중요한 개념이며, 캉유웨이가 구상하는 대동사회를 성립하는 이론 근거입니다. "즐거움을 구하고 괴로움을 벗어나려 한다〔去苦求樂〕"라는《대동서》의 중심사상 역시 그 근본에는 인간에 대한 연민과 애정이 담겨 있습니다. 국계國界, 급계級界, 종계種界, 형계形界, 가계家界, 업계業界, 난계亂界, 류계類界, 고계苦界의 경계를 해소하자는 주장 또한 이러한 구별로 인해 고통 받는 인간들을 구하고자 하는 인仁의 구체적 발로라고 할 수 있습니다. 캉유웨이에게 있어 인은 "사람을 사랑한다〔愛人〕"는 인간주의와 함께 이상 세계를 실현할 수 있는 근본입니다. 이는 그가《춘추》의 전체 요지가 바로 인에 있다고 말하는 데서도 확인할 수 있습니다.(《춘추동씨학春秋董氏學》) 량치차오는 캉유웨이의 사상을 한마디로 박애파博愛派 철학이라 말합니다. 이는 그의 사상적 근본이 인에 있으며, 가정과 국가, 그리고 예의의 출발을 모두 인에서 찾고 있기 때문입니다.(량치차오, 《남해강선생전南海康先生傳》, 1996)

중국 철학사에서 인仁에 대한 언급은 무수히 많습니다. 그 정의 또한 여러 가지입니다. 공자는 인을 "애인愛人", "극기복례克己復禮", "자신이 원하지 않는 일을 다른 사람에게 하지 말라〔己所不欲, 勿施於人〕"등으로 표현했고, 맹자孟子(B.C.372?~B.C.289?)는 인을 '인간'으로 보았습니다. 동중서 역시 맹자와 같이 인을 보았습니다. 고대 유가에서 인간관계와 내재적 도덕의식의 근본이었던 인은 송명리학의 발전을 거치면서 천지만물과 자신의 일체를 이루는 개념으로 발전하였습니다. 캉유웨이가 대동사상에서 출발점으로 삼는 인은 이러한 유가사상의 흐름을 잘 반영하고 있습니다.

캉유웨이는 자신이 대동의 이상을 추구하게 된 이유는 백성과 세상을 구하고자 하는 마음에서 비롯되었다고 말합니다. "사람으로 태어나 어찌 사람들과 그 괴로움을 함께하지 않고, 회피할 수 있겠는가", "세상에 온 목적은 백성을 구하는 일에 있으니, 천당에 있기보다는 지옥에 들어가겠다."(《캉유웨이가 스스로 편집한 자신의 연보康有爲自編年譜》, 1992) 등에서 보이는 강렬한 구세救世 의식의 발로에서 캉유웨이의 인류에 대한 '불인지심不忍之心'을 확인할 수 있습니다. 공자는 일찍이 "새와 짐승과는 어울려 살아갈 수는 없으니 내가 이 세상 사람들과 함께하지 않고 누구와 함께하겠는가? 천하에 도가 있다면, 내가 너희와 함께 세상을 바꾸려 하지 않을 것이다"(《논어》〈미자微子〉)라고 말했습니다. 캉유웨이는 이를 본받아 인류와 세상을 구한다는 강렬한 책임의식 속에 살았습니다. 이는 그가 인仁을 '사람이 사람다운 까닭'이라고 보는 유가의 기본 이념에 충실한 사람이었기 때문입니다.

캉유웨이의 인학仁學에서 보이는 특징은 그가 당시 유입된 서양의 자연과학을 이용하여 '인仁'의 속성을 설명한다는 것입니다. 서양의 과학사상을 빌어 중국 전통의 본체론이나 인성론을 설명하는 것은 중국 근대철학의 특징 중 하나입니다. "차마 못하는 마음은 인仁이며, 전기이며 에테르이다. 사람들은 모두 이를 지니고 있기 때문에 사람의 성性이 선하다고 하는 것이다."(《맹자미孟子微》) 캉유웨이는 종종 인仁의 생명력을 강조하여 '애력愛力', '흡력吸力' 등의 용어를 사용하기도 합니다. 그가 말하는 '애력愛力'이란 자신의 생명 활력을 기본으로 한 개념입니다. 당시 사람들은 빛을 전달하는 전매체로 모종의 탄성을 지닌 물질이 있다고 보았는데, 이를 '에테르ether'라고 불렀습니다. 중국에서는 1898년 《청의보淸議報》에 처음 소개되었는데, 이후 과학의 발달에 따라 존재하지 않는 물질로 밝혀졌습니다. 캉유웨이가 '에테르(以太)'를 사용하여 인仁을 설명한 것은 그와 마찬가지로 '어느 곳에나 존재하는' 인을 드러내기 위한 한 방편일 수 있습니다.

개량과 혁명의 갈림길

캉유웨이의 대동사상에 나타난 강렬한 사회개혁 의지에도 불구하고 무술변법 이후 그의 모습은 황제의 복위를 주장하는 등 보수파의 모습을 띱니다. 중국에서는 그를 '개량파改良派'로 부르는데, 이는 '혁명'이 성공한 중국에서 역사의 진보에 걸림돌이 되었다는 의미입니다. 현재 그에 대한 평가가 새롭게 제기되고 있지만, 중화인민공화국 성립 이후 역사교과서에서 그는 개량주의자로 비판받아 왔습니다. 당시에도 《대동서》의 출간과 그 사상의 유포를 둘러싸고 량치차오를 비롯한 제자들과의 갈등도 있었습니다. 캉유웨이는 자신의 대동사상을 유포하는 행위를 엄격히 금지하였습니다. 《대동서》의 전체 내용이 정식으로 출간된 것은 캉유웨이가 세상을 떠난 이후인 1927년에 이르러서입니다. "자신이 새로운 이상理想을 발명하고, 또 이를 완전하다고 여기면서도 그를 실현시키는 일을 하지 않는" 태도는 후대의 학자들이 그를 비판하는 계기가 됩니다.(량치차오,《양계초가 논한 청대학술사梁啓超論淸學史》, 1985)

중국의 현대철학자 리쩌허우는 이러한 캉유웨이의 태도를 초기와 후기 간에 모순이 존재하기 때문이라고 보았습니다. 무술변법 시기엔 진보적이었지만 신해혁명 이후엔 보수적 성향으로 기울어졌다는 것입니다.(리쩌허우,《중국근대사상사론中國近代思想史論》, 1979) 이는 캉유웨이 연구자들이 공통적으로 지적하는 사항이기도 합니다. 실상 캉유웨이의 사상 내부를 잘 살펴보면 초기와 후기가 구분될 정도의 모순은 존재하지 않습니다. 이러한 문제는 그가 정치가와 사상가의 면모를 동시에 지니고 있기에 빚어진 현상일 수도 있습니다.

캉유웨이의 개량주의적 면모는 "일은 시기에 맞게 행해야 한다"는 '시중時中' 개념과 밀접한 관계가 있습니다. 시중은 《주역周易》〈단전상전象傳)의 '몽괘蒙卦'에서 유래한 개념입니다.("蒙, 亨 以亨行, 時中也")
시중은 만사가 형통되기를 희망하는 것으로, 일을 행하는 것은 시기에 맞아야 한다는 의미입니다. 여기에서 시중은 두 가지 방면의 함의를 갖는데, 시의에 부합해야 한다는 것과 시기에 맞게 변해야 한다는 것입니다. 캉유웨이는 역사의 발전과 진화를 믿었지만 그 과정은 일정한 질서와 단계가 있다고 보았습니다. 그 단계를 뛰어넘는 역사의 발전은 엄청난 희생과 대가를 요구한다고 보았기 때문에 그는 혁명을 끝까지 반대하였습니다. 무술변법이 실패한 이후 십수 년에 이르는 망명생활 동안 경험한 서구사회의 폐해는 그의 이러한 생각을 더욱 공고하게 만들었습니다.

캉유웨이는 인간의 역사발전은 일정한 궤도가 있으며 낮은 단계에서 높은 단계로 일정하게 발전해나간다고 보았습니다. 인仁의 실행에도 여러 단계가 있으며, 이는 역사적 발전과정과 서로 밀접하게 연관되어 있다고 생각하였습니다. 삼세의 거란세는 자신과 가까운 사람에게만 인을 베풀 수 있는 '친친親親'의 단계이며, 승평세에는 인류가 서로를 아끼는 '인민仁民'의 단계, 태평세에 이르면 모든 중생이 일체가 되는 '애물愛物'의 경지에 도달한다는 것입니다. 태평세에 도달하면 사람들은 모두 평등하고, 국가의 경계마저 사라지기 때문에 모두가 하늘의 자식이란 뜻으로 '천민天民'이라 불립니다. 사람들은 서로 형제와 같이 친할 뿐 아니라 천지만물과 하나가 되는 '지극히 선하고 어진' 시대에 도달합니다. 이처럼 인간의 역사는 일정한 순서와 단계를 거쳐야만 합니다.

캉유웨이는 대동이 실현 불가능한 공상이 아니라는 사실을 누차 강조하지만, 이를 당시 사회에 그대로 적용하는 것은 문제가 있다는 입장을 견지하였습니다. 이상과 현실의 구분은 그의 대동사상을 이해하는 핵심입니다. 중국의 혁명과정에서 나타난 숱한 비극을 보면 이상을 현실에 무리하게 적용하는 것이 얼마나 비극적인가를 쉽게 확인할 수 있습니다. 이상의 실현은 일정한 '단계'가 있으며 시기가 성숙되지 못했을 때 이는 결코 성공할 수 없습니다. 캉유웨이의 '시중時中' 개념이 함축하고 있는 것은 역사란 일정한 단계를 거쳐 발전하며 이를 뛰어넘는 변혁은 반드시 그 대가를 치를 수밖에 없다는 사실입니다. 현대 중국의 역사는 우리에게 혁명과 개량의 의미에 대해 진지하게 생각할 계기를 던져주고 있습니다.

***

더 읽어보면
좋은 책

캉유웨이 지음, 이성애 옮김, 《대동서》, 을유문화사, 2006.

《대동서》는 한자로 약 20여 만 자에 이르는 방대한 분량의 책으로 정치, 경제, 교육, 사회문화 전 영역에 걸쳐 풍부한 내용을 담고 있다. 캉유웨이는 〈자편연보自編年譜〉에서 대동사상에 대한 구상은 1884년부터 생성되었으며 그 일생의 심원이었다고 밝힌다. 여기에서 그가 묘사한 대동사회는 중국 역사상 가장 체계적이고 완전한 형태의 유토피아 형태를 갖추고 있다. 《대동서》의 내용은 국가와 가족의 폐지, 공동양육, 공교육, 의료와 노후 보장, 노동의 의무 등으로 인간생활의 전 영역에 대해 언급하고 있다.

캉유웨이 지음, 김동민 옮김, 《공자개제고》, 세창출판사, 2013.

캉유웨이가 1898년 공자에 의탁하여 자신의 변법사상의 정당성을 선전하기 위해 쓴 책이다. 여기에서 캉유웨이는 육경(《시경》, 《서경》, 《예기》, 《악경》, 《역경》, 《춘추》)은 모두 공자가 직접 지은 것이며, 그 저술 목적은 고대의 역사에 빗대 공자 자신의 개제 의지를 펼치기 위한 것이라고 밝힌다. 삼대(하夏, 은殷, 주周) 이상의 역사는 고찰할 길이 없으니 요순堯舜의 자취는 공자가 창작한 것이라는 것이다. 공자는 이로써 시대 상황에 맞는 각종 정치제도를 제정하려 하였으며, 그 결과물이 바로 유학이다. 이 책에는 유가의 창립, 공자와 유가의 관계, 유가와 제자백가의 투쟁, 유가의 전파와 사상 통일 등 유가의 성립과 전개에 관한 내용이 체계적으로 정리되어 있다.

***

캉유웨이 지음, 《신학위경고》, 중화서국中華書局, 2012.

캉유웨이가 1891년 쓴 책으로 금문경학의 관점에서 고문경학파가
존중하는 경전이 모두 '위조된 경전'이라는 내용이 담겨 있다. 캉유
웨이는 이들 경전이 동한의 유흠劉歆이 왕망王莽의 정권 탈취에 영
합하기 위해 위조한 것이며, 공자의 학설이 아닌 왕망이 세운 신新
왕조의 학문 즉 '신학新學'이라고 생각하였다. 그가 제시한 고증은
상당 부분 주관적 허구에서 나온 것이다. 이는 근대 중국의 금고문
논쟁에서 진보세력과 봉건세력 간의 대립을 반영한 것으로, 캉유
웨이는 고문경학파가 존중하는 경전과 학설을 '위학僞學'이라고 선
포한 것이다. 이는 선조의 가르침을 소중히 지키는 봉건파의 수구
사상에 결정적인 타격이었으며, 사람들로 하여금 전통의 권위를 의
심하게 만들었다. 출판 후 학계와 정치계에 엄청난 파문을 일으켰
으며, 청조로부터 금지 조치를 받고 그 판본은 불태워졌다.

2장

옌푸와 천연론

번역과 근대 중국

—

양일모

옌푸
嚴復(1854~1921)

옌푸는 중국의 남부 연안에 있는 푸저우에서 태어났다. 12세 때 양무운동의 일환으로 푸젠에 설립된 선정학당에 입학하여 영어와 항해술, 기초적인 자연과학을 배웠고, 23세 때 런던 교외의 그리니치에 있는 왕립해군대학에 유학했다. 귀국 후 과거시험에 응시하기도 한 그는 당시로는 드물게 중국과 서양을 함께 경험한 새로운 형태의 지식인이었다. 25세부터 새로 설립된 해군학교에서 교편을 잡았으며, 청일전쟁 이후 언론 활동과 교육 사업에 종사했다. 중화민국이 성립되자 베이징대학北京大學의 초대 교장을 맡아 근대적 교육 체제의 건립에 힘썼다. 말년에는 캉유웨이 등이 유교의 종교화를 시도한 공교회 설립에 참여하고, 위안스카이가 황제로 복귀하고자 하는 반동적 시도에 동조하는 보수적인 행동을 보였다.

항해사가 되기 위해 해외로 유학했던 옌푸는 뜻밖에도 18~19세기 서양사상을 대표하는 저작들을 중국어로 옮기는 활동을 통해 중국 근대철학의 형성에 기여했다. 그는 헉슬리의 《진화와 윤리》를 비롯하여, 아담 스미스의 《국부론》, 밀의 《자유론》, 몽테스키외의 《법의 정신》 등 서양 학문의 정수를 한문으로 번역하여 중국에 서양사상을 소개하는 일인자가 되었다. 그 가운데 《천연론》은 사회진화론을 체계적으로 소개한 최초의 저서이며, '진화evolution'의 번역으로 선정된 '천연天演'이라는 용어는 중국의 사대부들뿐만 아니라 대한제국기의 지식인들이 사회진화론을 이해하기 위한 기본 개념이 되었다. 그는 서양의 진화론과 자유주의를 학습하면서 중국이 당면한 현실에 대처하는 방안을 제시하고자 했고, 서양의 과학과 철학을 번역하면서 중국 철학의 근대적 전환에 기여했다. 동아시아의 근대가 동서양의 만남과 충돌이었듯이, 그의 삶 또한 중국 철학과 서양사상의 갈등과 긴장으로 점철된 것이었다. 서양의 근대를 형성한 사상가들의 저작을 번역하는 그의 작업은 중국의 번역된 근대에 내재하는 사상적 고투의 일면을 보여주고 있다.

옌푸의 번역과 저작을 거의 망라한 《옌푸전집嚴復全集》(왕정루·팡바오촨·마용 주편, 2014)이 최근에 간행되었다.

근대적 지식인의 탄생

오늘날 다른 나라로 유학을 떠나는 학생이 가장 많은 국가는 중국입니다. 1978년 개혁개방정책이 시행된 이래로 중국에서는 대대적으로 유학 열풍이 불기 시작했습니다. 해외 유학은 외국으로 나가서 공부하는 것이 장래의 출세에 더 유리할 것이라는 개인적 판단에서 이루어집니다. 개인적 욕망을 떠나 학문의 관점에서 보자면, 국내보다는 국외에 배워야 할 가치가 있는, 혹은 중국보다 앞선 학문이 있다는 사회적 판단이 작용하고 있습니다. 땅은 넓고 물산은 풍부하다는 지리적 조건과 더불어 형성된 중화의식에서 벗어나 중국인이 해외로 유학하기 시작하는 풍조가 발생한 것은 지난 20세기 초에 시작된 일에 불과합니다. 한족이 거주하는 중국은 문화적으로 우수하고 그 주변 혹은 더 먼 지역은 열등하거나 미개한 곳이라는 화이론적 사고가 중국인의 의식에 깊이 깔려 있었기 때문입니다.

청일전쟁(1894~1895)은 동아시아의 세력 판도를 결정적으로 바꿔놓은 사건이었습니다. 중국이 조그만 섬나라 일본에게 패했다는 사실은 중국인의 중화의식에 상당한 충격을 주었습니다. 서양의 과학과 기술을 수용하는 정도가 아니라 중국의 정치적 사회적 제도의 개혁이 필요하다는 주장이 제기되면서 일본의 근대화 과정을 모범으로 삼아야 한다는 주장이 제기될 정도였습니다. 청나라 조정이 관비로 일본에 유학생을 파견했을 뿐만 아니라, 과거제도가 폐지될 것이라는 소문과 함께 민간 차원에서도 일본으로 유학하는 열기가 고조되기 시작했습니다. 2,000여 년 이상 지속된 왕조체

제가 붕괴되고 새로운 형태로 건립된 중화민국(1912), 그리고 중화
인민공화국(1949)은 서양의 근대적 정치 체제를 본받아 건립된 것
입니다. 중화문명은 광대한 토지와 많은 인구로 인해 자족적이라
는 관념이 널리 알려져 있지만, 중국의 사상과 문화는 언제나 국내
적 요인과 국외적 요인이 상호작용하면서 산출된 것이라 할 수 있
습니다. 이러한 내외적 요소의 상호작용 과정에서 중화문명의 요
소가 주도적 지위를 차지해왔다고 할지라도, 지난 20세기야말로
정치적 영역에서뿐만 아니라 사회적, 학문적 영역에서 국외의 영향
이 크게 작용한 시기였습니다.

옌푸는 1866년 12세 때 양무운동의 일환으로 설립된 선정학당
(중·고등 과정에 해당함)에 입학하여 영어와 항해술, 자연과학 등을
배웠고, 1877년 런던 교외의 그리니치에 있는 왕립해군대학에 유
학했습니다. 귀국 후 그는 과거에 합격한 관료들에 비해 유학파들
이 열등한 대접을 받고 있는 현실을 개탄하면서 다시 과거시험에
응시하였다가 낙방의 쓰라림을 경험하기도 했습니다. 중국의 고전
과 서양의 학문을 함께 학습하고 경험한 그는 당시로는 드문 새로
운 형태의 지식인이었습니다.

당시는 현재와 같이 해외로의 유학이 선호되던 시대는 아니었습
니다. 두 번에 걸친 아편전쟁에서 연이어 패하면서 불평등조약을
맺을 수밖에 없었던 청조는 1860년대부터 서양의 강력한 군사력
을 학습하여 강성한 국가를 만들고자 하는 일종의 국방 근대화 정
책을 펼쳤습니다. 당시 조선과 항해술을 가르치기 위해 설립된 선
정학당은 사대부의 자제들이 입학하기 꺼리던 학교였습니다. 옌푸
가 이 학교에 입학하게 된 것은 아버지의 죽음으로 갑자기 집안이

어려워져 장학금을 받을 수 있는 학교를 선택했기 때문입니다. 유학의 목적지가 영국이었던 것은 당시 청조가 항해술은 영국, 조선술은 프랑스가 가장 발달한 곳이라고 판단하고 두 지역에 선정학당의 졸업생들을 관비로 파견했기 때문입니다. 청조는 1872년에 처음으로 미국에 학생들을 파견했으며, 옌푸는 유럽으로 떠난 최초의 관비 유학생의 일원이었습니다.

제1차 아편전쟁 이후 청조 내에서도 《해국도지海國圖志》(1842), 《영환지략瀛環志略》(1848) 등 서양에 관한 인문지리학 서적이 발간되면서 서양에 대한 모색이 시작되었습니다. 당시 서양에 대한 학습은 주로 남중국해 지역을 중심으로 활동하고 있던 선교사들의 저술을 바탕으로 한 것이었기 때문에 제한적일 수밖에 없었습니다. 1870년대 이후 공식적으로 유럽에 외교관을 파견하고 유학생을 보내는 정책이 시행되면서 직접 서양을 관찰하고 학습하는 일이 가능해졌습니다. 이들은 서양을 직접 체험하면서 중국 밖에서 중국을 바라볼 수 있는 기회를 가졌습니다. 즉 중국을 반성적 사유의 대상으로 사고하며 중화라는 문화적 우월성을 상대화할 수 있는 새로운 형태의 지식인이 등장한 것입니다. 옌푸는 서양을 체험하면서 학습한 1세대의 인물이었으며, 이 점은 옌푸가 같은 시기에 활약한 캉유웨이나 량치차오 등과 구별되는 점이기도 합니다.

서양을 유람하면서 무엇을 보고 배울 것인가 하는 것은 바라보는 주체의 관심과 관점에 의해 결정되는 것입니다. 옌푸는 영국에서 항해술을 배우면서 한편으로는 서양 사람들이 사회와 국가를 조직하고 이끌어가는 원리에 관심을 가졌습니다. 귀국 후 해군으로서의 역할보다 중국의 근본적 변혁을 촉구하는 지식인으로서의 활동이 돋보이는 것 또한 젊은 시절의 유학 경력과 그가 가진 특별한 관심 때문이라고 할 수 있습니다. 헉슬리T. Huxley(1825~1895)의 《진화와 윤리Evolution and Ethics》(《천연론天演論》, 1898)를 비롯하여 애덤 스미스Adam Smith(1723~1790)의 《국부론The Wealth of Nations》(《원부原富》, 1901~2), 스펜서Herbert Spencer(1820~1903)의 《사회학 연구The Study of Sociology》(《군학이언群學肄言》, 1903), 밀J. S. Mill(1806~1873)의 《자유론On Liberty》(《군기권계론群己權界론》, 1903), 젠크스Edward Jenks(1861~1939)의 《정치학사A History of Politics》(《사회통전社會通詮》, 1903), 몽테스키외Charles De Montesquieu(1689~1755)의 《법의 정신De l'esprit des lois》(《법의法意》, 1903~9), 밀의 《논리학 체계A System of Logic》(《밀의 명학穆勒名學》, 1900~2), 제번스W. S. Jevons(1835~1882)의 《논리학 입문Primer of Logic》(《명학천설名學淺說》, 1908) 등을 선별하여 번역한 것 또한 그의 시선이 어디에 있었는지를 잘 보여주고 있습니다. 즉 그는 서양에서 논의되고 있는 철학, 경제학, 사회학, 정치학, 법학, 논리학 등 학문의 영역에 관심을 가졌고, 이러한 서양의 근대적 학문이야말로 서양이 부강하게 된 근본적 요인이라고 판단한 것입니다.

번역과 근대 중국

근대 중국의 지식인들은 자발적으로 서양 세계의 다양한 사상을 수용하고자 하였으며, 이를 통해 중국 사회를 개혁하고자 하였습니다. 중국이 자기 밖의 세계를 학습하는 하나의 특징은 번역이라는 방식이었습니다. 위진남북조 시대에 인도 불교를 학습하면서 대

량의 한역 불경을 만들었으며, 명말 청초에는 유럽의 가톨릭을 수
용하면서 상당한 분량의 서양 서적을 번역하였습니다. 19세기 중
엽 이후로 중국이 서양을 학습하는 방식 또한 그 이전과 마찬가지
로 서양 서적에 대한 번역이었습니다. 다만 청나라 말기에 시도된
번역은 중국을 변혁시키고자 하는 정치적 논의와 직접적으로 연동
되었기 때문에, 이전에 시도된 두 단계와는 다른 성격을 띠고 있습
니다. 청나라 말기의 번역은 서양 서적에 대한 직접 번역도 있었지
만, 일본에서 간행된 서양 서적의 일본어 번역을 다시 중국어로 번
역하거나 일본인이 저술한 신학문 서적을 중국어로 번역하는 일도
있었습니다. 동아시아 지역에서 일본이 서양 학문을 먼저 학습하
여 근대적 국가를 건립하면서 이 지역의 정치적 패권의 위상이 바
뀌고 있었기 때문입니다.

청나라 말기의 번역 활동에 대해 종래에는 서양이 새로운 사상
을 중국에 전파하고 중국이 서양을 모방하는 과정으로 해석하는
경향이 많았습니다. 그러나 중국의 근대를 서양사상이 중국에 일
방적으로 수용되어가는 과정으로 보는 해석은 번역이라는 작업에
내재하고 있는 상호성을 간과하고 있다고 할 수 있습니다. 서로 다
른 두 언어 사이에는 공통분모가 있고 의미의 등가성이 성립할 수
있으므로 번역이 가능하다는 주장이 있습니다. 그렇지만 서로 다
른 문명권 사이에 이루어지는 번역에서, 양쪽의 어휘가 의미의 동
일성을 매개로 일대일 대응관계에 있다고 주장하기는 쉽지 않습
니다. 'liberty'가 한국어 사전에 '자유'로 풀이되어 있지만, 이들 두
단어가 등가적인가 하는 문제는 번역학자들 사이에 여전히 논란이
일어나고 있습니다. 한국에서 전개되는 자유주의 사상 혹은 정치

를 떠올려보면, 서양사상의 liberalism이 그대로 이식된 것이라고 말하기는 어렵기 때문입니다. 두 언어 사이에서 이루어지는 번역이란 번역하는 쪽의 주체적 선택을 동반합니다. 번역하는 쪽의 선택이란 번역을 통해 만들어낸 신조어가 번역되는 쪽 언어의 의미를 토대로 하면서도, 번역하는 쪽의 사회 속에서 새로운 의미를 획득하고 사회적 권위를 확보하는 과정인 것입니다.

옌푸가 《천연론》을 번역했던 19세기 말의 중국에는 오늘날과 같이 체계적으로 만들어진 사전조차 없었습니다. 당시의 번역이란 중국의 전통적 문화자산을 총동원하면서 서양의 사상과 문화를 치환하는 과정이라고 할 수 있습니다. 옌푸가 《진화와 윤리》를 번역하면서 'evolution'을 '천연天演'이라고 번역하였듯이, 《천연론》은 원문을 직역한 것이 아니라 중국의 문화적 기반 위에서 헉슬리의 텍스트를 해석한 것이라고 할 수 있습니다. 그런 점에서, 옌푸가 헉슬리의 저작을 얼마나 정확하게 번역하였는가 하는 물음을 제기하기보다는, 옌푸가 이 번역에서 무엇을 말하고자 했는지를 파악하는 것이 중요합니다. 즉 어떻게 번역할 것인가 고민하면서 그가 만들어낸 새로운 언어가 중국인 독자에게 전달하고자 했던 의미를 규명하는 작업이 근대 중국의 번역과 관련된 문제입니다.

옌푸는 서양 서적을 번역하면서 수많은 신조어를 만들어냈습니다. 그가 'evolution'의 번역으로 선택한 '천연天演'이라는 용어는 중국에 사회진화론적 세계관을 전달하는 언어가 되었고, 정치적 개혁의 정당성을 옹호하는 변법의 이론을 제공하였습니다. 중국의 정치적 변화를 주창한 지식인들은 '천연'으로 상징되는 진화의 이론을 통해 제국주의적 침략을 약육강식의 논리로 이해하고 경쟁에서 도태되지 않기 위해서 노력하고자 했습니다. 그렇지만 19세기 유럽의 사상적 토대 위에서 형성된 'evolution'과 청 말의 시대적 상황 속에서 만들어진 '천연'이 반드시 의미의 등가성을 지닌다고 말하기는 어렵습니다. 옌푸의 번역은 단순히 서양의 이론을 중국어로 옮기는 작업에 그치지 않고, 번역 그 자체에 내재하는 문제를 드러내고 있습니다. 당시 영어에 가장 능통한 최고의 번역자이며 서양사상 소개에 일인자로 칭송받았던 그는 다음과 같이 번역의 어려움을 토로했습니다.

새로운 이론이 지속적으로 출현하여 용어가 복잡해짐에 따라, 중국어에서 같은 뜻의 용어를 찾아보아도 도저히 찾을 수가 없다. 억지로 끌어다가 사용해보아도 결국 일치하지 않는다는 혐의를 피하기 어렵다. 번역자는 이런 경우 스스로 판단하여 의미에 적합한 용어를 정하는 수밖에 없다. …… 물경物競(struggle for existence), 천택天擇(natural selection), 저능儲能(potentiality), 효실效實(development) 등은 모두 내가 만들어낸 용어들이다. 한 단어의 번역을 찾는 데도 열흘에서 한 달씩 주저하고 고민하였다. 《천연론》〈번역 범례〉

《천연론》은 1896년 번역 초고가 완성된 이후 몇 차례에 걸쳐 상당한 수정을 거쳐 1898년에 공식적으로 간행되었습니다. 현재 우리가 사용하고 있는 진화론의 용어인 생존경쟁은 사물 사이의 경쟁이라는 의미로 '물경'으로, 자연선택은 자연 질서를 주관하는 천天의 선택이라는 의미에서 '천택'으로 번역되었습니다. 옌푸가 심혈을 기울여 만들어낸 이러한 번역은 현재 중국뿐만 아니라 한자어

문화권에서 거의 도태되어 사용되지 않고 있습니다. 그렇지만 20세기의 전환기를 전후한 시기에 그가 만든 번역은 경전을 습득한 사대부들에게 국제정치의 현실을 이해할 수 있는 이론적 근거를 제공하였습니다. 뿐만 아니라 열강의 침략에 적절하게 대응하지 못하고 무기력하게 무너져가는 청조에 대해 개량 혹은 혁명을 요구하는 젊은 지사들에게는 변혁의 논리를 제공하는 귀중한 언어가 되었습니다. 생존경쟁과 자연도태라는 생물학적 진화론의 용어가 '물경', '천택' 등 중국의 고문에 근거한 한자어로 번역되면서 서양의 진화론은 '천연론'으로 이해되었으며, '천연'이라는 번역은 청 말이라는 사회적 조건 속에서 유럽의 진화론과는 성격을 달리하는 근대 중국의 진화론을 형성하였습니다.

엔푸의 번역은 중국이라는 문화적 토대 위에서 서양 그 자체를 번역하는 작업이었습니다. 번역은 번역하는 자의 성향과 시대적 요구에 따라 번역되는 언어를 다르게 받아들일 수 있는, 일종의 지적인 상상력의 공간을 제공합니다. 20세기 초 중국에서는 서양의 언어를 어떻게 중국의 언어로 정리할 것인가 하는 것이 최대의 과제로 떠올랐습니다. 번역어를 결정하는 작업, 즉 정명定名이 '이름을 바로잡는 것'을 정치의 근본으로 본 공자의 정명正名으로 부각되었다는 것은 그만큼 언어상의 혼란이 심했다는 반증일 수도 있습니다. 그렇지만 이를 타개하기 위한 정명의 작업은 번역의 정확성을 꾀하는 노력이나 제도적 권력에 의한 용어의 통일로 해결될 수 있는 문제는 아니었습니다. 번역어를 만들어가는 과정은 다른 문화의 수용을 통한 자기 언어에 대한 반성이라고 할 수 있으며, 이야말로 중국 근대철학의 기본문제입니다.

천연과 진화: 근대 중국의 사회진화론

헉슬리는 1893년 옥스퍼드대학에서 '진화와 윤리'라는 제목으로 강연했으며, 이듬해 강연 원고에 장문의 서론prolegomena을 추가하여 다른 논문들과 함께《Evolution and Ethics And Other Essays》라는 제목으로 출간했습니다. 옌푸가 1896년에 이 책의 초벌 번역을 마쳤다고 한 것을 보면, 당시 영국과 중국 사이에 정보의 교류가 얼마나 빨리 진행되었는지 실감할 수 있습니다. 《천연론》은 헉슬리의 강연과 그에 대한 해설을 중국어로 번역한 것이지만 주로 의역을 통해 문단별로 내용을 정리한 형태를 지니고 있습니다. 그리고 중국의 고전 문헌처럼 각 편이 나뉘어 있고, 각 편마다 편명을 달고 자신의 해설(復案)을 덧붙이고 있습니다. 심지어 번역 중간에 번역자의 설명이 들어 있기도 합니다. 이 번역에는 사회진화론의 해석을 둘러싼 당시 유럽의 논의가 소개되어 있으며, 아울러 번역자의 이해와 평가도 포함되어 있습니다.

헉슬리는 다윈Charles Robert Darwin의《종의 기원On the Origin of Species》(1859)이 출판된 이래로 진화론의 옹호에 선두에 섰던 투사였습니다. 하지만 그가 죽기 1년 전에 했던 로마니즈 강연의 요지는 자연세계를 관통하는 생물학적 진화의 법칙과 인간사회의 윤리를 구별하고자 한 것이었습니다. 그는 생물학적 진화론을 확장하여 인간사회의 경쟁 원리를 무한정 긍정하는 당시의 주장을 극단적 개인주의라고 규정했습니다. 또한 그는 이러한 이론은 생존경쟁에서 살아남은 최적자the fittest를 윤리적인 관점에서도 최선the best인 것으로 간주하는 오류를 범하고 있다고 비판했습니다. 그의 진화론 비판은 진화론 일반에 대한 것이라기보다는 당시 유행하고 있던 스펜서의 사회진화론적 윤리관에 대한 비판이었습니다. 스펜서는 단순히 다윈의 생물학적 진화론을 사회의 영역까지 확장시킨 사회 다윈주의Social Darwinism을 주장한 것이 아닙니다. 그는 다윈의《종의 기원》이 출판되기 이전에 이미 '진화'라는 용어를 사용하였으며, 생물의 영역뿐만 아니라 자연과 사회의 모든 영역에 걸쳐 발전과 진보가 일어난다고 보았습니다. 즉 그는 일종의 형이상학적 진화론적 세계관 속에서 적자생존이라는 유명한 용어를 만들어낸 것입니다.

헉슬리는 자연세계의 가혹한 생존경쟁과 인간사회의 윤리적 과정을 서로 적대적인 것으로 규정했습니다. 즉 그는 이 과정을 자연 natural과 인위artificial의 과정으로 구별하고, 인위의 과정은 경쟁을 유발하는 조건들을 제거함으로써 가혹한 경쟁을 멈추게 하는 것이라고 설명했습니다. 따라서 그는 적자가 아니라 윤리적으로 최선의 덕을 실현하는 자가 승자가 되는 사회를 만들기 위해서는 무자비한 자기주장self assertion이 아니라 자제renunciation 혹은 자기억제 self-restraint라는 윤리적 규범이 필요하다고 본 것입니다. 그는 이러한 관점을 도덕적 진화moral evolution로 규정하면서 사회진화론에 내재하는 윤리적 문제를 극복하고자 했습니다. 옌푸는 헉슬리가 사용하고 있는 자연과 인위라는 용어를 각각 천행天行과 인치人治라는 전통적 언어로 번역하면서《천연론》〈도언6〉), 이를 중국 철학의 범주인 천인관계론으로 설명했습니다. 중국에서는 자연의 질서와 인간사회의 규범을 각각 천天과 인人으로 설정하여 자연과 인간 사이의 관계를 설명했습니다. 그렇지만 그는 기묘하게도 헉슬리의 견해에 동의하지 않고 오히려 스펜서의 관점을 빌어 헉슬리의 주장을 비판하는 입장을 택했습니다.

앞의 두 편의 글(필자 주,《천연론》〈도언4〉, 〈도언5〉)에서는 스펜서와 헉슬리 두 사람의 정치를 보는 시각의 차이를 볼 수 있다. 정치에 관한 담론에서 스펜서는 자유방임(任天)을 중시하고, 인간의 작위(人事)를 보조적 역할로 간주한다. 이는 황로사상가(전국시대 황제와 노자를 시조로 삼아 무위의 통치를 이상으로 삼는 학파)들이 말하는 스스로 그러함(自然), 세상을 억지로 다스리고자 하지 않고 그대로 둘 것(在宥)을 잊지 말라는 학설과 유사하다. 헉슬리의 다른 저서는 십중팔구 자유방임을 주장하고 있지만, 유독 이 책에서는 자유방임을 비판하고 있다. 대체로 앞에서 말한 자유방임 이론을 지나치게 주장하는 자들을 위해서 마련한 것이다. 《천연론》〈도언5〉

헉슬리가 만년에 제기한 주장은 옌푸에 의해 자연에 대한 인위의 필요성, 중국 철학의 언어로 말하자면 천天에 대한 인人의 역할을 강조하는 것으로 이해되었습니다. 한편 자유주의적 사고에 근거한 스펜서의 낙관적 사회진화론은 천, 자연 등의 언어로 치환되어 자연의 질서에 순응하는 것으로 해석되었습니다. 옌푸는 천인관계론에서 천과 인을 구별하여 천에 대한 인의 역할, 즉 사람이 하늘에 의지하지 않고 자연세계를 극복해갈 수 있는 주체적 인간상을 정립하고자 한 논의를 천인분리론으로 규정합니다. 여기에서 그는 자연세계의 원리에 근거하여 인간사회를 규정하고 자연의 질서에 순응하고자 하는 천인합일론을 지지했습니다. 나아가 그는 스펜서의 진화론적 사유를 진화의 원리가 천과 인의 영역에 다 같이 적용된다는 천인회통天人會通으로 해석하면서, 스펜서가 자신의 진화론적 사유를 철학, 생물학, 심리학, 사회학, 윤리학 등의 방면에 확장하여 저술한 거작《A Sytem of Synthetic Philosopy》의 제목을《천인회통론天人會通論》으로 번역했습니다.

엔푸는 헉슬리의 저작을 번역하면서도 스펜서의 견해를 끌어와 헉슬리를 비판하는 해설을 달았습니다. 그렇다면 왜 엔푸는 스펜서의 저작을 직접 번역하지 않고 헉슬리의 책을 번역했을까요? 엔푸는 "헉슬리가 이 책을 저술한 취지는 스펜서의 자유방임 정치(任天爲治)에 따르는 부수적인 문제점을 해결하고자 한 것이다. 그 논의 가운데 옛 중국인의 논의와 매우 일치하는 부분이 있으며, 자강과 종족을 보존하는 일에 대해 반복해서 자세하게 설명하고 있다"《《천연론》서문)라고 대답합니다. 엔푸는 헉슬리의 견해를 자연에 대한 인위의 강조로 해석하였으며, 이러한 논의가 중국의 전통사상 가운데 자연에 대해 인간의 역할을 강조하는 천인분리론과 일치하는 것으로 보았습니다. 따라서 그는 헉슬리의 논리가 인간의 주체적 행위를 강조하고 있다는 점에서 이를 자강과 종족 보호라는 정치적 영역으로 확장하고자 했습니다. 즉 그는 열강의 제국주의적 침략에 직면한 시대적 상황에서 헉슬리의 주장을 통해 중국과 중국인을 방위할 수 있는 자강의 논거를 발견하고자 한 것입니다.

19세기 말 유럽에서 진화론이 생물학을 토대로 사회의 질서를 설명하는 사회진화론으로 확장되었다고 한다면, 중국에서 진화론은 생물학적 배경보다는 서세동점의 제국주의적 침략의 위기 상황에서 국제정치상의 냉혹한 현실을 이해할 수 있는 정치사상으로 이해되었습니다. 아편전쟁 이래로 계속해서 열강과의 전쟁에서 패하고 영토마저 조차租借하게 되자, 이러한 냉혹한 국제정치의 원리를 힘에 의한 생존경쟁의 결과로 이해하고자 했습니다. 옌푸가 《천연론》을 통해 진화론의 사회적 적용을 둘러싼 유럽의 지적 논쟁들을 소개했지만, 진화론의 생물학적 근거에 대한 논의는 물론 사회진화론의 윤리적 문제도 당시에는 크게 관심을 끌지 못했습니다. 20세기 초 중국의 지식인들은 천연이라는 개념을 통해 서양의 사회진화론을 이해했습니다. 그들은 물경과 천택의 원리가 가져올 결과, 즉 중국이 제국주의 열강에 의해 분할되거나 심지어 멸망할 수도 있다는 위기감을 새삼 깨달았을 것입니다. 따라서 그들은 강자와 적자가 되기 위한 노력을 강조했고, 강자가 되기 위한 정치적 사회적 조건을 강구하고자 했습니다.

자유와 민주: 근대 중국의 자유주의

오늘날 '자유'와 '민주' 등은 일상에서도 자주 사용될 만큼 익숙한 용어입니다. 그렇지만 한국을 비롯한 동아시아 지역에서 이러한 용어가 사용되기 시작한 것은 19세기 말경이었으며, 지금으로부터 약 150여 년 전의 일이었습니다. 이러한 용어는 'liberty'와 'democracy'의 번역으로 성립된 근대 언어이며, 19세기 말에 이르러 중국의 정치적 현실과 관련되어 새로운 미래를 기획하는 언어로 사용되기 시작했습니다.

중국에서 '자유'와 '민주'라는 말은 옌푸를 비롯하여 변법을 주장한 사상가들이 자주 사용했습니다. 변법이란 중국의 정치구조와 사회제도를 바꾸자는 것입니다. 19세기 이래 중국은 영국이 아편을 팔기 위해 벌인 아편전쟁, 프랑스의 베트남 침공으로 빚어진 청프전쟁(1884~1885)에서 연이어 패하면서 영토의 일부를 할양하는 등 불평등조약을 맺게 되었습니다. 조선에서 일어난 동학농민운동을 빌미로 발발한 청일전쟁에서는 동양 최대의 전함을 자랑하던 북양함대가 어이없이 일본 해군에 무너졌으며, 일본이 동아시아 지역의 패권 경쟁에서 우위를 차지하게 되었습니다. 1860년대 이래로 중국에서는 서양의 침략에 맞서 서양의 앞선 산업정책과 과학기술을 학습하여 부강을 꾀하자는 양무운동이 전개되어 왔습니다. 그렇지만 연이은 전쟁의 패배와 주권의 침탈로 인해 양무운동의 한계, 즉 단순히 서양의 과학기술을 모방하는 정책의 한계를 지적하면서 제도적 차원에서 개혁의 필요성을 강조한 것이 변법운동입니다.

캉유웨이, 량치차오 등 변법운동의 주창자들은 헌법의 제정, 입헌군주제의 실시, 의회 개설 등 정치적 개혁을 요구했습니다. 옌푸는 무술년의 변법운동에는 직접 참여하지 않았지만, 변법의 이론적 기초를 다지는 언론활동에 매진했습니다. 그는 중국이 서양에 비해 경제적, 군사적 힘이나 과학기술이 낙후되어 있기 때문이 아니라 오히려 하나의 사회를 구성하고 질서를 형성해가는 기본 원칙에 근본적인 문제가 있다고 규정하면서, 자유와 민주 등 서양의 정치적 이념을 통해 새로운 사회를 마련해야 한다고 주장했습니다.

중국의 역대 성현들은 자유라는 말을 대단히 두려워해서 이를 표방해서 가르친 적이 없다. 서양인은 하늘이 사람을 만들면서 여러 가지를 부여하였지만, 자유를 얻어야 온전한 사람이 되었다고 말한다. 그러므로 한 사람 한 사람 모두 자유를 얻고, 각각의 국가가 자유를 얻어, 다만 서로를 침해하지 않도록 노력할 뿐이다. 다른 사람의 자유를 침해하는 것이야말로 천리를 어기고 인도를 해치는 행위이다. 살인과 상해 그리고 타인의 재물을 훔치거나 손상하는 일 등은 모두 타인의 자유를 침해하는 대표적인 사례이다. 그러므로 타인의 자유를 침해하는 것은 군주라도 불가능하며, 형벌의 조항은 바로 이를 위해 규정된 것이다. (《세계 변화의 빠름을 논함論世變之亟》, 1885)

옌푸가 찾아낸 서양 사회의 근본 원리는 학문에서 진리(眞)를 존중하고 사회적으로 정의(公)를 추구하는 것이었습니다. 중국에서 유교적 성인도 천리와 공도公道의 실현을 목표로 삼고 있었습니다. 이처럼 중국과 서양이 동일한 목표를 설정했음에도 불구하고 각각 서로 다른 결과를 초래한 근본적인 원인을 옌푸는 서양의 자유와 중국의 부자유에서 찾고자 했습니다. 서양 사회가 자유라는 가치를 토대로 서양의 문화를 구축했다고 한다면, 불행하게도 중국의 성인은 자유의 가치를 선양하지 않았다는 것입니다. 그는 서양 사회의 작동 원리가 천부적 권리로서의 자유이며, 개인의 생명과 재산을 유지할 수 있는 최소한의 권리로서의 자유라고 이해했습니다. 또한 자유의 문제가 개인의 차원을 넘어 국가의 단위에까지 적용되었습니다. 그는 국가의 독립된 주권의 문제도 자유의 관점에서 해석하고자 했습니다. 열강의 틈바구니 속에서 중국의 보전과 중국인의 생존이 개인의 자유에 대비되어 보다 중요하게 판단될 만큼 절실한 문제였기 때문이라고 할 수 있을 것입니다.

옌푸는 자유라는 개념을 통해 중국과 서양을 비교하면서 왜 중국 사회가 자유를 억압하는 체제였는가 하는 문제를 제기합니다. 그리고 이 문제를 풀기 위해 비판의 도마 위에 올린 것은 바로 당송팔대가의 일원이면서 불교와 도교를 비판하고 유교의 정당성의 기초를 제시한 한유韓愈(768~824)의 〈도란 무엇인가原道〉라는 글이었습니다. 한유의 대표작인 이 글은 당시 성행하고 있던 노장사상의 도덕과 불교의 청정적멸淸淨寂滅이 인간사회의 규범으로 정당하지 못한 점을 강렬하게 비판하면서, 인의仁義와 도덕道德을 새롭게 정의하여 유교의 부활에 중요한 역할을 한 것으로 평가되는 작품입니다. 옌푸가 한유를 비판한 것은 노장이나 불교 비판과 관련되는 것이 아니라 한유가 주장하고 있는 정치사회적 질서에 관한 전제들이었습니다. 한유가 전제하고 있는 것은 동물보다 약한 인간이 생존하기 위해서는 정치적 사회를 구성해야 하며, 이러한 정치사회는 군주-신하-인민이라는 위계질서를 바탕으로 이루어진다는 것입니다. 여기에서 개개의 인민은 자발적으로 사회를 형성하는 능력을 갖추고 있지 않기 때문에, 인민을 조직하고 사회 내부에서 발생하는 혼란과 충돌을 조정하고 자연적 재해와 사회적 재난으로부터 인민을 구출해줄 수 있는 정치적 지도자로서 유교적 성인聖人을 요청합니다. 유교적 성인은 사회 질서를 유지하기 위한 권력을 지닌 군주로서의 역할을 지닐 뿐만 아니라 인의예지의 도덕으로 인민을 교화하는 스승의 역할도 겸하고 있습니다.

옌푸가 한유를 비판한 초점은 사회의 형성과 질서 유지 과정에서 설정한 유교적 성인의 주도적 위상이었습니다. 물론 그는 사회적 분업의 원칙에 의거하여 정치권력의 필요성을 인정했습니다. 그렇지만 그는 군-신-민의 정치적 위계의 성립 과정에 대한 한유의 전제를 역전시키고자 했습니다. 즉 그는 진화론을 토대로 인간이 정치사회를 형성해가는 과정을 설명합니다. 옌푸의 주장에 의하면, 사회는 성인에 의해 의도적으로 만들어 것이 아니라 진화의 과정에서 만들어진 산물입니다. 즉 인민은 사회를 형성할 수 있는 능력을 지니고 있다는 것이 전제되어 있습니다. 그래서 그는 사회의 출현과 권력의 필요성을 다음과 같이 설명합니다.

한 선생은 군신의 윤리가 부득이함에서 나온다는 것을 알고 있는가? 서로 속이며 약탈하는 일이 발생하고, 포악한 자와 재해가 있다. 백성들이 조, 쌀, 마, 비단을 생산하고 기물을 만들고, 재화를 유통시켜 함께 살아가는 일에 종사하고 있다. 따라서 그들이 형벌을 집행하여 포악한 자를 제거하고, 되나 저울을 주관하여 서로 신뢰하도록 하고, 성곽을 만들고 갑병을 두어 방어하는 일까지 하게 된다면, 혼자서는 불가능한 일이다. 따라서 분업하고 협력하면서, 공정하고 현명한 자를 선출하여 군주로 삼는다. 그 의미는 본래 다음과 같다. 우리들은 농사짓고 길쌈하거나, 수공업이나 상업에 종사하는데, 우리들 스스로가 생명과 재산을 보호하는 일까지 하게 된다면, 본업을 그만두게 될 것이다. (선출한) 한 사람에게 (우리들의 생명과 재산을) 지키는 일에 전력을 기울이게 하고, 우리들이 농사, 길쌈, 수공업, 상업에서 얻은 이익을 나누어, 그 사람을 먹고 살 수 있도록 해준다면, 그 이익이 크고 일도 잘 되지 않겠는가? 이것이 바로 천하에서 군주를 세우는 근본 취지이다. 그러므로 군주나 신하, 형벌과 군대는 모두 백성을 지키는 일로 인해 만들어진 것이다. 백성들을 지키는 일이 있게 된 까닭은 강포, 사기, 약탈, 재앙 등이 있기 때문이다. 강포, 사기, 약탈, 재앙 등이 있는 것은 진화의 단계가 아직 낮고 백성이 완전한 선에 이르지 않았기 때문이다. 그러므로 군주란 세상이 선하지 못하기 때문에 같이 존재하는 것이며, 천하가 선해지면 함께 있을 수 없다. 《〈한유 비판闢韓〉, 1895》

자발적으로 사회를 형성한 인간은 욕망을 가진 존재이기 때문에, 자신의 욕망을 달성하기 위해 타인을 속이고 타인의 물건을 강탈하기도 합니다. 이러한 상태에서는 개개인의 욕망과 욕망이 서로 충돌할 수 있으므로, 무질서의 상황을 제어하기 위한 부득이한 장치로서 정치적 권력이 요청됩니다. 그렇지만 인민은 각자 생산과 유통 활동에 종사하고 있기 때문에, 자신의 생명과 재산을 보호하는 활동을 동시에 수행하기 어렵습니다. 따라서 각 개인은 분업을 통해 협력하는 것이 더 큰 이익을 가져올 것으로 가정해서, 공정하고 현명한 자를 군주로 정합니다. 그 대가로 각 개인은 생산의 일부를 군주에게 제공하고, 군주는 개인의 생명과 재산을 보호할 책임을 집니다. 따라서 통치자와 피통치자의 관계는 영원불변의 법칙이 아니라 부득이하게 요청된 이념에 불과합니다.

한유도 정치사회의 권력관계를 분업의 관점에서 설명합니다. 그렇지만 그가 말하는 분업은 정신노동에 종사하는 위대한 성왕과 육체노동에 종사하는 무지한 인민이라는 이분법에 의거하고 있습니다. 한편 옌푸는 지적 능력이 아니라 개인의 이익 추구를 근간으로 하는 분업을 주장하였습니다. 여기에서 옌푸는 인간이 환경에 적응하고 사회를 구성할 수 있는 능력을 강조했고, 그것을 자유라고 명명합니다. 그래서 그는 〈한유 비판〉이라는 글에서 "인민의 자유는 하늘로부터 부여받은 것이며", "인민이야말로 천하의 참된 주인이다"라고 주장하면서, 자유와 민주의 이론을 정립하고자 했습니다. 그는 서양 사회에 부강을 초래한 가장 근본적인 요인으로 자유의 가치를 들었습니다. 그리고 서양 사회의 활발한 에너지는 바로 "자유를 체體로 삼고 민주를 용用으로 삼는 것"(《강함이란 무엇인가原强》)에 있다고 보았습니다.

서양의 과학과 철학, 그리고 중국의 근대철학

중국의 근대는 정치제도와 사회생활 부분에서 근본적 변화를 초래하였지만, 교과 내용과 교육 방식에서도 상당한 변화가 발생했습니다. 중국의 전통적인 학문은 사서오경을 중심으로 하는 유교가 중심이었습니다. 중국은 문헌의 나라라고 일컬을 수 있을 만큼 방대한 양의 서적이 간행되었으며, 그러한 서적을 분류하기 위한 도서 분류법이 일찍부터 발전하였습니다. 오랜 역사 속에서 간행된 수많은 서적을 경전, 역사, 제자백가, 개인 문집 등의 범주로 분류하는 경사자집經史子集의 4부 분류법은 중국의 학문 체계를 보여주는 것이었습니다. 19세기 말 이후로 여러 방면에 걸친 서양 서적이 대량으로 번역되기 시작했으며, 전통적 도서 분류 체계로 정리하기에는 쉽지 않은 내용을 담은 서적이 등장했습니다. 19세기 말부터 서양의 학문 분과를 포함한 목록서가 나타나기 시작했으며, 근대적 교육 제도는 서양의 분과학문 체제를 수용했습니다. 중국에서 최초의 근대적 대학이라 할 수 있는 경사대학당京師大學堂(1898년 설립)은 전문 분과에 경서를 학습하는 경학과를 포함하여 정치, 문학, 격치, 농업, 공예, 상무, 의술 등 8개 학과를 설립했습니다. 교육의 영역에 서양의 분과학문이 등장하면서 종합적인 성격을 지녔던 중국의 학문과 교육 체제에 분화가 일어난 것입니다.

옌푸는 서양사상을 중국에 소개하는 역할을 자임했을 뿐만 아니라 중국의 근대적 학제의 형성에 크게 기여하였습니다. 그는 무엇보다도 중국에 사회진화론을 소개하면서 분과학문으로서의 생물학과 사회학을 소개했습니다. 헉슬리는《진화와 윤리》에서 동서고금의 많은 철학자들을 끌어와 자신의 논지를 전개했으며, 옌푸는《천연론》에서 헉슬리가 언급하지 않은 서양의 사상이나 철학자까지 거론하면서 원서를 설명했습니다. 실제로 그는 탈레스Thales(B.C.624~B.C.545)로부터 스토아학파의 제논Zenon(B.C.490?~B.C.430?)에 이르는 그리스 철학자들뿐만 아니라 베이컨Francis Bacon(1561~1626), 데카르트René Descartes(1596~1650), 로크John Locke(1632~1704), 흄David Hume(1711~1776), 칸트Immanuel Kant(1724~1804)에 이르는 서양 근대 철학자들에 대해서도 해설을 덧붙였습니다. 그는 "논리학, 수학, 화학, 물리학이야말로 서양의 학문에서 가장 실제에 부합하고, 그 법칙을 이용해서 다양한 변화를 설명해 낼 수 있다."《천연론》서문)라고 서양 학문의 특징을 파악하였습니다. 나아가 그는 philos(사랑하다)+sophia(지혜)라는 필로소피philosophy의 어원, 즉 지혜를 사랑하는 학문이라는 의미에 착안하여 필로소피를 '애지愛智'로 번역하였으며, 인도의 초기 사상이 서양의 필로소피와 유사하다고 설명했습니다. 다윈에게 영향을 준 맬서스의 경제학에 대해서는 재물이나 상품을 관리한다는 의미로 이재理財의 학이라고 설명했습니다.

이외에도 그가 번역한 여러 저작들은 서양사상의 소개에 그치지 않고, 경제학, 철학, 윤리학, 정치학, 법률학 등 서양의 근대적 분과 학문 체제를 중국에 알리는 것이었습니다.

영국에서 유학했던 옌푸는 단순히 서양의 부강만을 바라본 것이 아니었습니다. 그는 부강한 나라를 이룬 서양인들이 학문적 탐구를 통해 국가와 사회를 꾸려나가는 방식에 관심을 기울인 것입니다. 그는 《천연론》에서 사회진화론의 문제를 전했으며, 동시에 서양 학문의 기초에 논리학과 과학이 있다는 점을 지적하는 데 힘을 쏟았습니다. 그는 양무운동의 교육제도 속에서 훈련 받은 인물이었습니다. 더구나 조선 기술을 가르치는 선정학당에 다닌 경력을 지니고 있었기 때문에 그는 자연과학을 지칭하는 의미로 사용되기 시작한 격치格致라는 용어법의 변화에 누구보다도 익숙해 있었습니다. 유교의 경전인 《대학》의 주요 개념인 격물格物과 치지致知는 송대의 사상가 주희朱熹(1130~1200)가 '사물에 나아가 이치를 탐구하는 것(卽物窮理)'으로 해석하였듯이 일상생활 속에서 지식을 연마하고 도덕적 실천을 확보하는 수련의 과정이었습니다. 그렇지만 서양 과학의 수용 이래로 주자학에서 사용되었던 격치는 점차 천문학, 지질학, 고등 산학, 화학, 물리학, 동식물학 등 자연과학을 가리키는 용어로 바뀌고 있었습니다. 옌푸는 중국의 부강을 위해서도, 중국을 멸망에서 구하기 위해서도 격치가 필요하다고 외쳤습니다. 그는 '언제 어디서나 성립하는 보편타당한 공리를 확립하는 과정'(《원부原富》,《국부론》 번역에 대한 옌푸의 해설)을 격치로 규정했습니다. 이러한 공리를 찾기 위해 옌푸가 요구한 것은 바로 논리학과 과학이었습니다. 나아가 철학과 윤리학, 정치학과 사회학 등 인문학과 사회과학 또한 이러한 방법론에 입각하여 진리를 추구해야 한다고 주장한 것이었습니다. 그가 사용하는 '격치'라는 말은 성리학적 전통의 격물을 의미하는 것은 아니었습니다.

엔푸는 밀의《자유론》을 번역하여 영국의 자유주의를 소개한 것으로 유명하지만, 의화단 사건의 와중에 상하이로 피신하여 '논리학연구회〔名學會〕'라는 학술 모임을 만들어 직접 논리학을 강의하고, 한편으로는 밀의《논리학 체계》를 번역했습니다. 1908년에는 제번스의《논리학 입문》을 번역하여 출판할 정도로 그는 논리학을 중시했습니다. 그는 이러한 번역을 통해 귀납을 중시하는 경험주의 철학을 중국에 소개했습니다. 그는 귀납법induction을 내주內籒 혹은 내도內導로, 연역법deduction을 외주外籒 혹은 외도外導라고 번역하였습니다. '주籒'와 '도導'는 각각 '뽑아내다', '이끌어가다'라는 의미이며 추론을 안으로 끌어가는 것, 즉 개별적 사실들을 모아 결론을 도출한다는 의미입니다. 반대로 '외주'는 추론을 밖으로 끌어가는 것, 즉 어떤 공리로부터 개별적인 사실이나 원리를 추론하는 방법을 의미합니다. 그는 서양의 논리학 용어를 사용하여 유교의 기본 경전인《대학》에 나오는 격물치지를 설명하고자 했습니다.

송대의 철학자인 주자는 격물치지를 독서와 궁리로 해석한다. 그 말뜻을 살펴보면 귀납과 연역의 어느 한쪽에 치우쳐 있지 않다. 독서는 많이 듣는 것이다. 많이 듣는다는 것은 선인들이 남겨준 법칙을 많이 얻는 것이다. 궁리는 새로운 지식을 구하는 것이다. 새로운 지식은 반드시 사물에 나아가 구한다. 그래서 〈격물보전〉에서는 사물에 나아가 이치를 궁구하며 활연관통豁然貫通(단계를 거치면서 착실히 공부하다가 어느덧 사물의 이치를 완전히 통달함)에 이른다고 했다. 이미 관통을 하면 저절로 새로운 지식이 생겨난다. 《명학천설名學淺說》108절)

엔푸가 주희의 격물치지에 대한 해석을 끌어와 귀납과 연역을 설명하고자 했습니다만, 주희의 주석에 대한 엔푸의 이해는 주희의 본래 의도와는 같지 않습니다. 주희의 격물치지론은 구체적 사물에 대한 경험적 지식을 주장한 것도 아니었고, 과학적 탐구의 대상으로 사물을 파악하는 것도 아니었습니다. 엔푸는 중국 학술의 전통이라고 할 수 있는 경전에 대한 주석, 즉 경학經學의 방법으로 《대학》을 해석한 것이 아니라, 서양의 논리학이라는 새로운 학문을 이해하기 위해 전통적 개념을 사용한 것입니다. 서양 학문의 수용과 더불어 경학적 해석은 더 이상 필요하지 않게 되었으며, 다만 중국의 고전을 매개로 귀납과 연역을 설명하고자 한 것입니다. 나아가 그는 《사기》〈사마상여열전〉에서 사마천이 "《주역》은 보이지 않는 것으로부터 보이는 것으로 나아가고, 《춘추》는 보이는 것을 미루어 보이지 않는 것에 나아간다"라고 풀이한 구절에 대해, 《주역》은 연역적 방법, 《춘추》는 귀납적 방법을 구사하고 있다고 설명했습니다.(《천연론》서문) 물론 이러한 설명은 《주역》과 《춘추》에 대한 전반적인 해석이라기보다는 논리학을 설명하기 위해 자의적으로 해석한 것이라고 할 수 있습니다. 춘추시대 노나라의 역사를 기록한 《춘추》는 개별적인 역사적 사실에 대해 옳고 그름 혹은 선과 악을 평가하고 있으며, 알 수 없는 미래를 위해 점을 친 기록을 모아둔 《주역》은 음양의 우주론적 사유에 근거하고 있기 때문에, 둘 다 논리학과 직접적인 관계를 지니고 있다고 볼 수는 없습니다. 《주역》과《춘추》에 대한 사마천의 설명이 어느 정도 일리가 있다 하더라도, 이들 경전이 각각 연역과 귀납의 방법으로 이루어졌다고 단정하기는 어렵습니다. 옌푸가 서양으로부터 학습한 연역과 귀납의 논리를 설명하기 위해 중국 경전의 권위를 사용한 것으로 볼 수 있습니다.

옌푸는 영국의 경험주의와 실증주의 철학을 적극적으로 수용하였으며, 학문의 방법론으로 연역보다는 귀납이 중요하다는 관점을 취합니다. 그는 주희의 격물치지를 귀납과 연역의 균형을 갖춘 이론이라고 설명했지만, 이 말을 언급하기 바로 앞의 글에서는 "지금까지 중국의 학문은 연역에 치우쳐 있고, 귀납에 뛰어난 것은 매우 드물다"(《명학천설》 108절)라고 지적했습니다. 따라서 그는 감각적 경험을 통해 귀납적으로 습득한 지식(옌푸는 이러한 지식을 원지元知 혹은 각성覺性이라고 부릅니다)이 이성을 통한 연역적 추론을 통해 얻어지는 지식(옌푸는 이것을 추지推知 혹은 징오徵悟라고 부릅니다)보다 더 중요하다고 보았습니다. 나아가 그는 밀의 경험주의와 로크 J. Locke(1632~1704)의 백지설에 근거하여, 태어나면서 가지고 있는 본유관념을 부정하면서 양명학의 양지良知와 양능良能을 비판했습니다. 양지와 양능은 경험이나 학습을 통하지 않고 인간이 본래부터 갖고 있는 지적 도덕적 능력을 말합니다. 이와 달리 영국의 경험주의는 기본적으로 인간의 경험으로 알 수 없는 영역의 지적 인식을 거부합니다. 영국의 철학자이자 물리학자인 로크는 인간의 마음은 태어날 때 텅 비어 있는 백지tabula rasa라고 주장했습니다. 옌푸는 이러한 경험주의 전통의 서양철학자들의 이론을 근거로 중국 철학의 관념주의적 성향을 비판한 것입니다. 그가 주창한 격치

는 경전의 학습을 통한 활연관통을 주장하는 주자학의 즉물궁리
卽物窮理가 아니었고, 더구나 양명학의 주관주의적 격물론도 아니었
습니다. 그것은 다름 아닌 서양의 과학, 즉 경험론에 근거한 과학이
었습니다. 그는 과학적 방법을 "하나의 원리를 밝히거나 하나의 법
칙을 세울 때, 반드시 사사물물에 시험을 해본 뒤에 변할 수 없는
진리로 정하는 것"(《죽음을 구하기 위한 결론求亡決論》)이라고 설명했습
니다.

 옌푸의 스승이라 할 수 있는 스펜서, 헉슬리 등 영국의 학자들
은 과학적 방법론을 강조한 사상가들이었습니다. 옌푸가 영국으로
부터 귀국하여 가장 먼저 읽은 책은 스펜서의《사회학 연구The Study
of Sociology》였습니다. 이 책은 과학적으로 사회학을 연구하기 위해
주관적 편견이나 객관적 오류를 피하기 위한 방법을 서술하고 있
습니다. 옌푸는 이 책을《군학이언群學肄言》으로 번역하면서 "군학
이란 무엇인가? 과학적 법칙을 이용하여 인간 집단의 변화의 단서
를 살피는 것이요, 지나간 것을 밝히고 다가올 것을 예측하는 것
이다. 이언이란 무엇인가? 전문 학문의 취지를 드러내고 그로 인
한 효과를 연구하고 또 연구방법을 보이는 것이다."(《군학이언》 서문)
라고 설명했습니다. 그가 1905년 상하이 YMCA 야학에서 교재
로 사용하기 위해 준비한《정치 강의》는 영국의 역사학자 실리J. R.
Seeley(1834~1895)의 유고집인《Introduction to Political Science》
(1901)를 번역하다시피 한 것입니다. 그는 이 책에서 과학으로서의
정치학을 주장했습니다.

 올바른 과학의 관점에서 살펴보면, 옛날 사람들이 논한 정치 관련 서

적은 대체로 술術이라고 부를 수는 있지만 학學이라고는 칭할 수는 없습니다. 여러분은 학과 술, 이 둘의 차이를 알아야 합니다. 학은 사물에 나아가 이치를 탐구하는 것이며, 앞에서 말했던 대상을 파악하는 것입니다. 술은 어떤 일에 대해 처리할 방법을 아는 것이며 앞에서 말했던 어떻게 해야 할 것인가를 묻는 것입니다. 그렇지만 술이 좋지 않은 것은 모두 학이 분명하지 않기 때문입니다. 학이 분명해지면 술은 저절로 좋게 됩니다. 따라서 모든 과학은 세상일에 크게 도움이 됩니다. 지금 내가 강의하고자 하는 것은 정치의 학이며 정치의 술이 아닙니다. (《정치 강의》 제1회)

옌푸는 종래에 중국에서도 학문이 발달했지만 대체로 관념주의적 성격이 강하며, 아울러 정치를 언급한 저술이 수없이 많지만 과학적 방법론에 의거한 연구가 드물다고 중국 학술의 방법론을 비판했습니다. 그래서 그는 국가를 연구하기 위해서는 지구상에 출현한 각종 국가가 진화해가는 흔적을 찾아 같고 다른 점을 비교하면서 국가의 형태를 추출하는 작업을 시도해야 한다고 주장했습니다.(《정치 강의》 제2회) 그가 제시한 과학으로서의 정치학은 진화론적, 역사적, 비교학적, 귀납적 방법론을 사용하여 탐구하는 것이었습니다. 물론 19세기 중엽 이래로 청대의 지식인 가운데 서양은 과학과 기술이 우수하다고 평가하는 소수의 개명적인 사상가들이 있었습니다. 그렇지만 그들이 긍정적으로 평가하고자 한 서양의 과학과 기술은 자연과학의 영역에 한정된 것이었고, 철학, 정치학 등은 여전히 중국의 학문이 우수하며 과학적 방법론에 의해서 이루어지는 것이 아니라고 간주했습니다. 그러나 옌푸는 사회학, 정치학 등을 포함한 모든 학문을 과학에 포함시키고 과학적 방법론에 의해 탐구해야 한다고 주장했습니다.

옌푸가 과학으로서의 학문을 제창했다고 해서, 그를 과학만능주의자로 볼 수만은 없습니다. 그가 학습한 서양의 스승들, 밀, 헉슬리, 스펜서 모두 인간의 경험주의적 인식이 미칠 수 없는 불가지不可知의 영역이 있다고 주장했습니다. 옌푸는 밀의 《논리학》을 번역하면서 스코틀랜드의 경험주의 철학자 베인A. Bain(1818~1903)의 학설에 의거하여 인식 불가능한 영역이 있다고 주장합니다. 즉 인간은 어떤 대상이 그것과는 구별되는 다른 대상을 갖고 있을 경우에만 그 대상을 인식할 수 있으며, 대립되는 것이 없이 독자적으로 존재하는 것은 인식할 수 없다는 것입니다.(《밀의 명학》, 옌푸 해설.) 《천연론》에서 그는 불교의 '불가사의不可思議'가 인식 불가능한 불가지를 가리키는 것이라고 설명했습니다.

'불가사의'라는 것은, 세상에 둥근 모양의 네모가 있다거나 태어나지 않았는데 죽는다거나 질량이 없는 힘이 있다거나 하나의 사물이 동시에 두 장소에 존재하는 것과 같은 일을 나타낼 때 쓰는 말이다. 이는 일상 용어에서 오류에 빠져 이치에 어긋난다는 말과 거의 구별되지 않고 있다. 그러나 이치에 대한 논의가 극에 달하면 반드시 불가사의한 경지에 이르게 되는데, 이를 오류라고 할 수 없으며 이치 또한 알기가 어렵다. 이것이 실로 불경에서 말하는 '불가사의'이며, '불가사의'라는 말은 오로지 이를 위해 만든 것이다. 불교에서 말하는 열반은 바로 이러한 '불가사의' 가운데 하나이다. 철학에는 불가사의한 이치가 많이 있다. 가령 천지의 시원, 조화의 참된 주재자, 만물의 본체와 같은 것이 그러하다.

물리학의 불가사의한 것으로는 우주가 있다. (《천연론》〈논10〉 해설)

　감각을 중시하는 경험주의적 인식론에서 출발한 옌푸는 이러한 인식론적 회의에 대하여 데카르트의 견해를 끌어와 해결하고자 했습니다. 그는 데카르트의 《방법서설》을 인용하면서, "세상에는 나와 나 아닌 것이라는 두 가지가 존재한다. 나 아닌 것은 사물을 가리키고, 나는 마음을 가리킨다. 마음과 사물이 접하면 감각기관을 통해 형상을 지각하는데, 지각되는 형상은 사물이 아니라 관념〔意〕이다. 관념과 사물 사이에는 항상 불일치하는 면이 있기 때문에, 사물이 원인이고 관념이 결과라고 곧장 동일시해서는 안 된다. 이것이 동일하게 되는 것은 순전히 관념 속의 세계에서만 가능하다."(《천연론》〈논9〉 해설)라고 설명했습니다. 옌푸는 인간의 인식이 관념과 경험이 서로 일치하는 수준에 그쳐야 한다고 주장하면서, 이러한 방법은 곧 "귀는 듣는 곳에서 그치고, 마음은 사물과 부합하는 데서 그친다〔耳止於聽, 心止於符〕"(《장자》〈인간세人間世〉)라고 한 장자의 말과 같다고 했습니다. 옌푸는 관념과 경험의 일치, 즉 마음 속의 관념이 대상 세계와 일치하는 것으로 해석하고 있으며, 데카르트 출현 이래로 자연과학에서 이러한 일치가 가능해졌다고 보았습니다. 옌푸는 영국의 경험주의를 중국에 소개하였지만, 서양 근대철학의 경험주의와 마찬가지로 인식론적 회의에 봉착하면서 인식론적 한계를 인정하지 않을 수 없었던 것입니다.

　20세기의 전환기에 서양을 직접 경험한 새로운 지식인인 옌푸는 전통사상과 서양 철학을 함께 학습한 인물입니다. 그는 전통적 사대부와 같이 유교 경전의 학습을 통해 인격의 완성을 추구하고

자 한 것이 아니었고, 그렇다고 해서 철학, 정치학, 사회학 등 서양의 근대 학문을 전문적으로 연구한 것도 아니었습니다. 과도기의 사상가라고 할 수 있을 만큼 서양사상을 수용하기 위해 유교적 전통을 활용하기도 하고 때로는 서양으로부터 학습한 경험주의, 자유주의의 철학과 논리로 유교 사상을 비판하기도 합니다. 근대 중국에서 '과학'이라는 용어를 직접 사용하면서 학문의 과학적 탐구를 주창한 것은 그의 사상이 지닌 근대적 성격의 일면이라고 할 수 있습니다. 유교 사상에 정치와 도덕이 혼재되어 있다고 한다면, 그는 과학으로서 연구를 해야 한다고 주장하면서 근대적 학문의 방법론을 제시했습니다. 물론 그가 제시한 과학적 방법이 주로 영국의 학술 사상의 전통에서 비롯된 것이라는 한계점은 있지만, 그가 보여준 사상적 고투는 동서의 구분이 없어지는 현대세계에서 동서철학을 같은 토대 위에서 사고할 수 있는 가능성을 보여주고 있습니다.

***

더 읽어보면
좋은 책

양일모 지음, 《옌푸: 중국의 근대성과 서양사상》, 태학사, 2008.

한국어로 된 옌푸에 관한 최초의 단행본 연구서이다. 옌푸가 남긴 저작 가운데 《천연론》 〈번역 범례〉, 〈세상 변화의 빠름을 논함〉, 〈한유 비판〉 등 주요한 글을 선별하여 한국어로 번역하고 해설과 설명을 추가하는 방식으로 옌푸라는 근대 중국의 한 지식인의 삶과 사상을 추적하고 있다. 옌푸가 소개한 진화론적 사유가 윤리, 자유주의, 정치사상에 끼친 측면을 분석하고 있으며, 과학으로서의 중국의 근대적 학문을 창출하는 과정도 함께 다루고 있다.

벤자민 슈워츠Benjamin I. Schwartz 지음, 최효선 옮김, 《부와 권력을 찾아서》, 한길사, 2006.

미국의 중국학자인 슈워츠 교수가 쓴 《In Search of Wealth and Power》(Havard University Press, 1964)의 한국어 번역이다. 슈워츠는 옌푸가 서양의 학문을 학습하고 수용한 것에 대해, 전통과 근대 혹은 중국과 서양이라는 이분법적 도식을 벗어나 문화보편주의적 관점에서 파악하고 있다. 옌푸가 스펜서의 사상에 충실했다는 주장을 제시하고 있지만, 옌푸가 스펜서를 단순히 모방한 것이 아니라 중국인의 시선으로, 서양인이 볼 수 없었던, 스펜서의 또 다른 측면을 볼 수 있었다는 흥미로운 시각을 제시하고 있다. 한국어 번역은 오역이 많아 원서와 함께 읽을 필요가 있다.

$$* * *$$

엔푸 지음, 양일모 외 옮김, 《천연론》, 소명출판, 2008.

중국에 서양의 진화론적 사고를 체계적으로 전달한 엔푸의 《천연론》(1898)을 한국어로 번역하고 상세하게 주석을 붙인 책이다. 《천연론》은 토머스 헉슬리의 《진화와 윤리》(1894)에 대한 중국어 번역이다. 진화론에 내재하는 윤리적 문제를 지적하고 있는 헉슬리의 《진화와 윤리》는 2009년에 처음으로 한국어로 번역되었다. 헉슬리의 원서와 함께 엔푸의 중국어 번역, 엔푸의 중국어 번역에 대한 한국어 번역, 헉슬리 저서의 한국어 직접 번역 등을 함께 읽어보면 동서사상의 교류와 번역의 문제를 실감할 수 있다.

엔푸 지음, 양일모 옮김, 《정치학이란 무엇인가: 중국의 근대적 정치학의 탄생》, 성균관대학교출판부, 2009.

1905년 엔푸는 상하이기독교청년회 야간반에서 '정치 강의'라는 제목으로 8주간 강의했으며, 강의 원고를 단행본으로 출간했다. 이 책은 엔푸의 《정치 강의》를 한국어로 번역하고 자세하게 역주를 붙이고 있다. 엔푸의 강의는 독창적이라기보다는 실제로 표절이라고 할 정도로 영국의 사상가 실리의 《Introduction to Political Science》를 상당히 많은 부분 참조한 것이다. 엔푸는 이 강의에서 '과학으로서의 정치학'을 제창하면서 중국의 근대적 학문의 틀을 제시하고 있다.

3장

슝스리와 현대 신유학

현대 신유학의 창시

—

고재욱

슝스리
熊十力(1885~1968)

슝스리는 자字가 즈쩐子貞이고 본명은 지즈繼智이다. 후일 멍중定中과 승형升恒으로 바꾸었다가 다시 스리十力로 개명했다. 1885년 후베이성에서 태어났으며, 어린 시절 매우 궁핍한 생활을 했다. 1911년 10월 10일 신해혁명이 일어나자 이 혁명에 참가했으며 훗날 무창도독부 참모가 되었다. 1912년 4월경 쑨원孫文(1866~1925)에게서 정권을 물려받은 위안스카이袁世凱가 혁명당이 제정한 내각중심제를 대통령중심제로 바꾼 다음 매국 행위와 독재정치를 일삼으며 다시 황제로 등극하려고 하였다. 이를 막기 위한 호법운동護法運動에 슝스리는 민군民軍으로 참여했다. 그러나 이 과정에서 일어나는 여러 가지 권력 다툼의 모습을 보면서 회의를 느끼고 1918년 5월경 학문의 길로 들어섰다. 이 해에 그의 첫 번째 저서인《자진심서子眞心書》가 출간되었다.

1920년 량수밍의 소개로 남경의 금릉각경처金陵刻經處에 들어가서 어우양징우歐陽竟無(1871~1943)로부터 불교심리학의 핵심이라고 할 수 있는 유식학唯識學을 배우기 시작했다. 1922년 량수밍의 추천과 당시 베이징대학 총장이었던 차이위안페이蔡元培(1868~1940)의 초빙으로 베이징대학 철학과 특약강사가 되었다. 베이징대학에서 유식학을 강의하며 그는 이듬해 10월《유식학개론唯識學槪論》을 출간했다. 1932년에는 문어체로 쓴《신유식론》을 출간했고, 1944년에는《신유식론》구어체본을 출간해 '신유식론' 사상체계를 세웠다. 이듬해인 1945년에는《독경시요讀經示要》를 출간했고, 1947년에는《십력어요》를 출간했다.

이후 마지막 20여 년 동안 슝스리는 전통학문을 정리하면서 더욱 완벽한 체계를 갖춘 저서들을 출간했다. 1950년 66세에 저술한《최혹현종기》를 시작으로 77세까지《논육경論六經》,《원유》,《체용론》,《명심편》,《건곤연》등을 잇달아 출간했다. 1956년에는 전국정치협상회의에 참가했으며 연이어 제2·3·4회 전국정협 위원으로 당선되었다. 슝스리는 문화대혁명의 박해를 받던 도중 1968년 5월 23일 상하이에서 폐렴으로 사망했다. 그의 주요 저작은《슝스리전집熊十力全集》으로 편집되어 호북교육출판사湖北敎育出版社에서 출판됐다.

서양 사조의 유입과 현대 신유학의 탄생

공자가 유가학파를 창설한 이래 유학은 2,500여 년 동안 중국인의 사상과 삶에 커다란 영향을 끼쳐왔습니다. 각 시대의 특성을 반영하며 전개된 이 유학은 근본유학, 한대경학, 송명성리학, 현대 신유학 등으로 구분되기도 합니다. 근본유학은 춘추시대 말기의 정치·사회적 혼란을 주周 문화의 회복을 통해 해결해보려던 공자에 의해 시작되고 맹자와 순자에 의해 계승된 유가철학입니다. 진시황의 분서갱유로 인해 잠시 금지되었던 근본유학은 한대漢代에는 훈고訓詁적 방법에 의한 경전 복원에 중점을 둔 한대경학으로 전개되며 여기에 주소註疏의 방법이 첨가되면서 당대唐代까지 이어집니다. 그러나 송명시대가 되면서 학자들은 《논어》, 《맹자》, 《대학》, 《중용》, 《역경》 등 근본 유가경전 속에서 이理, 욕欲, 심心, 성性 등의 심성개념을 찾아내어 그 의미와 관계를 분석하고 그것을 바탕으로 윤리도덕을 세우는 방향전환을 이루게 됩니다. 송명성리학은 이후 중국 민족의 도덕성 확립에는 성공적이었지만 근본유학이 가진 실사구시 이념과 그것을 통한 사회의 합리적 제도화와는 멀어졌습니다.

명말 청초 이후 약 300여 년 동안은 서양문물의 수용기인 동시에 유학의 침체기였습니다. 청 말 이후 중국 사회는 모든 분야에서 변혁이 시작되었고 전통적 가치관 역시 부정되기 시작합니다. 당시 이러한 상황에 자극을 받은 소수의 학자들은 전통철학에 대한 반성과 함께 그것을 옹호하려는 학문적 입장을 취하게 됩니다. 그들은 자본주의 산업사회에서 발생하는 도덕적 문제를 직시하면서 전통 유학을 통해 그것을 해결해보려 했습니다. 이들의 유학이 '당대 신유가철학當代新儒家哲學'이라는 명칭에서 시작된 '현대 신유학'입니다. 비록 모두가 일치된 학설을 주장한 것은 아니지만 그들은 대개 근본유학과 송명성리학을 계승하고 이를 중국 철학의 근본정신으로 삼으며 이를 바탕으로 서양의 학문과 철학을 받아들여서 현대 중국의 문화와 학문에 도움을 주고자 하였습니다.

일반적으로 현대 신유학의 문을 연 사람은 량수밍이라고 합니다. 그러나 현대 신유학 연구의 창시자를 말할 때는 량수밍과 슝스리를 함께 거론합니다. 비록 량수밍이 처음으로 현대 신유학 연구를 시작하였지만 그것은 그리 오래가지 않았고 또 큰 진전도 없었기 때문입니다. 실제로 량수밍은 10여 년 남짓한 베이징대학 교수직을 그만두고 실천 방면으로 방향을 바꾼 뒤 오랫동안 향촌건설 운동과 일반 사회활동에 힘을 쏟았습니다. 이 때문에 현대 신유학을 창시한 사람을 슝스리라고도 말합니다. 슝스리는 량수밍의 뒤를 이어 베이징대학 교수가 되었고 그 후 오랫동안 강의와 연구에 종사하면서 현대 신유학의 문을 열고 기초를 세웠습니다.

1918년, 학문의 길로 들어선 슝스리는 크게 두 가지 방향에서 당시 학술계의 현실과 마주치게 됩니다. 그 한 가지는 서양 철학과의 관계 속에서 중국 철학을 올바르게 자리매김하는 것이었고, 또 한 가지는 중국 전통철학의 계승과 발전에 관한 것이었습니다. 그가 마주한 이러한 상황은 신문화운동 이후 중국학계를 휩쓸고 있던 서양 철학과 과학에 대한 대응을 통해 전개되기 시작하며, 이러한 상황을 이해하려면 우리는 먼저 당시 중국 철학계의 현실을 살펴보아야 합니다.

아편전쟁 이후 계속된 서양의 침탈을 막아내지 못한 청 왕조는 결국 역사의 무대에서 사라지고 중화인민공화국이 건국됩니다. 이 과정에서 중국의 지식인들은 전통적 학문인 유학儒學을 주체로 하면서 부국강병의 수단으로서 서양의 과학기술을 이용하려고 한 중체서용론中體西用論을 주장했지만 결국 거대 중국은 서양의 군사력과 학술 아래 무릎을 꿇게 됩니다. 그리하여 그들은 서서히 자신감을 상실해가는 동시에 전반적으로 자신들의 전통사상과 문화를 부정하고 서양의 학문과 제도를 받아들이자는 전반서화론全般西化論을 부르짖게 됩니다. 특히《신청년新靑年》의 주편 천두슈는 "중국이 배, 기차, 비행기, 전기, 전화, 화학 등만 서양에 뒤진 것이 아니라 중국의 근본사상이 서양만 못하며 금일의 사회에 알맞지 않다"라고 하면서 중국이 생존하려면 중국문명을 버리고 서구문화를 전면적으로 받아들여야 한다는 전반서화론을 이끌었습니다.《신청년》제1권 4호) 아마 그 절정이 바로 1919년 5월 4일에 일어나는 신문화운동일 것입니다.

원래 신문화운동은 중국의 국권회복운동에서 시작되었습니다. 1919년 1월 제1차 세계대전을 마무리 짓기 위해 파리평화회의가 열렸습니다. 이 회의의 주도권을 잡은 미국, 영국, 프랑스 등은 그들이 중국에서 탈취한 특권을 돌려달라고 요구한 중국 측의 제안을 거절하였습니다. 이 소식을 듣고 격분한 중국인들은 5월 4일 수천 명의 학생들과 함께 천안문 앞에 모여 집회를 열고 "밖으로 국권을 쟁취하고 안으로 국적을 응징하자!", "1915년 위안스카이袁世凱가 일본에 승인해준 조약 21조를 취소하자!"라는 구호를 외치며 가두시위에 나섰습니다. 이 시위는 서서히 톈진, 상하이, 장시, 광저우 등지로 확산되어 갔습니다. 그리고 시위의 구호도 기존의 체제와 도덕과 학술을 반대하고 새로운 사회질서와 문화적 가치를 요구하는 개혁의 주장으로 바뀌게 됩니다. 결국 신문화운동은 사상, 학술, 문화 운동으로 확산된 것입니다.

초기 신문화운동을 이끈 천두슈와 리다자오는 중국이 서양처럼 발달하지 못한 것은 중국에는 과학과 민주가 없으며 특히 유학은 과학이나 민주와는 모순되고 충돌되기 때문이라고 주장했습니다. 리다자오는 "지나간 역사의 굴레를 쳐부수고 진부한 학설의 감옥을 파괴하자"라고 주장하며, 〈헌법과 사상자유〉, 〈공교孔教와 헌법〉, 〈자연적 윤리관과 공자〉 등의 글을 발표하여 공자를 비판했고 반전통의 태도를 더욱 두드러지게 드러냈습니다.(《신청년》 제2권 1호) 또 천두슈는 "민주를 옹호하려면 공자의 가르침, 예법, 정절, 과거의 윤리, 과거의 정치를 반대하지 않을 수 없고, 과학을 옹호하려면 과거의 예술, 과거의 종교를 반대하지 않을 수 없다. …… 만약 민주와 과학을 옹호하기 위해서라면 비록 단두대에서 피를 흘릴지라도 나는 정부의 어떠한 압박과 사회적 비판 및 매도를 사양하지 않겠다"(《신청년》 제2권 1호)라고 말했습니다.

신문화운동은 문학, 역사학, 철학 방면에서도 활발하게 전개되는데 이 역시 과학과 민주라는 주제를 벗어나지 않는 범위에서 전개됩니다. 문학 방면에서는 후스胡適(1891~1962)의 백화문白話文 운동과 루쉰魯迅(1881~1936)의 문학작품을 통한 반민주·반과학 사상의 폭로가 대표적입니다. 이들은 모두 문학운동을 통해 전통예법과 교육의 모순에 의해 유지되어온 중국의 어두운 현실을 폭로하고 전통 사회에서 억압되어온 개인을 해방시키자고 주장하였지요. 역사학 방면에서는 고대 사료에만 의존하지 않으려는 의고파疑古派가 등장합니다. 이들은 실증에 근거하여 역사를 정리할 것을 주장하였습니다.

특히 서양 철학은 영국, 미국, 프랑스 철학과 마르크스주의 등이 아무런 여과 없이 한꺼번에 중국으로 쏟아져 들어옵니다. 1910년에 미국으로 유학 가서 실용주의 철학자 존 듀이John Dewey(1859~1952)로부터 실용주의 철학을 공부한 후스는 그의 스승과 함께 실용주의 철학을 중국에 전파시켰고 또 그것을 통해 중국을 개혁하려 했습니다. 듀이에 이어 직접 중국에 와서 가르쳤던 버트런드 러셀Bertrand Arthur William Russell(1872~1970)은 그의 실재론 철학을 중국에 전파시켰고, 몇몇 유학자에 의해 베르그송Henri Bergson(1859~1941)의 생철학이 소개되었으며, 일본, 러시아 등으로부터 마르크스주의가 들어와서 유행하게 됩니다. 이 당시 중국의 전통철학은 거의 숨도 못 쉴 지경이었습니다.

이렇게 신문화운동 이후 반전통사조反傳統思潮와 전반서화 풍조가 극에 달하고 있을 때 한편에선 중국 전통철학에 대한 재평가가 일어나고 있었습니다. 이 움직임은 제1차 세계대전 후 유럽을 여행하고 돌아온 량치차오의《구유심영록歐遊心影錄》(1919) 출간에서 시작됩니다. 량치차오는 서구문명의 특징은 과학에서 찾을 수 있지만 과학이 발달해도 전쟁과 같은 야만적 사건을 막을 수 없고 또 인생이나 사회문제를 해결할 수 없다고 생각했습니다. 이러한 그의 주장은 량수밍에 의해 지지되면서 후일 과학과 현학玄學논전(과현논전科玄論戰, 혹은 '과학과 인생관 논전'이라고도 부름)의 씨앗이 되고 나아가 중국 철학의 발전방향, 즉 중국 철학의 정체성 문제의 시발점이 된다고 할 수 있습니다.

중국 철학의 발전방향은 일찍이 옌푸 등이 제기하였던 문제입니다. 이 문제는 1923~1924년 사이에 일어났던 '과학과 현학논전'에서 극명하게 드러납니다. 여기서 과학파는 과학적 방법을 운용하여 우주와 인생의 문제를 설명할 수 있다고 주장하였고, 현학파는 사람 마음의 감정과 의지의 자유는 과학에 의해 설명할 수 없으므로 현학에 의해 해석해야 한다고 주장했습니다. 현학은 위진魏晉시대의 학자들이 《노자》, 《장자》, 《주역》에 의거하여 자기 사상을 전개한 학문경향으로 주로 우주와 인생 등 추상적 이론 문제를 탐구하는 학문입니다.

이 논전에 참여한 사람들은 과학과 현학은 각자의 함의와 작용이 분명하다고 주장합니다. 이 논전에서 과학파를 대표하는 베이징대학 교수 딩원쟝丁文江(1887~1936)은 철학은 과학을 바탕으로 하는 '과학지식론'으로서 이것이 바로 현대철학의 발전 방향이라고 주장하였습니다. 이에 비해 현학파의 대표 주자인 같은 베이징대학 교수 장쥔마이張君勵(1887~1969)는 우주 본체로서의 사람의 마음을 연구하는 본체론을 중심으로 한 현학이야말로 현대철학의 중요한 내용이라고 말했습니다.

1930년대가 되면 중국 철학의 정체성에 관한 문제가 일어납니다. 베이징대학 교수였던 장따이니엔張岱年(1909~2004)은 이때의 상황을 "당시에는 분명히 중국에는 다만 윤리학과 정치학만 있고 철학은 없으며 철학은 바로 서양 철학을 뜻한다는 견해가 있었다. 또 서양 철학을 철학의 유일하고 모범적인 유형으로 보았으며 서양 철학의 핵심취지나 학문방법과 다른 것은 다만 하나의 학문일 뿐 철학은 아니라고 여겼다"《장따이니엔학술張岱年學術》, 1999)라고 회상했

습니다. 당시 이미 40대 중반이었던 슝스리는 이러한 상황을 직접
체험하면서 서양 철학과 중국 철학에는 각자의 특징이 있다고 생
각했습니다. 그는 서양 철학은 과학적 방법에 근거하여 지식을 추
구하지만 공자, 맹자, 왕양명王陽明(왕수인王守仁, 1368~1661)은 마음
을 본체로 규정하고 그 마음에 근거하여 수양을 추구한다고 보았
습니다. 이로부터 마음을 본체라고 보는 본체론 문제는 이미 중국
현대철학 논의의 핵심주제로 떠오르면서 중국 철학의 정체성 문제
를 돌아보게 하였습니다.

그러나 슝스리는 수양은 지식을 배척하지 않고 지식 역시 수양
을 떠날 수 없으며, 과학과 현학(형이상학), 서양 철학과 중국 철학
은 서로 밀접하게 연관되어 있다고 말합니다. 다만 당시 서양 철학
을 연구하는 사람들은 서양 철학을 철학의 기준으로 삼고 있었고
또 과학 중시와 지식 추구를 철학의 주제로 삼고 있었기 때문에
인생수양을 주제로 하는 중국 철학을 철학이라고 인정할 수 없었
을 뿐입니다. 그래서 슝스리도 "사람들이 과학의 관점에서 철학을
보기 때문에 철학을 제대로 이해할 수 없으며 더욱이 동양철학을
철학이라고 인정하지 않을 수도 있다"《십력어요十力語要》)라고 말했
습니다.

슝스리는 스스로 "철학은 어떠한 학문인가? 서양철학자들이 말
하는 철학과 중국 철학은 어떻게 다른가? 그리고 중국 철학의 발
전방향은 어느 쪽인가?"를 질문함으로써 20세기 현대 중국철학계
에 매우 큰 영향을 남겼습니다. 바꾸어 말하면 그것은 유가의 본체
론이 과학과 실증에 근거하여 과학주의를 내세우는 당시 서양 철
학과 어떻게 다르고 어떤 점에서 더 우수한가를 설명하는 것이었

습니다. 사실 이것은 중국 철학과 서양 철학의 관계 설정에서 중국 철학을 올바르게 자리매김하는 것이었고, 동시에 신문화운동 당시 전반서화론자들에 의해 부정된 중국 철학의 정체성을 회복하는 문제로서 중국 전통철학의 계승과 발전에 관한 것이었습니다.

이 점에서 슝스리의 철학은 한편으로는 당시 서양 철학의 영향과 마주하면서 전통에서 근대를 넘어 현대로 향해가는 중국 철학의 변화를 반영하고 있고, 다른 한편으로는 그 자신의 문화보수주의적 입장을 분명하게 드러내고 있습니다. 비록 시대와 문화에 따라서 상대적인 의미를 갖기는 하지만 보수주의保守主義, conservatism는 관습적인 전통가치를 옹호하고 기존 사회체제의 유지와 안정적인 발전을 추구하는 정치이념입니다.

당시 신문화운동 이후 전개된 서구화의 물결 속에서 중국 전통철학을 포함한 중국 문화의 가치는 실제보다 지나치게 폄하되고 있었습니다. 그러나 슝스리는 시종일관 공자, 맹자의 유가철학과 왕양명의 심학心學을 바탕으로 하여 당시 중국을 휩쓴 과학과 철학의 물결에 비판적으로 대응하였습니다. 이 과정에서 그의 철학은 문화보수주의적 색채를 드러내게 됩니다. 그리하여 중국과 서양의 문화와 학문의 비교를 통해 전통 유가문화와 철학을 정통철학으로 건립하려 한 슝스리는 문화보수주의자라는 이름을 듣지 않을 수 없는 것입니다.

과학은 지식의 학문이고, 철학은 수양의 학문이다

슝스리의 철학은 과학과 철학의 구분에서 시작됩니다. 물론 과학과 철학의 구분은 이미 '과학과 현학논전'에서 시작되었다고 할 수 있습니다. 이 논전에서 장쥔마이는 과학과 인생관을 구분하여 과학과 철학의 경계를 나누고 '새로운 현학(新玄學)'을 확립하여 본체론의 기초를 세우려 했습니다. 그러나 논전이 끝난 후 장쥔마이는 '새로운 현학'의 건설에 힘을 쏟지 않았고 그 과제는 슝스리에게 남겨졌습니다. 그리하여 슝스리는 논전 이후 처음으로 본체론의 체계를 세운 철학자가 되었고, 과학과 철학의 구분은 슝스리 철학의 전제조건이 되었습니다.

슝스리는 "과학은 외부존재를 가정하기 때문에 그 법칙이 외부존재에 있으며 그 법칙의 탐구는 반드시 객관적 방법을 써야 합니다. 그래서 과학은 지식의 학문입니다. 철학은 우주, 생명, 진리, 지능이 서로 통하여 하나가 되므로 본래 안과 밖이 없습니다. 그러므로 그 도리는 스스로 반성하는 데 있으며 실천하지 않으면 증명할 길이 없으므로 수양의 학문이라고 합니다"《십력어요》라고 했습니다.

이 말은 과학과 철학은 영역이 구분되어야 한다는 것이지요. 과학과 철학은 서로 다른 두 종류의 학문이기 때문에 이 둘은 각각 서로 다른 연구목적, 출발점, 연구대상, 연구방법을 가지고 있고 그 의의도 서로 다르다는 것입니다. 다시 말해 과학은 객관세계에 의미를 두어 자연을 탐구하고 개조하는 데 초점을 맞추며, 철학은 주관세계에 의미를 두어 인생을 인식하고 수양하는 데 초점을 맞춘다는 것입니다.

슝스리는 우리가 "과학을 연구하는 목적은 엄정하고 세밀하며 정확하고 분명한 지식을 통해서 사물의 이치가 실제로 그러함을 증명하여 만물을 조종하고 개조하고 변화시키고 재단하고 정복하고 이용하게 하는 데 있다"(《명심편明心篇》)고 보았습니다. 그리하여 그는 "과학은 물질적 우주를 참 존재로 가정하고 근본적으로 실용에서 출발한다. 바꿔 말하면 일상생활의 경험에서 출발한다"(《신유식론新唯識論》)라고 말합니다. 즉 과학자는 물질이나 만물 사이의 상호관계에 관심을 두고 물질세계, 즉 대자연을 연구대상으로 삼는다는 것입니다. 이 때문에 과학자는 실측을 근본 연구방법으로 하게 되는데 비록 깊은 사고에 의해 분명히 설명한다고 하더라도 결국은 사물을 통해 검증해야 사람들에게 신뢰를 얻을 수 있다는 것이지요. 그래서 과학자들은 "본체는 무형무상이므로 어떠한 과학적 측량 기구에 의해서도 실측할 수 없다"(《십력어요》)라고 주장한다는 것입니다.

이와 달리 슝스리는 철학은 인간의 삶도 연구하지만 세계와 만물의 근원으로서의 우주도 연구한다고 주장합니다. 철학은 인생의 시작과 인생수양의 의미와 사람이 돌아갈 곳까지 찾아보는 학문이라는 것입니다.(《명심편》) 과학이 자연을 인식하여 그것을 개조하는 데 목적이 있다면, 철학은 인생을 인식하고 수양하는 데 목적이 있다는 것이지요. 다시 말하면 철학은 지혜의 학문(《십력어요 초속》)으로서 인류의 위대한 정신의 산물이므로 인류정신의 자기반성과 자기초월을 그 출발점으로 하게 되며, 그 연구대상도 세계의 본질과 만물의 근원 즉 본체가 됩니다. 과학은 연구자의 주체를 떠난 독립

존재가 연구대상이고, 철학은 그 연구대상이 본체 즉 자기 주체라는 것입니다.《신유식론》 그리고 이 주체에 대한 철학적 탐구는 반성을 통해 스스로 증명하는 방법을 사용해야 한다고 말합니다. 본체는 바로 주체의 자아체험이고 자아수양이며 자아초월이기 때문이라는 것이지요.《신유식론》

그리하여 슝스리는 과학은 철학을 대신할 수 없으며 철학도 과학을 대신할 수 없다고 생각합니다. 과학은 물질적 대상만 탐구할 뿐 자기반성에 대해서는 말할 수 없으며 지식에 대해서는 말할 수 있지만 지혜에 대해서는 말할 수 없기 때문입니다. 그래서 과학의 연구대상과 철학의 연구대상은 서로 뒤섞이면 안 된다는 것입니다. 이렇게 슝스리가 과학의 특성은 지식의 추구에 있으며 철학의 특성은 자아수양에 있다고 하더라도, 그가 지식론(인식의 기원, 본질, 형성 과정, 한계 따위를 탐구하는 철학의 한 분야로서 인식론이라고도 한다. 슝스리는 지식론이란 용어를 즐겨 사용했다.)의 연구까지 반대하는 것은 아닙니다. 왜냐하면 지식론 역시 그 자체의 가치가 있으며 특히 사람의 지식은 본체 연구에도 꼭 필요하다고 보았기 때문입니다.

그는 "전통적으로 서양철학자들은 형이상학을 인간의 사회생활 및 도덕실천과 분리하여 연구해왔다. 또 각자의 사유 활동을 통해 객관세계에서 본체를 찾으려 하였기 때문에 본체론 역시 하나둘이 아니다"《신유식론》라고 말했습니다. 슝스리는 이러한 현상이 결국 과학과 지식론을 발달시켰고 때로는 철학과 과학의 경계를 섞어버렸으며 때로는 본체를 부인함으로서 회의론懷疑論(절대 진리의 존재와 객관세계에 대한 인식의 가능성을 의심하고 궁극적 판단을 하지 않으려는 태도)이나 현상론現象論(인간이 인식할 수 있는 것은 현상뿐이기에 현상만이 실재라고 주장하는 이론)을 탄생시켰다고 보았습니다. 이 때문에 슝스리는 "서양철학자들은 본체론을 미루어두고 지식론 연구에 종사하게 되었으며 이것이 철학계의 커다란 변화라고 생각하였다. 또 지식론은 본래 본체를 탐구하는 데 필요한 바탕이지만 사람들은 오히려 지식론만 즐기고 본체에 관한 이야기는 꺼리게 되었다"《십력어요》)는 것입니다.

결국 슝스리는 일부 서양철학자들이 지식론의 입장에 서서 형이상학을 배척하고 철학은 더 이상 지혜나 인생에 관한 문제에 관여하지 말자고 주장하는 것을 반대한 것입니다. 이러한 배경에서 본체론은 슝스리 철학의 뿌리가 되었고 나아가 본체와 심성의 근원을 둘로 나누지 않으려는 슝스리 철학의 특징이 만들어집니다. 슝스리는 이러한 그의 철학을 '체용불이體用不二'라는《주역》에 나오는 용어를 통해 전개해나갑니다.

철학의 핵심은 본체와 현상의 조화다: 체용불이의 본체론

철학과 과학의 경계 긋기에서 출발한 슝스리는 한 걸음 더 나아가 철학의 근본 특성은 본체론에 있다고 주장합니다. 그리고 본체론을 떠나서는 결코 철학을 이야기할 수 없으며 그것을 현대철학과 분리해서도 안 된다는 것입니다. 이렇게 본체론의 의의를 강조한 슝스리는 본체론의 재건에 전력을 다함으로서 1930년경부터 10여 년에 걸쳐 '신유식론新唯識論'이라는 본체론의 체계를 구성하게 됩니다. 이것은 '과학과 현학논전' 이후 처음으로 중국철학자가 철학과 과학을 구분한 바탕 위에 세운 현대적 형태의 철학체계라고 할 수 있습니다.

슝스리는 "철학의 주된 임무는 우주의 본체, 인생의 바탕, 모든 덕德과 이치[理]를 갖추고 있으면서 모든 변화의 시작인 본체를 드러내주는 본체론에 관한 연구다"《원유原儒》라고 말하고 중국 철학, 서양 철학, 인도 철학(인도 불교를 의미함)과 그 문화의 비교로부터 본체론 연구를 시작합니다. 그가 보기에는 이들 세 철학의 본체론이 가장 분명한 문화적 차이를 드러내주기 때문입니다. 슝스리는 각 민족의 본체에 관한 인식은 그 민족의 문화형태와 인생태도 그리고 그들의 문화적 배경이나 사회현상을 형성한다고 보고 각각의 철학에 내재되어 있는 본체의 성질과 기능 및 본체와 현상의 관계를 통해 이를 설명하려 하였습니다. 그리하여 그는 "서양 철학은 인간의 밖에서 본체를 탐구함으로써 지식만 추구하여 경지가 가장 낮으며, 인도의 불교는 내면을 통해 본체를 탐구하지만 결국은 인간과 만물을 떠난 탈속의 경지에서 그것을 만날 수 있고, 중국 철학은 내면에서 본체를 찾고 그것을 바탕으로 현실에서 안정된 삶을 영위하려는 것이기 때문에 가장 높은 경지"《십력어요》라고 말했습니다.

슝스리는 서양 철학에서도 물론 본체론과 인생론 그리고 지식론 등이 서로 무관한 것은 아니지만 서양 철학의 체계 속에서는 결국 이들이 셋으로 존재할 뿐 하나로 연결되지는 않는다고 보았습니다. 서양 철학에서는 대체로 본체는 인간의 마음과 인식을 떠난 곳에 존재한다고 생각해왔기 때문입니다.

그러나 그는 중국 철학은 이와 달리 "그 도덕관념은 바로 우주에 대한 견해이고, 그 우주에 대한 견해는 바로 본체에 관한 주장이므로 이들 셋은 실제로 하나이며 선후를 나눌 수 없다"《십력어요》라고 말합니다. 이 말은 우리의 도덕적 본성이 바로 궁극적 존재로서의 본체이고 이런 의미에서 본체는 바로 우주와 같은 존재이며 또 우주를 근거로 하고 있음을 의미합니다. 물론 검증을 바탕으로 하는 자연과학의 발달은 현대생활에 많은 발달을 가져왔고 이로 인해 과학이 철학에 끼친 영향도 매우 컸습니다. 그러나 슝스리는 우주의 대생명체를 직접 체득하고 지행합일에 의해 자신과 이 우주를 개척하기 위해서는 과학은 어쩔 수 없이 철학의 도움을 받아야 하며 그것이 바로 본체론의 존재가치라고 본 것입니다. 슝스리는 본체론, 인생론, 지식론의 이론적 근거를 본체의 성질과 기능에 대한 이해 및 본체와 현상의 관계에서 찾으려 하였던 것입니다. 그래서 실제로《신유식론》을 저술할 때 그의 가장 큰 고충은 바로 이 본체론, 인생론, 지식론 등을 하나로 화합시키는 것이었다고 말합니다.《최혹현종기摧惑顯宗記》)

이렇게 보면 사실 슝스리의 철학은 본체론 연구에서 시작되었다고 할 수 있습니다. 그는 자신이 세운 이 본체론 체계를 통해 과거 동서양의 형이상학이 세운 이원론적 세계를 극복하려 하였던 것입니다. 철학에서 본체론은 만물을 형성하는 궁극적 존재의 탐구를 목적으로 하고 있습니다. 그러나 중국철학자들은 대체로 본체론을 인간의 행위 및 사회문제와 관련지어 생각해왔습니다. 특히 공자 이래로 유가는 인간이 도덕적 실천을 통해서 이 존재근거나 원리와 합일할 때 그것을 최고의 가치실현이라고 보았습니다. 공맹孔

孟과《중용》,《대학》,《역경》을 거치면서 발전해온 이러한 사상은 그후 송명시대의 새로운 발전을 거쳐 현대 신유학에서 또다시 꽃을 피우고 있습니다. 아울러 어느 시대이든 유학에서는 본체론을 심성론의 형이상학적 근거로 보고 심성수양을 도덕행위의 중요한 방법 가운데 하나로 봅니다. 이 점에서 본체론은 심성수양론의 형이상학적 근거가 된다는 유가 특유의 윤리관이 형성됩니다.

슝스리의 본체론은 그 이론 형성의 기본개념이 체體와 용用이라는 점에서 체용론體用論이라고도 불립니다. 체와 용은 본체와 현상을 말합니다.(《십력어요》) 그는 철학의 근본 역할은 바로 본체와 현상의 관계와 작용을 밝히는 것이라고 보았고, 그의 대표작인《신유식론》을 쓴 목적도 체와 용을 밝히기 위해서라고 하였습니다.(《십력어요 초속》) 그래서 그는 "배우는 사람이 만일 체용의 의미를 확실하게 깨닫는다면 그는 바로 우주와 인생의 모든 문제를 명백하게 이해하고 더 이상의 의심이나 막힘이 없을 것이다"(《신유식론》)라고 말했습니다. 결국 체용론은 슝스리 철학의 근본 이론인 셈이지요.

체용론은 슝스리가 처음으로 주장한 것은 아닙니다. 그것은 일찍이 《역경》에서 시작되었으며 선진 제자백가들도 《역경》을 이어받아 체용론을 연구하지 않은 이가 없었습니다. 그러나 슝스리는 다른 제자백가들로부터는 이와 관련된 학설을 찾아볼 수 없고 다만 유가와 노장사상 속에서만 찾아볼 수 있다고 말했습니다.(《체용론體用論》) 그리고 노자와 장자는 비록 실체로서의 도道를 말하였지만 오히려 《역경》의 사상을 훼손시켰으며(《원유》) 그 이후 불교의 체용관도 자신의 체용 개념과는 다르다고 보았습니다. 그는 심지어 유가의 경우도 한대漢代 이후 송명유학에 이르기까지는 공자의 체

용 사상이 이어지지 못했다고 보았습니다.(《건곤연乾坤衍》,《십력어요》)

숑스리의 체용론은 먼저 체용의 개념 규정에서 시작합니다. 그는 체를 본체 혹은 실체라고 말하고 그것은 바로 모든 존재 자체라고 생각했습니다. 다시 말하면 본체는 결코 존재의 배후에 숨어 있거나 혹은 존재 위에 초월해 있지 않으며 영원불변하거나 사물을 떠나 홀로 존재하지 않는다고 보았습니다. 형형색색의 사물은 각각의 본체가 드러난 것에 불과하다는 것입니다. 그래서 숑스리는 본체를 우주론의 측면에서는 우주의 본체(혹은 실체)로《체용론》, 그것의 변화 측면에서는 변화의 지속으로, 인간에게 내재된 의미에서는 그것을 본심이라고 표현했습니다.(《신유식론》) 결국 본체는 현상이나 만물 혹은 사람과 분리된 객관적 존재로서의 절대자나 인격적 실체가 아니라는 의미입니다. 또 본체를 마음이라고 보는 점에서 숑스리의 본체론은 심성론, 수양론과 불가분의 관계를 갖게 됩니다. 심성론은 마음의 모습과 속성에 관한 이론이고, 수양론은 그 본심의 회복에 관한 이론이기 때문입니다.

용用, 즉 현상은 본체와 상대적으로 쓰이는 말입니다. 숑스리는 현상은 본체의 작용과 기능을 의미하며 이러한 작용이나 기능 자체는 일종의 움직이는 힘으로서 실재성이나 고정성을 가지지 않는다고 보았습니다.(《신유식론》) 현상은 본체를 떠나서는 존재할 수 없는 움직이는 힘이기 때문입니다. 이 말은 본체도 현상의 본체로서 결코 현상을 초월하여 홀로 존재하는 것은 아니라는 뜻이지요.(《신유식론》) 바로 이 점에서 숑스리의 체용론은 서양 철학의 본체 및 현상 개념과 구별됩니다. 서양철학자들은 본체(실체)와 현상을 엄연히 다른 두 세계로 보기 때문이라는 것입니다.

슝스리는 이 본체와 현상의 통일, 즉 체용불이의 원리를 그의 체용론의 기본구조로 삼고 이 원리를 그의 철학 전반으로 확대 적용하였습니다. 그리하여 그는 《원유》 서문에서 "본체와 현상은 둘이 아니며, 도道와 기器도 둘이 아니고, 하늘과 사람도 둘이 아니며, 마음과 물질도 둘이 아니고, 이치와 욕망도 둘이 아니며, 움직임과 고요함도 둘이 아니고, 지식과 행위도 둘이 아니며, 자신을 완성하는 것과 사물을 완성시키는 것도 둘이 아니다"라고 말했습니다. 우리는 마음과 대상세계도 둘이 아니라는 슝스리의 말로부터 마음에 관한 이론, 즉 심성론도 그의 본체론과 연결되어 있음을 알 수 있습니다.

본체는 마음으로 드러난다

슝스리는 우주의 본체는 본래부터 물질, 생명, 심령 등의 여러 가지 성질을 가지고 있으며 이들 성질은 다름 아닌 본체의 기능 즉 작용이라고 생각했습니다. 그러나 우리가 주의할 점은 이들 물질, 생명, 심령이 모두 서로 아무런 관련이 없는 것은 아니라는 것입니다. 가령 무기물이 나타날 때도 생명과 심령의 성질은 다만 숨겨져서 나타나지 않았을 뿐이지 본래부터 없는 것은 아니라는 것입니다. 만일 우주 본체가 단순한 물질성에 불과하고 생명이나 심령은 어느 날 갑자기 나타나는 것이라면 이것은 무에서 유가 생겨나는 것이므로 사물이 원인 없이 생성되는 것이기 때문입니다. 그러므로 마음과 사물은 똑같이 본체의 작용으로서 현상계에 서로 다르게 나타난 것에 불과하다는 것입니다.

슝스리는 "마음은 본체가 분명하게 드러난 것으로서 우리의 몸에서 주인 노릇을 할 뿐만 아니라 만물을 통제하면서도 그 법칙을 잃지 않는 작용"《신유식론》)이라고 보았습니다. 그래서 그는 "철학자들은 본체를 우리의 마음 밖에 존재하는 사물이나 사실로 보고, 그것을 이지理智(사유작용)를 통해 밖에서 찾으려고 한다. ……이러한 오류는 돌이켜 본심을 알려고 노력하지 않기 때문에 생겨난다. 바꾸어 말하면, 그들은 만물의 본원과 나의 참된 본성이 본래 둘이 아님을 알지 못하는 것이다"《신유식론》)라고 주장합니다. 물론 이 말에는 만물의 존재 근거를 외부에서 찾고 있는 모든 철학사상에 대한 반론의 뜻도 담겨 있지만 다른 한편 슝스리가 마음[心]과 본성(性)을 구분하지 않으려는 뜻도 담겨 있습니다. 우리가 일상에서 느끼는 마음과 그 마음의 근원이라고 보는 본성은 결국 본체의 다른 표현이며 맹자가 말하는 본심의 다른 이름에 불과하다는 것이지요. 참된 마음은 바로 본심입니다. 그러므로 이 마음과 본성은 결국 본체의 작용으로 드러난 현상일 뿐입니다. 이러한 주장은 공자, 맹자,《역경》, 왕양명의 심학을 바탕으로 하고 있는 슝스리 심성론의 당연한 귀결일 것입니다.

한 걸음 더 나아가 슝스리는 기능에 따라 마음[心]을 심心·의意·식識이라는 세 가지 명칭으로 구분하였습니다. 심은 본심의 속성인 주재主宰의 의미입니다. 주재란 주도적으로 어떤 일을 맡아 처리한다는 뜻이므로 본체로서의 본심이 현상으로 드러나도록 하는 것이 심입니다. 본심은 인간과 만물이 공통적으로 가지고 있는 본체이지만 만물 자체는 아니며 비록 만물을 형성하지만 자신의 본질만 나타낼 뿐 물질화하지는 않기 때문에 바로 그 본성과 같습니다. 이에 비해 의는 개체의 의지라고 할 수 있습니다. 그것은 언제나 끊임없이 생명을 탄생시키려는 본성에 따라 발전하지만 물질화하지는 않는 생명의 영원성입니다. 그러므로 이러한 목적을 가진 의는 바로 생명이며 독립체입니다. 그리고 식은 다시 감식感識과 의식으로 나뉩니다. 감식이란 감각기관이 가진 능력에 의한 분별기능으로서 안식眼識, 이식耳識, 신식身識 등을 말하며, 의식이란 감각기관의 능력에 의지하지 않고 독립적으로 일어나는 추측을 말합니다.《신유식론》 여기서 심과 의는 본체에 해당하고 식은 현상 즉 작용에 해당합니다. 슝스리는 이 본심의 작용인 식을 습심習心이라고 이름 붙였습니다. 이렇게 보면 습심은 일상생활에서 작용하는 우리의 인식주체라고 할 수 있습니다. 그러므로 감식이나 의식은 모두 습심, 즉 본심의 작용이라고 할 수 있지요. 이렇게 심, 의, 식이 본체와 현상이라는 차이가 있긴 하지만 이들은 사실 명칭만 다를 뿐입니다.《신유식론》

그러나 습심이 비록 본심의 힘과 작용에 의해 존재하긴 하지만 그 자체가 바로 본심은 아닙니다. 슝스리는 "사람은 신령스러운 기氣를 타고 태어나지만 독립체가 된 다음 스스로의 힘으로 모든 선행과 악행을 짓는다. 우리들의 행위는 시작부터 끝까지 오랜 시간을 경과하면서 언제나 변화하고 이동하며 잠시도 머물러 있지 않는다. 그리고 이동하는 사이에 여세餘勢(남아 있는 힘, 기세)가 발생한다. 이 여세는 개체의 사고구조 속에 남아서 그다음 사고활동에 영향을 끼치는 일종의 힘이다. 이것은 마치 지난해에 일어났던 어떤 일의 고락과 득실의 기억이 지금까지 남아서 비록 그 일은 없어졌지만 그 여세는 밑바닥을 흐르면서 단절되지 않은 것과 같다. 이렇게 밑바닥을 흐르면서 끊어지지 않은 여세를 습習이라 하고 이 습이 일어나 의식계에 투입되어 새로운 활동에 참가하는 것을 습심이라 한다"《명심편》)라고 했습니다. 결국 습심이란 이미 지나간 모든 경험에 의해 형성된 의식을 가리킨다고 할 수 있습니다.

이렇게 보면 결국 습심이란 두 가지 방향에서 말할 수 있습니다. 만일 독립체 속에 남아 있는 여세가 본심을 그대로 간직한 상태라면 이때의 습심은 바로 본심과 일치하는 것이고, 본심과 관계없이 의식이나 감식의 지배만 받는다면 그것은 본심과는 다른 습심이 된다는 것이지요. 그러므로 본심과 다르게 나타나는 습심에 대해서는 수양이 필요하며 이로부터 슝스리의 수양론이 전개됩니다.

마음은 수양을 통해 회복되어야 한다

슝스리에게 있어서 수양은 본심을 인식하고 본심으로부터 멀어진 습심을 회복하는 것입니다. 다시 말하면 습심을 버리고 본심으로 돌아가자는 것이지요. 그는 공자가 전수해준 학문은 본심의 도덕적 사용을 드러나게 하는 것으로서 그 요점은 본심과 습심의 차이를 구별하여 악에 물든 습심이 본심을 해치지 못하도록 하는 데 있다고 말했습니다. 그래서 사람은 태어날 때부터 갖추고 있는 양지양능良知良能(도덕에 대한 인식능력과 실천능력)이 천지만물과 관통하도록 하고 또 그것을 확충시켜 무한히 발전하도록 해야 한다는 것입니다. 슝스리는 이것을 제대로 전수받은 사람이 맹자이며 그 이

후 이 전통은 끊어졌다고 보았습니다.(《명심편》)

사실 이러한 생각은 인仁을 추구하는 공자의 사상과 다를 바가 없습니다. 슝스리는 공자의 학문은 '나날이 새로워지기 위한 학문'으로서 '인을 두터이 함'을 근본으로 삼고, '지식을 좋아하여 사물의 이치를 따지고 밝힘'으로써 그것을 실천한다고 하였습니다.(《명심편》) 이 말은 '스스로 노력하여 자신을 향상시키고 나날이 새로워짐'(자강自强과 일신日新)을 중시하는 것입니다. 공자가 전수해준 학문은 본심과 습심의 차이를 구별하고 악에 물든 습심이 본심을 해치지 못하도록 하는 데 있습니다. 그래서 슝스리는 '인심仁心을 인식하고 인심의 감독으로부터 벗어나지 말 것', '습염習染을 선습善習으로 인도할 것', '치지격물致知格物할 것'이라는 세 가지 심성수양 방법을 말합니다.

'인심을 인식하고 인심의 감독으로부터 벗어나지 말 것'은 슝스리 심성수양론의 기준이라고 할 수 있습니다. '인심'은 수양이나 도덕적 측면의 본심으로서 이 용어는 공자의 인仁 사상과 《역경》의 〈건괘〉에 근거하고 있습니다. 슝스리는 인을 총명예지한 지혜와 측은한 정이 가장 높은 상태까지 발전하여 하나로 된 것이라고 정의하였고, 《역경》에서 건乾을 인이라고 부르며 그것을 대명大明이라고 풀이한 것을 증거로 삼고 있습니다.(《명심편》) 그래서 총명예지한 지혜는 날로 확대시켜 만물에 두루 통하도록 하고 측은지심의 단서는 날로 확대시켜 모든 윤리에 적용되도록 해야 한다는 것입니다. 이것을 슝스리는 수양의 길은 '날로 새로워지는 데 있다'라고 표현하였습니다. 또 그는 인심은 인간에게만 국한된 것이 아니고 천지만물에 편재해 있으며 사람들이 이 인심을 스스로 인식함으로써 인도人道를 실천하는 길이 열린다고 보았습니다.

슝스리는 사람이 인심에 따라 행동하지 못하는 이유는 크게 두 가지라고 보았습니다. 첫째는 재물과 관련된 것이고, 둘째는 우리가 위태롭고 어려운 일을 만나서 생존과 정의가 충돌할 때 생기는 문제입니다. 그는 "사람이 재물을 탐내는 것은 모든 사욕의 근원이 된다"라고 보았고, 또 명예욕이나 권력욕도 그 본질은 재물에 대한 탐욕에 있다고 생각했습니다.(《명심편》) 그래서 그는 인심을 통해서 사욕을 알맞게 조절하라고 말합니다. 그러면 우리의 삶 속에서 생존과 정의가 충돌할 경우에는 어떻게 해야 할까요? 이 물음에 대해서 슝스리는 "뜻있는 선비와 인한 사람은 자신이 살자고 인을 해치는 일은 없지만 자신을 희생하여 인을 이루는 경우는 있다."(《논어》)라는 공자의 사상을 그대로 따릅니다. 슝스리는 인간의 생명도 천지만물의 생명과 마찬가지로 중요하지만 만일 사람이 생존과 정의 사이에서 선택하기 어려운 상황에 처하게 될 때는 사욕보다 정의를 선택하라고 주장합니다. 인심은 천지만물의 생명력이 겉으로 드러난 것이고, 사욕은 사람이 자신의 육체적 요구만을 따를 때 생겨납니다. 그러므로 그는 만일 생명 및 심령을 인식하고 회복하려면 사람은 먼저 자기 내면에 사욕이 개재되어 있는지 아닌지를 살펴보아야 한다고 보았습니다.

'습염을 선습으로 인도할 것'은 아직 선이나 악의 방향으로 가지 않은 습염의 상태나 이미 형성된 습심을 '선을 향한 여세(선습善習)'나 인심 쪽으로 인도해주자는 것입니다. 슝스리는 사람이 태어날 때는 모두 본심의 상태이지만 태어난 다음 독립체가 되면서 습심도 생기며, 독립체는 자신의 특정한 활동방향과 추세를 가지는데 그는 이것을 권능權能이라고 불렀습니다.《명심편》 물론 독립체는 자신이 필요로 하는 바를 달성하기 위해 사유능력인 본심을 이용하여 권능을 발전시키고 확대해나갑니다. 슝스리는 이렇게 형성된 권능이 바로 감성적 욕망이며 이로부터 '잡다하게 물든 여세(잡염雜染)'의 세력이 드러나고 선과 악이 생겨난다고 보았습니다.

윤리적 의미에서 볼 때 인간의 의식 활동이나 행위에는 언제나 선과 악이 존재합니다. 슝스리의 주장에 의하면 이러한 선악은 바로 감성적 욕망을 가진 인간의 자아에서 생겨납니다. 다시 말하면 인간의 의식 활동이나 행위의 '여세'가 선악 발생의 원인이 되고 이로부터 선습과 잡염의 구분도 생겨난다는 것이지요. 선습이 본심으로부터 생겨난다면 잡염은 감성적 자아에 의해 생겨납니다. 이렇게 보면 습심은 분명히 의식 활동의 결과 형성된 후천적인 것입니다. 그러므로 습심 가운데 존재하는 선하지 않은 '여세'도 이미 지나간 의식 활동이나 행위가 형성한 여세이며 이것이 현재의 의식 활동에 참여하여 습심으로 나타나면 또다시 새로운 불선한 행위의 동기가 됩니다.

슝스리는 불선한 행위의 동기가 되는 습염의 원인은 크게 두 가지라고 생각합니다. 첫째는 지견知見입니다. 지견은 '일체의 지식 혹은 견해'에 의한 습염으로서 '여세가 남아 있는 장소(습장習藏)'에서 일종의 씨앗, 즉 기억이 되어 의식계에 나타납니다. 이 기억이 우리들의 사유 활동에 영향을 줌으로써 우리들의 밝은 본심 활동은 늘 장애를 받게 됩니다. 둘째는 정의情意 방면의 습염, 즉 일반적으로 말하는 개인적 명예, 이익, 권위 등에 의한 사욕입니다. 이 습염 역시 습장 속의 씨앗으로 존재하다가 의식계에 나타나서 우리들의 사상이 바른 문으로 들어가지 못하게 하고 또 바른 길로 나아가지 못하게 하여 가장 강렬하게 우리들의 밝은 본심을 막고 가립니다.《명심편》) 그러므로 사람은 반드시 본심의 '밝은 기미(명기明幾)'를 간직하고 선善의 실마리를 확산시키고 보충시켜나가는 원칙으로 되돌아가야 합니다. 이렇게 밝은 기미를 간직하고 선을 확충시키기 위해 슝스리가 제시하는 실천론이 바로 치지격물론입니다.

《대학》에서 수신修身의 첫 번째 단계로 제시한 격물치지론은 송명성리학을 거치면서 유학의 지식론과 수양론의 핵심주제의 하나가 되었습니다. 격물치지의 문자적 의미는 "(사람이) 모든 사물의 이치를 끝까지 파고들어 앎에 이르다"입니다. 주희는 이것을 "나의 앎을 성취하고자 하면 사물에 나아가서 그 이치를 궁구해야 한다"《주자어류朱子語類》)라고 했고, 왕양명은 "내 마음속의 천리 즉 양지를 각각의 사물에 실현시키는 것이 치지이고, 각 사물마다 모두 그 이치를 얻은 것이 격물이다"《전습록傳習錄》)라고 했습니다. 그러나 슝스리는 격물치지를 "내 본심의 밝음(양지를 의미)을 밀어 움직이고 확대하여 일체의 외재사물에 적용하고 사물의 규율과 본질을 끝까지 탐구하여 그것을 변화시키고 재단함으로써 그 사물이 본성을 다할 수 있도록 하고 작용에 이롭게 해야 한다. 그러므로 우리는 비로소 사물을 경험하고 연구하고 제어하고 창조하고 이용할 수 있는 지식을 가지게 된다. 그러므로 치지는 격물에 있다고 말하는 것이다"《명심편》)라고 하여 이들과 달리 해석합니다. 즉 양지가 사물에 운용되는 것이 격물이기 때문에 이 격물은 바로 지식이 된다는 것이며, 이로 인해 '치지격물'이라고 말합니다.

슝스리는 처음 격물에 관한 학문을 부르짖고 이끌어간 사람은 공자라고 생각했습니다. 공자는 지식을 반대하지 않았을 뿐만 아니라 사랑하고 존중하였으며 지혜를 중시하고 사랑하는 정신도 매우 강했다는 것이지요. 슝스리는 지혜가 본심의 본래적 밝음이라면 지식은 습염의 씨앗이 지혜의 움직임을 타고 일어나서 신속하게 외재사물의 느낌에 대응한 것이라고 말했습니다.《명심편》 그는 사람의 마음은 끊임없이 만물과 소통하고 미지의 사물과 접촉하는데 이때 사람의 기억작용은 언제나 지혜와 힘을 합쳐 지나간 경험들을 불러내어 서로 협조하도록 합니다. 또 지혜를 움직여 새로 접촉한 사물에 내재한 문제들을 해결해줌으로써 새로운 사물을 이해하도록 도와줍니다. 습염이 지혜의 도움을 받는 것은 바로 이 점에서 분명해집니다. 그래서 슝스리는 "이렇게 하지 않으면 어떻게 만물의 이치를 얻을 수 있겠는가?"《명심편》 하고 반문하였는데 이 지혜와 지식 사랑의 정신이 바로 격물공부에서는 없어서는 안 될 사물을 탐구하고 분별하는 정신입니다.

결국 격물치지는 우리의 고유한 지혜 및 지식과 불가분의 관계가 있음을 인정하지 않을 수 없습니다. 슝스리는 과거 2~3,000년 간 중국학자들에게 깊이 뿌리박힌 관습적 결점 가운데 하나는 지혜와 지식의 괴리현상이라고 보았습니다. 비록 왕양명이 지혜를 구제하긴 했으나 그 역시 노장老莊과 선禪의 영향으로 인해 격물을 반대함으로써 공자의 본뜻을 잃어버렸다고 보았습니다.

이에 비해 공자는 지혜를 존중하였을 뿐만 아니라 지식도 경시하지 않았습니다. 슝스리는 지혜와 지식의 합일을 가장 정상적인 이치라고 보았습니다. 우리가 나면서부터 가지고 있는 지혜인 양지를 주체로 하여 지식을 운용하면 지혜와 지식은 하나로 관통되어 사욕에 끌려가지 않을 것이라는 것이지요. 또 자신을 돌이켜 인仁을 추구하는 것과 격물을 통해 지식을 추구하는 것은 서로 다른 일이 아니며 도덕과 지혜도 본래 둘이 아니므로 지식도 지혜의 도움을 받아야한다고 본 것이지요. 지식이 올바르게 쓰이지 못할 때 그것은 악이 될 수 있기 때문입니다. 그래서 슝스리는 "양지는 텅 빈 것이지만 만사 만물을 품고 있고 지극히 고요하지만 모든 운동을 주재하며, 지식은 가장 진실할 때 사물을 파악하고 개조하는 힘을 가지고 있지만 양지를 기다려서 드러난다"《명심편》라고 말한 것입니다. 이것이 바로 공맹 이래 중국 유학의 전통이라는 것이 슝스리의 결론입니다.

슝스리는 지역적으로는 중국 철학과 서양 철학을, 학문 일반에서는 철학과 과학을, 철학 주제로는 본체론과 지식론을 대비하면서 자신의 철학을 확립했습니다. 이것은 슝스리가 현대 신유학의 탄생과 발전에 기본방향과 특징을 제공함으로써 20세기 중국 철학의 발전에 한 획을 그었다는 의미입니다. 그는 본체 개념의 재해석을 통해 인문정신에 이르는 길을 열어주었고, 인간의 가치를 만물의 중심에 세울 수 있는 근거를 마련해주었으며, 당시 서양에서 들어온 과학만능주의와 대항하면서 유학의 형이상학적 재건에 발판을 마련하였습니다. 비록 그의 철학이 공맹유학을 바탕으로 하고 그 위에 송명유학을 받아들여서 형성되었다는 점에서 문화보수주의적이라는 말을 듣긴 하지만 철학사의 관점에서 보면 그의 본체론 재건은 무엇과도 비교할 수 없는 중요한 성과일 것입니다. 그래서 우리는 슝스리를 현대 신유학의 창시자라고 부릅니다.

다만 문화보수주의적 성격을 가진 그의 철학을 어떻게 현대사회에 연결시킬 수 있을까 하는 문제가 남습니다. 다시 말하면 그의 철학이 본체인 도덕성과 그 수양에 의한 도덕적 인간형성에는 설득력을 갖지만 그것의 현실적 실천과 실현에는 아무래도 한계를 갖는다는 의미입니다. 이러한 한계점은 결국 그의 제자들인 탕쥔이와 모우쫑산을 기다려야 했습니다. 그렇다고 하더라도 이 문제가 그의 철학의 의의를 감소시키지는 못할 것입니다.

더 읽어보면

좋은 책

슝스리 지음, 김제란 옮김, 《신유식론》 상·하, 소명출판사, 2007.

《신유식론》은 슝스리의 대표적 저서이다. 슝스리는 불교의 유식론을 비판하고 수용하는 과정에서 자신의 철학을 형성하였다. 그것은 바로 현상계는 본체가 그대로 드러난 것이라는 체용불이 사상이다. 특히 슝스리는 이것을 《역경》을 기준으로 하여 체계화시켰는데 이는 자신의 사상이 불교에서 유학으로 돌아왔음을 나타내는 것이기도 하다. 이 책에서 우리는 '응축과 팽창이 변화를 이룸〔翕闢成變〕'을 우주론의 키워드로 삼고, '본체와 현상은 둘이 아님〔體用不二〕'을 본체론의 키워드로 삼으며, '하늘과 사람은 하나임〔天人不二〕'을 인생론의 키워드로 삼았음을 통해 그의 철학적 기준이 《역경》에 있음을 잘 알 수 있다.

슝스리 지음, 《원유》, 대북명문서국臺北明文書局, 1985.

《원유》는 《역경》의 핵심사상과 《신유식론》 사상을 보조하기 위해 저술되었다. 이 책에서 슝스리는 비교적 체계적이고 상세하게 '신유학' 사상을 설명하였다. 여기서 그는 유가의 철학, 정치, 경제, 법률, 도덕 등의 학설을 구체적으로 분석하였는데, 슝스리 철학 전체에서 보면 이 책은 그의 '신유식론 철학' 체계의 중요한 부분을 차지한다. 이 책에서는 도가와 불교에 대해서도 풍부하게 다루고 있다.

***

슝스리 지음, 《독경시요 讀經示要》, 대북명문서국 臺北明文書局, 1984.

이 책은 슝스리가 사천 면인서원에서 학생들을 가르칠 때 저술하였다. 모두 3강으로 구성되어 있으며 내용은 학생들이 육경六經을 읽을 때 필요한 일을 서술한 것이다. 제1강에서는 육경은 상도常道를 말했기 때문에 중국 문화의 뿌리가 되므로 반드시 읽어야 함을 말했고, 제2강에서는 육경을 읽을 때 취할 마음가짐으로서 경전을 읽을 때는 세속을 멀리하되 고루함을 경계하여 동서양을 관통하도록 해야 함을 말했으며, 제3강에서는 육경의 대체적 의미를 설명했다. 슝스리는 육경 가운데서도 특히 《역경》과 《춘추》를 중시했다.

4장

량수밍과 문화철학

현대 신유학의 개척

—

황종원

량수밍
梁漱溟(1893~1988)

량수밍은 현대 신유학의 개척자이다. 20대 초반에 불교 연구에 몰두하여 얻은 성과로 베이징대학 교수가 되었으나, 그 후에는 동서 문화 비교와 유학을 연구하여 대표작 《동서 문화와 철학》(1921)을 출간했다. 그는 중국과 인도는 서양에 비해 문화가 조숙해 물질적 욕구 충족의 길을 제대로 걷지 않았다는 이유에서 중국 사회를 전면적으로 서구화해야 한다는 신문화운동의 주류 입장에 찬동했다. 그러면서도 그는 서구 근대문명의 갖가지 폐단이 나타나는 현실은 관계의 조화를 추구하는 중국적 태도, 즉 유학의 정신에 의해 극복될 수 있다고 하여 유학의 보편적 가치를 부각시켰다. 량수밍은 중국의 형이상학은 변화를 중심적인 문제로 다룬다는 점에서 서양이나 인도의 그것과 다름을 강조했다. 또 세계를 바라보는 이런 시각의 차이가 인식방법에서도 차이를 낳아 서양에서는 외부 사물을 인식하는 데 쓰이는 도구적 이성, 즉 이지理智를 중시하는 데 비해, 중국은 생명의 가치를 파악하는 데 쓰이는 직관, 즉 직각直覺을 중시한다고 보았다. 그는 직관의 장점을 부각시킴으로써 직관주의로 기울었다. 하지만 직관과 이지를 대립시키는 것은 서양의 과학과 민주를 적극 수용해야 한다는 입장을 뒤흔들 수 있는 것이어서, 후에 《중국문화요의》(1949)나 《인심과 인생》(1984)에서 그 개념들은 이성과 이지의 조화로 대체된다.

한편 량수밍은 실천적 유학자이기도 했다. 그는 1930년대에 향촌건설운동에 뛰어들었고, 전란의 소용돌이 속에서는 적극적인 정치활동을 하기도 했다. 무엇보다 마오쩌둥과의 충돌(1953), 공자비판운동(1974) 때에도 자신의 견해를 끝까지 굽히지 않은 것 등, 그의 강직한 인품은 지금도 많은 중국인들의 귀감이 되고 있다.

현대 신유학의 개척자, 그리고 최후의 유가

1893년에 량수밍은 대대로 문인과 관리를 배출한 베이징의 한 사대부 집안에서 태어났습니다. 아버지가 개명한 관리였던 덕분에 어려서부터 세계 역사와 지리를 배웠고 신식학교에서 초등교육과 중등교육을 받았습니다. 또래에 비해 생각이 조숙하여 사회문제에 깊은 관심을 가지고 중학 재학 시절에 이미 쑨원孫文(1866~1925)이 이끄는 중국동맹회 베이징-톈진 지부에서 활동했고 졸업 후에는 국민당 기관지 외근기자로 일하기도 했습니다.

하지만 국민당 내부의 분열상과 혁명의 실패를 목도하고 어머니의 죽음까지 겹치면서 그는 두 차례 자살을 시도할 정도로 극도의 심리적 공황상태에 빠지게 됩니다. 이에 고통에서 벗어나 인생의 의미를 찾기 위해 은거해 불교 공부에 몰두했습니다. 4년여의 짧은 기간 동안 불교, 특히 유식학唯識學을 독학으로 공부하고 서양사상 관련 저작도 폭넓게 읽었습니다. 그 연구 결과를 일련의 논문으로 발표했는데, 그 중 〈으뜸의 진리를 탐구하고 의심을 해결하는 글究元決疑論〉(1916)이라는 논문이 베이징대학 총장 차이위안페이蔡元培(1868~1940)로부터 크게 인정받아 베이징대학 교수로 초빙됩니다.

량수밍은 24세의 젊은 나이에 베이징대학 철학과에 재직하면서 주로 인도 철학과 불교를 강의했지만, 국가적 위기와 신문화운동의 격랑은 그를 다시금 사회문제에 집중하게 합니다. 그리하여 이 시기에 그의 신념은 불교에서 유학으로 전환되었고 학문적 관심과 연구 또한 동서 문화 비교의 시야에서 유학사상의 시대적 보편적 가치를 탐색하는 데로 나아갔습니다. 그 연구의 결과로 1921년에 그의 대표작인《동서 문화와 철학東西文化及其哲學》이 탄생합니다. 이 저작은 1년 동안 다섯 차례나 재판되고 관련 논문이 100여 편 쏟아질 정도로 사회적으로 커다란 반향을 일으켰습니다. 또 그가 이 저작에서 유학의 가치를 적극 옹호하고 서양 철학의 몇몇 이론을 수용하는 경향을 보임으로 인해 후대에 많은 이들은 그를 현대 신유가의 개척자로 평가하기도 합니다.

그러나 그는 실천적 유학자였다는 점에서 다른 현대 신유가들과 구별되기도 합니다. 그 스스로 자신은 자신의 사상에 따라 행동하는 사람이라 칭했고, 량수밍의 전기를 집필한 미국 학자 엘리토Alitto 역시 그런 의미에서 책의 부제를 '최후의 유학자The Last Confucian'라고 달았습니다. 실천을 중시하는 면모가 전통적인 의미의 유학자를 닮았으며, 그가 그런 경향을 보인 현대의 마지막 유학자라는 의미일 것입니다. 그의 이런 모습을 우리는 그가 펼친 다양한 사회운동과 정치활동에서 확인할 수 있습니다.

1924년에 량수밍은 돌연 베이징대학 교수직을 내려놓습니다. 그러고는 자신의 새로운 유학사상을 실현하기 위한 실천을 시작합니다. 한때 공자의 고향인 취푸曲阜에 전통 유학의 교육이념 및 방법과 서구 근대 지식교육을 융합하는 대학을 세우려 했으나 실패한 뒤, 새로운 농촌공동체를 일구기 위한 운동, 즉 향촌鄕村 운동에 투신하기 시작했습니다. 향촌 운동은 전통 유학의 윤리정신을 계승하면서 서구 근대사회의 장점도 수용하는 방식으로 농촌공동체를 개조하자는 운동으로서, 그가 이 운동을 시작한 동기는 중국인의 절대다수가 농민이므로 낡은 중국을 새롭게 바꾸는 일은 농촌에서 시작해야 한다는 데 있었습니다. 처음에는 중국인의 민주적 자치능력을 배양하기 위한 향촌자치운동에서 시작되었던 것이 1931~1936년 사이에는 산둥山東 쩌우핑현鄒平縣에서의 대규모 향촌건설운동으로 발전하였습니다. 량수밍은 이 운동의 중심에 서서 농촌사회를 근대적인 생산기술과 중국적인 윤리의식 및 근대적 의식을 두루 갖춘 공동체로 탈바꿈시키기 위해 노력해 일정한 성과를 거두었고,《향촌건설이론鄕村建設理論》(1937)이라는 책을 출간하기도 했습니다.

그렇게 혼신의 힘을 기울이던 향촌건설운동이 1937년 중일전쟁 발발로 중단되자, 량수밍은 다시 8년 간 항일구국을 위한 정치활동에 나섰습니다. 국민당 정부의 국방참의회 의원 자격으로 전선 각지를 돌아다니며 항전을 독려했으며, 옌안延安에 있던 마오쩌둥과 회담을 하기도 했습니다. 또한 국민당과 공산당의 충돌이 심해지자 이들 사이의 갈등을 조정하고 중재할 목적으로 제3의 민주세력이 규합하여 결성한 중국민주정치단체동맹中國民主政團同盟의 주축으로 활동하기도 했습니다.

그러다가 1946년 이후, 량수밍은 현실 정치를 떠나 다시 학문 연구에 몰두하기 시작했습니다. 1920년대부터 1940년대까지 자신이 주장해온 것들을 틈틈이 정리한《중국문화요의中國文化要義》(1949)를 간행하기도 하고, 새로 들어선 중화인민공화국의 정치협상회의 대표자로 뽑혀 마오쩌둥과 자주 접촉하며 우호적인 관계를 유지하기도 했습니다.

하지만 중화인민공화국에서 문화연구를 더욱 깊게 하고 싶다던 그의 포부는 1953년에 열린 전국정치협상회의 확대회의석상에서 한 발언이 마오쩌둥의 진노를 산 것을 계기로 산산이 부서지고 맙니다. 공산당의 총 노선을 도시 중심의 국가 발전으로 정한 데 대해, 량수밍이 농민을 기반으로 삼고 농촌을 근거지로 삼아 혁명에 성공한 중국공산당이 농민을 소홀히 대하면 농민들이 자신들을 버렸다고 할 수도 있다는 취지의 발언을 한 것이 문제가 된 것입니다. 마오쩌둥은 격노하여 량수밍을 반동분자로 몰아붙였고 재차 발언을 하려는 그를 끌어내리게 했습니다. 이 일을 계기로 량수밍은 장장 27년 동안 모든 공개적인 정치활동과 학술활동을 중단하게 됩니다.

거의 대부분의 중국 지식인들이 그랬던 것처럼 량수밍도 문화대혁명 기간 동안 무수히 많은 고초를 겪었습니다. 홍위병들에 의해 집을 빼앗기고 최저생계비만 지급받았습니다. 길거리에 끌려다니며 견디기 힘든 자아비판을 받기도 했습니다. 또 1974년에는 린뱌오-공자 비판 운동批林批孔運動이 일어났습니다. 마오쩌둥의 후계자였지만 쿠데타를 시도하려다 사망한 린뱌오林彪(1907~1971)나 공자나 똑같이 역사를 퇴보시키려 했다고 하여 두 인물을 싸잡아 비판한 운동입니다. 그러나 이때에도 량수밍은 공자를 비판하지 않았습니다. 그래서 비난이 집중적으로 쏟아지기도 했지요. 하지만 이런 고초와 비난 속에서도 량수밍은 조용히 연구에 매진하고 자신의 신념을 끝까지 지켰습니다. 문화대혁명 기간 중에도《동방학술개관東方學術槪觀》(1986)과《인심과 인생人心與人生》을 집필하였으며, 자신에게 비난이 쏟아졌을 때에도 "삼군의 장수를 빼앗을 수는 있어도 필부의 뜻은 빼앗을 수 없다"는 공자의 말로 자신의 의지를 표명하기도 했습니다.

중국이 개혁개방의 시대로 접어든 1980년대 이후에 량수밍은 사회적 지위를 회복하고 생활여건도 크게 개선됩니다. 특히 그의 학문과 사상을 연구하고 재조명하려는 움직임이 활발히 일어나 90세가 넘는 고령에도 강의를 다니고 그의 저작이 다시 출판되었습니다. 그렇게 약 10여 년의 짧은 기간이나마 비교적 평온하고 행복한 삶을 살다가 1988년 향년 95세로 파란만장했던 삶을 마감합니다.

생활의 의미와 생활 문제의 세 가지 해결 방식

신문화운동 시기에 많은 중국 지식인들은 과학과 민주를 서구 근대문명의 가장 중요한 특징이라고 여겨, 그것을 적극적으로 받아들이자고 외쳤습니다. 량수밍 역시 이 견해와 주장에 기본적으로 동의했습니다. 하지만 량수밍의 생각은 거기에서 멈추지 않았습니다. 그는 과학과 민주가 어째서 서양에서 생겨나고 중국에서는 싹트지 않았는지 물었습니다. 그리고 그 물음에 대한 해답은 중국 문화와 서양 문화의 근본적인 차이를 파악하는 데서 찾을 수 있다고 생각했습니다. 이 차이를 찾기 위해 그는 자신의 철학적 사색을 문화란 무엇인지 묻는 데서 시작했습니다.

그는 문화란 한 민족의 생활양식이라고 정의 내립니다. 그리고 다시 '생활양식'의 '생활'이 무슨 의미인지 묻습니다. 생활이란 우선은 생명체의 살아감, 즉 생명운동을 뜻합니다. 그런 의미에서 "생명과 생활은 글자만 다를 뿐이다. 하나는 본체(體)를 나타내고 하나는 작용(用)을 나타낼 따름이다"(《조회 때의 말씀朝話》, 1937)라고 했습

량수밍

113

니다.

물론 이런 생명운동은 인간만이 하는 것이 아닙니다. 우주 안에
는 생명을 지닌 것들이 무수히 많고, 그것들은 모두 끊임없이 운동
을 합니다. 그래서 그는 넓은 의미에서 우주는 곧 생활이라고까지
말합니다.

> 우주 전체가 하나의 생활로서, 오직 생활만이 있을 뿐 애초에 우주란
> 없다. 생활이 연속相續되므로, 우주가 항상 존재하는 것 같지만, 사실
> 우주는 다자의 연속이지 일자가 완연히 존재하는 것 같지는 않다. 《동
> 서 문화와 철학》

량수밍이 생활이 지니는 우주적 차원의 의미를 생명과 연속으
로 설명한 것은 베르그송의 생명과 지속durée 개념을 활용한 것으
로 보입니다. 당시 베르그송 철학은 중국 지식인들 사이에 광범위
한 영향을 미쳤고, 그도 간접적으로나마 그의 학설을 접했기 때문
입니다. 하지만 그의 생활 개념을 이해하려 할 때 더욱 중요한 것은
불교의 영향입니다. 위에서 그는 다자多者의 연속 혹은 생활의 연속
만이 있을 뿐, 일자一者로서의 우주란 존재하지 않는다고 말했습니
다. 이 세상에는 중생, 즉 무수히 많은 생명체들이 끊임없이 행하
는 일들만이 존재할 뿐 우주라는 불변하는 실체는 존재하지 않는
다는 뜻입니다.

이렇게 우주라는 넓은 차원 외에 량수밍은 '나'라는 좁은 차원
에서도 생활의 의미를 이야기했는데, 여기서도 불교, 특히 유식학
唯識學의 영향이 보입니다. 유식학이란 간단히 말하자면 일체의 현

상이 모두 마음이 만들어낸 것임을 주장하는 학설입니다. 다른 생명체와 마찬가지로 인간에게도 생활이란 일의 연속입니다. 그런데 그는 인간에게 이 일의 연속은 "'이전의 나'에 대한 '현재의 나'의 분투의 노력"《동서 문화와 철학》을 의미한다고 말합니다. 여기서 말하는 '현재의 나'란 인식의 주체로서의 마음(心)을 뜻합니다. 반면 '이전의 나'란 내가 물질세계에서 얻은 것들, 예컨대 흰색, 소리, 견고함 등을 뜻합니다. 유식학에서는 물질현상을 '내' 마음이 구성한 것으로 보기 때문에, 그는 물질을 '이전의 나'라고 표현한 듯합니다. 더욱 중요한 것은 유식학에서는 인간의 이런 인식활동의 이면에는 욕망과 집착이 도사리고 있다고 주장한다는 점입니다. 그래서인지 량수밍은 생활을 주체의 대상을 향한 '분투의 노력'이라고 했으며, "의욕意欲의 끝없는 만족 혹은 불만족일 따름"《동서 문화와 철학》이라고도 했습니다.

불교의 관점에서 보면 주체가 대상을 향해 나아가 분투하는 것, 의욕이 끝없이 만족하거나 만족하지 못하는 것은 모두 전도된 망상이고 집착입니다. 개인적으로는 불교적 삶을 살았던 량수밍은 그래서 인류의 생활과 생활양식인 문화에 어떤 좋은 점이나 가치가 있다고 생각하지 않는다고 했습니다. 인간이 나와 세계에 대한 집착을 끊어버리지 않는 한, 어떤 경우에도 구원을 받을 수 없다고도 했습니다. 그는 근원적인 차원에서는 생활이든 문화든 다 덧없다고 여겼던 것입니다.

그렇지만 중국 사회를 생각할 때 그는 생활과 문화를 긍정하지 않을 수 없었습니다. 생활과 문화를 다 덧없다고 여기는 것은 서구 열강과 일본의 침략으로 쇠약해질 대로 쇠약해진 중국을 다시 일으켜 세우려는 의욕 자체를 갖지 않는 것이기 때문입니다. 그래서 그는 중국인은 여전히 생활을 해야 하고 문화적으로도 더 나은 성취를 해야 한다고 주장했습니다. 그가 불교에서 유학으로 사상적 전환을 한 것도 이런 이유 때문이었습니다.

생활의 의미에 대한 이상의 생각을 기초로 하여 량수밍은 인간이 생활하면서 갖가지 문제에 맞닥뜨렸을 때 취하는 태도 혹은 문제를 해결하는 방식을 다음 세 가지로 나누어 설명했습니다.

첫째는 자신이 욕구 혹은 욕망하는 것을 얻기 위해 애쓰는 태도입니다. 어떤 문제에 봉착하든 늘 앞을 향해 나아가 자신을 둘러싼 환경을 개조함으로써 욕구 혹은 욕망을 만족시킵니다. 이를테면 집이 좁거나 비가 샐 때 이러한 태도를 지닌 사람은 이사를 하거나 집을 고침으로써 집에서 안락하게 지내려는 욕망을 충족시킵니다. 위에서 량수밍이 생활은 분투의 노력이고 의욕의 만족이라 한 것에서 알 수 있듯이 이러한 태도는 의욕의 본래적 경향성을 따르는 것입니다. 그런 맥락에서 량수밍은 이러한 문제 해결의 방식을 '생활의 본래적 방향'(《동서 문화와 철학》)이라 했습니다.

둘째는 자신이 욕망하는 것을 상황에 맞추어 재설정하는 태도입니다. 어떤 문제에 부딪치면 그 문제가 되는 환경을 개조하려고 하지 않고 자신의 욕망을 상황에 맞게 조절함으로써 만족하는 것입니다. 앞의 예로 설명하자면 이사를 하거나 집을 고치지 않고 주변에 자신보다 더 못한 처지에 있는 사람들을 떠올림으로써 현재의 처지에 만족하는 것입니다. 량수밍은 이런 사람은 '의욕의 조화調和'(《동서 문화와 철학》)를 통해 문제를 해결하는 것이라고 했습니다.

셋째는 자신이 욕망하는 것을 아예 없애버리려는 태도입니다.

어떤 문제에 봉착하면 그 문제가 되는 환경을 개조하려 하지 않습니다. 그렇다고 자신의 욕망을 상황에 맞게 조절하지도 않습니다. 오직 어떤 것을 문제 삼는 생각 자체를 없애려고 합니다. 예컨대 비가 새는 것조차도 그것은 삶의 고통이라는 가장 근원적인 문제와 그 고통에서 벗어나려는 수행에 비하면 아무것도 아니라고 생각하여 문제 자체를 무화無化시키는 것입니다. 그는 이 세 번째 태도 역시 문제에 대응하는 하나의 방법이기는 하지만 "생활의 본성에는 가장 위배된다"《동서 문화와 철학》)라고 했습니다. 생활의 본성은 본래 앞을 향해 나아가 요구하는 것이라고 여겼기 때문입니다.

량수밍은 갖가지 생활의 문제를 처리하는 위 세 가지 방식이 사실은 삶의 가장 근본적인 아래 문제들 각각에 천착함으로써 생겨났다고 보았습니다. 첫째는 인간과 자연 사이의 투쟁의 문제입니다. 인간은 생존을 위해, 그리고 기왕이면 보다 안락한 삶을 살기 위해 자연을 향해 나아갑니다. 그리고 자연과 싸우고 자연에 속한 것을 취함으로써 자신의 물질적 욕망을 충족시킵니다. 둘째는 인간과 인간 사이의 소통의 문제입니다. 사람이 타인과 원활하게 소통하고 싶어 하는 욕구는 어느 한쪽의 노력만으로는 충족될 수 없습니다. 그런 욕구가 충족되려면 쌍방의 교감이 반드시 필요합니다. 셋째는 '나' 자신의 죽음의 문제입니다. 사람은 누구나 죽기 싫어합니다. 하지만 누구든 언젠가는 반드시 죽게 마련입니다. 그는 이 죽기 싫어하는 욕구는 오직 종교적 깨달음을 통해 죽음을 초극하는 것 말고는 그 욕구를 만족시킬 방도는 없다고 생각했습니다.

이렇게 보면 첫 번째의 앞을 향해 나아가는 태도는 인간이 자연과 분투하는 과정에서 생겨났다고 할 수 있습니다. 또 두 번째의 자신의 생각을 상황에 맞추어 조화를 추구하는 태도는 사람들이 타인과 조화롭게 소통하려는 노력에서 생겨났다고 할 수 있습니다. 마지막으로 세 번째의 욕망을 없애려 하고 생활의 문제를 무화시키려 하는 태도는 세속의 문제에는 초연하고 종교적 문제에 집중하는 노력에서 생겨났다고 할 수 있습니다.

어쨌건 량수밍은 인간의 생활 태도 혹은 생활의 문제를 해결하는 방식은 위 세 가지를 벗어나지 않는다고 여겼습니다. 또 그는 위 세 가지 삶의 태도 혹은 삶의 문제를 해결하는 방식을 각각 인류 3대 문화의 근본정신이라 생각했다는 점에서 그것은 무척 중요한 의미를 지닌다고 하겠습니다.

3대 문화의 차이와 3단계 문화발전론

량수밍은 위에서 이야기한, 인간이 생활의 문제를 해결하는 세 가지 방식을 각각 서양, 중국, 인도 이 세계 3대 문화의 차이를 설명하는 데 그대로 적용시켰습니다. 그는 3대 문화의 차이를 아래와 같이 설명했습니다.

> 서양 문화는 의욕의 전진적인 요구를 근본정신으로 한다. …… 중국 문화는 의욕이 스스로 조화와 중용을 유지하는 것을 근본정신으로 한다. 인도 문화는 의욕이 자신에게로 돌이켜 물러나는 것을 근본정신으로 한다. 《동서 문화와 철학》

인도 문화의 근본정신이란 불교의 정신을 가리킵니다. 불교의 눈으로 보면 의욕은 곧 집착입니다. 의욕이 '나'를 향한 것이든 아니면 대상을 향한 것이든 그것들은 모두 궁극적으로는 언젠가는 사라지고 말 거짓되고 허망한 것을 좇는 집착입니다. 그래서 불교에서는 이런 집착에서 벗어나 무욕의 삶을 살라고 가르치고, 그런 의미에서 량수밍은 인도 문화는 앞을 향해 나아가는 속성을 지닌 의욕을 거두어들이는 불교의 정신을 근본으로 한다고 말한 것입니다. 한편 중국 문화의 근본정신은 유학의 정신을 가리킵니다. 유학은 '나'의 욕망 추구를 부정하지는 않지만, 그것이 타자와의 조화와 균형을 이루는 방향으로 추구되어야 함을 강조합니다. 인간과 자연의 관계든 인간과 인간 사이의 관계든 관계의 조화와 균형을 추구하는 것이 유학의 근본정신입니다.

량수밍은 이 두 문화가 모두 나름대로 가치를 지니고 있다고 평가합니다. 인도 문화와 중국 문화의 정신은 각기 위에서 이야기한 인간 생활의 본질적인 문제들 가운데 종교적인 문제와 도덕의 문제에 대해 훌륭한 해답을 제시하고 있기 때문입니다. 하지만 그는 위와 같은 정신이 동시에 두 문화의 결점이기도 하다고 지적합니다. 중국과 인도 또한 우선은 의욕의 전진하는 속성을 따라 그것을 충족시키기 위해 일로매진하는 문화를 발전시켰어야 했다고 주장합니다. 그렇게 해서 물질적 욕망이 상당한 수준에서 충족된 후에야 비로소 의욕과 생활을 긍정하면서도 관계의 조화와 균형을 추구하는 문화를 발전시키고, 그 후에 의욕 자체에 대한 부정으로 종교적 구원을 얻으려는 문화를 발전시켰어야 했습니다. 그런데 중국과 인도는 문화가 상당히 조숙早熟하여 이 문화발전의 3단계를 차근

차근 밟지 않음으로써 결과적으로 근대에 이르러 서구의 침략에 무릎을 꿇고 말았다는 것입니다.

이러한 량수밍의 3단계 문화발전론에 따르면 서양 문화는 문화 발전의 정상적인 단계를 차근차근 밟은 것이 됩니다. 물론 서양 문화의 발전 또한 역사적으로 굴곡이 있었음을 그는 명확히 인식하고 있었습니다. 서양인들은 고대 그리스·로마시대에는 첫 번째 방향으로 나갔고, 중세에는 세 번째 방향으로 전환했다가 르네상스 시대에 이르러 다시 첫 번째 방향으로 돌아왔다는 인식이 그것입니다. 하지만 그는 전체적으로 볼 때 서양 문화는 앞을 향해 나아가는 의욕을 적극 긍정하는 정신이 지배적이었다고 생각했습니다. 이러한 서양 문화의 정신에 대해 그는 아래와 같이 철학적인 설명을 했습니다.

> 당시 사람들은 '내'가 생겨났기 때문에 '나'를 위해 전진적인 요구를 했으니, 전진적인 요구는 모두 '나'를 위하는 데서 나온 것이고 다른 한편으로는 자신의 눈앞에 놓인 자연을 인식하게 되었음에 주목해야 한다. …… 당시 사람들은 '나'를 위했으므로 우주자연에 대해 물론 대립시키고 이용하며 요구하고 정복하는 태도를 취했고 앞사람과 옆 사람에 대해서도 거의 그러한 태도를 취했다. 《동서 문화와 철학》

의욕이 앞을 향해 나아가 요구하는 정신은 타자와 분립된 '나'에 대한 자각을 전제로 하고 '나'를 위하려는 목적을 갖고 있습니다. 그래서 그러한 정신으로 무장한 서양인들은 자연으로 나아가 인간과 자연을 대립시키고 단순히 자연을 이용하고 개조하려 할 뿐만 아니라 인간을 위해 자연을 정복하려는 태도를 취합니다. 또 이를 위해 자연을 대상화하여 객관적으로 관찰하고 그 운동의 기계적 측면을 분석하고 법칙을 계산하려 합니다. 나아가 각종 인간관계에서도 '나'와 타인의 엄격한 분립을 전제로 자신의 권리를 쟁취하려 합니다. 량수밍은 이 자연을 계산하고 정복하며 개인의 권리를 중시하는 태도가 서구 근대의 과학과 민주를 낳았으며, 이것들은 모두 의욕의 전진적인 요구를 적극 긍정하는 서양의 정신에 뿌리를 두고 있다고 보았습니다.

그는 당시의 중국 사회가 이런 서양의 정신 및 그것으로부터 생겨난 과학과 민주를 전면적으로 수용해야 한다고 주장했습니다. 그래야 중국이 진정으로 근대화를 이루어 서구 열강과 어깨를 나란히 할 수 있는 힘을 가질 수 있다고 여겼기 때문입니다. 그러면서도 그는 당시에 극심해지고 있던 서구 근대문명의 폐해에 주목하여, 그 폐해를 낳은 서구의 인생과 세계에 대한 태도를 고쳐야 한다고 말합니다.

얼핏 보면 이 주장들은 모순된 것처럼 보입니다. 서양 문화를 전면적으로 받아들이자면서 그것의 근본정신은 수정되어야 한다고 말하고 있기 때문입니다. 이 점을 이해하기 위해서는 량수밍이 당시의 세계를 그 문명의 형태가 전환할 조짐을 보이는 일종의 과도기로 진단했다는 점에 주목해야 합니다. 량수밍의 대표작인 《동서문화와 철학》이 저술될 당시는 제1차 세계대전과 러시아에서의 사회주의 혁명으로 서구 근대문명에 대한 반성이 전 세계적으로 일어난 시기입니다. 이런 시대적 분위기 속에서 근대문명에 비판적인 서구 사상을 접한 중국 지식인들도 그 문명의 폐해를 비교적 정확히 짚어낼 수 있었습니다.

이는 량수밍도 마찬가지였습니다. 그는 마르크스Karl Marx(1818~ 1883)의 영향을 받아 자본가의 이윤을 극대화하는 방향으로 생산이 이루어지고 자본의 힘에 의해 노동자의 삶이 피폐해지는 자본주의 경제체제를 비판했습니다. 하지만 그렇다고 해서 그가 마르크스주의자가 된 것은 아니었습니다. 그는 서구 근대문명의 폐해가 단지 경제체제나 정치제도의 변혁으로 극복될 수 있다고 생각하지 않은 듯합니다. 그래서인지 그는 근대적 이성을 비판하며 인간의 감성적 의지적 측면을 부각시키는 서구의 인문주의 사조, 그리고 자연의 협동적 질서나 인간의 타인을 돌보는 본능을 발견한 새로운 학설에 더욱 주목합니다. 특히 그는 서구 근대의 합리주의에 대항하여 인간을 포함해 살아 있는 모든 것들을 직관, 체험에 의해 파악할 수 있다고 주장하는 생철학philosophy of life에 주목합니다. 그는 생철학만이 우주를 한낱 계산되고 이용되기를 기다리는 물질로 취급하던 서양인들의 태도를 변화시켜 우주 안의 모든 것을 각기 특수한 의의를 지닌 생명으로 직관하게 할 수 있다고 평가했습니다.

량수밍은 이런 생철학의 출현을 근거로 가까운 미래에 새로운 형태로 전환할 세계 문화는 이른바 '중국적 태도'에 정신적 뿌리를 둔 문화일 것이라고 예측했습니다. 그리고 그는 이를 '중국 문화의 부흥'이라고 불렀습니다. 오해하지 말아야 할 것은 이 말이 유학사상을 세계인이 다 받아들인다거나 중국 문화가 전 세계에 널리 전파됨을 뜻하지는 않는다는 점입니다. 그것은 단지 미래의 세계 문화가 무엇이든 자기중심적 이익을 위해 앞으로 나아가 계산하고

획득하려는 태도에서 관계의 조화와 균형을 추구하는 중국적 태
도로 전환될 것이라는 미래에 대한 낙관적인 전망일 뿐입니다.

가까운 미래의 세계 문화에 대한 위와 같은 전망을 근거로 량수
밍은 당시 중국인이 가져야 할 문화적인 태도로 아래 세 가지 원칙
을 제시했습니다.

> 첫째, 인도적인 태도를 배격하여 추호도 용납해서는 안 된다. 둘째, 서
> 양 문화를 전면적으로 받아들이되 그 태도에 대해서는 근본적으로 잘
> 못을 고쳐야 한다. 셋째, 중국이 원래 지녔던 태도를 비판적으로 다시
> 가져와야 한다. 《동서 문화와 철학》

량수밍이 단호한 어조로 당시의 중국인이 인도적인 태도를 취해
서는 안 된다고 한 까닭은 사람들이 무욕의 삶을 살며 종교적 구
원을 추구하는 문화가 한 사회의 지배적 형태가 되는 것은 아주 먼
미래의 일이라고 생각했기 때문입니다. 그의 이런 생각은 만년까지
지속되어 1980년대에도 "종교의 진리는 고대 인도에서 일찌감치
성숙한 불교에서 유일하게 볼 수 있으며, 그 도道는 공산주의사회
말기에나 크게 실현될 것"《인심과 인생》)이라고 하기도 했습니다.

한편 두 번째 원칙과 세 번째 원칙은 하나로 연결되어 있습니다.
앞에서 이야기했듯이 한편으로는 의욕의 전진적인 요구를 긍정하
는 서양의 정신 및 그것으로부터 생겨난 과학과 민주를 적극 수용
하면서도 다른 한편으로는 서구 근대문명의 갖가지 폐해를 야기한
바로 그 서양의 정신을 중국적인 태도를 다시 가져옴으로써 극복
해 나가야 한다는 것입니다. 그래서 그는 이렇게 결론을 내립니다.

"우리는 이 시기에 …… 첫 번째 태도를 취해 모두 앞을 향해 분발해 나가지 않을 수 없다. 그러나 만약 근본적으로 그것을 두 번째 태도의 삶 안에 포함하여 융합시키지 않는다면 그것의 위험성을 막을 수 없고 그것의 잘못도 피할 수 없을 것이다."《동서 문화와 철학》 앞서 량수밍은 문화의 유형적인 차이를 강조했지만, 여기에 이르러서는 사실상 이질적인 서양 문화와 중국의 정신이 하나로 융합될 수 있음을 인정하며, 실제로 그런 융합을 위해 노력해야 한다고 주장하고 있는 것입니다.

직관과 이지

이상에서 이야기한 량수밍의 문화론은 그것 자체만으로 의욕과 생활 개념을 중심으로 한, 철학적 성격이 짙은 논의라고 할 수 있습니다. 그런데 그는 이것 외에도 형이상학과 인식론의 측면에서 동서 철학의 차이를 설명하고 중국 철학의 의의를 부각시킴으로써 자신의 문화론적인 입장의 타당성을 논리적으로 뒷받침하고 있습니다.

량수밍은 중국 문화의 핵심이 형이상학에 있되, 그것은 서양이나 인도의 그것과는 성격이 근본적으로 다르다고 생각했습니다. 그리고 그 근본적인 차이는 서양이나 인도의 경우, 형이상학에서 주로 세계의 불변하는 궁극적 실재의 문제를 다루는 반면, 중국에서는 언제나 변화의 문제를 이해하려 하는 데 있다고 보았습니다. 중국인은 전통적으로 생명의 눈으로 우주와 자연을 바라보았습니다. 서양인들처럼 우주와 자연을 고정된 사물로 구성되거나 경직된 운동을 하는 것으로 간주하지 않고《주역》에서 말하듯 '생명의 생산과 재생산이 끊임없이 이루어지는〔生生不已〕' 과정으로 간주했습니다. 그랬기에 중국의 형이상학은 변화를 중심적인 문제로 다루고 있다고 그는 설명했습니다.

　나아가 그는 세계를 바라보는 이런 기본적 시각의 차이가 세계를 인식하는 방법의 차이 또한 낳았다고 지적합니다. 그는 서양에서 궁극적 실재는 정지되고 고정된 것이므로 이지적인 분석과 명료한 개념을 운용해 그것을 인식하는 데 비해, 중국에서는 우주를 쉼 없이 흐르는 생명으로 간주하기 때문에 끝없이 변화하는 것은 이지적 분석이 아닌, 직관을 통해서만 파악될 수 있다고 했습니다. 이렇게 량수밍이 중국적 인식 방법이라 하여 정립한 직관 개념은 베르그송의 영향을 받은 것입니다. 베르그송 역시 우주는 생명이고 지속이기 때문에 그것은 분석이 아닌 직관으로 파악할 수 있다고 했기 때문입니다.

　량수밍은 현량現量, 비량比量, 비량非量이라는 유식학의 인식론적 개념들을 빌려 감각과 이지를 분석하고 이 둘 사이에 위치한 직관의 기능과 적극적인 의미를 다음과 같이 설명하기도 했습니다.

　현량은 감각입니다. 그것은 객관적인 사물이 우리의 감각기관을 자극해서 형성됩니다. 예를 들어 차를 마실 때 찻물이 혀를 자극해 우리는 차의 맛을 느낍니다. 그런데 량수밍은 이렇게 감각을 통해 얻는 것은 객관 사물의 그림자〔影像〕일 뿐, 객관 사물의 참모습은 아니라고 합니다. 우리는 혀를 통해 주어진 차의 맛이라는 그림자를 감각한 것일 뿐, 그것으로 차 자체가 무엇인지 그 의미는 알 수 없다는 것입니다.

비량比量은 이지입니다. 그것은 여러 가지 감각에서 같은 점을 종합하고 다른 점을 분석하여 통일적 의미를 얻습니다. 이를테면 여러 차의 색과 맛에서 비슷한 것을 홍차, 녹차 이런 식으로 묶고 크게 차이가 나는 맹물은 차에서 떼어내어 차가 지니는 통일적 의미를 얻는 것입니다. 그런데 량수밍은 이러한 이지의 운용은 대상의 참모습에 대한 파악을 더욱 어렵게 한다고 여겼습니다. 왜냐하면 이지가 얻는 것은 한낱 그림자일 뿐인 것을 대상으로 삼아 분석하고 종합함으로써 획득한 것, 즉 순전히 주관적인 것이기 때문이라는 겁니다.

이렇게 감각과 이지만으로는 인식이 성공적으로 이루어질 수 없다는 생각에서 량수밍은 비량非量, 즉 직관 개념을 내세워 그것을 감각과 이지 사이에 위치시켰습니다. 그리고 그것은 감각이나 이지에 '의미'를 덧붙이는 기능을 한다고 했습니다. 예컨대 소리를 듣고 그림을 보고 사탕을 맛보는 감각에 대해 직관은 그 소리가 곱고 그림이 아름답고 사탕이 맛있다는 의미를 덧붙이는 기능을 합니다. 혹은 시문을 읽고 그 작품을 분석하는 이지적 활동에서 직관은 그 작품의 숨겨진 묘미妙味를 파악하여 그 '의미'를 덧붙이는 기능을 하기도 합니다.

그는 이러한 직관이 다음 두 측면에서 감각이나 이지보다 낫다는 점을 강조합니다. 첫째는 직관의 반쯤은 객관적이고 반쯤은 주관적인 측면입니다. 감각은 순수하게 객관적이지만 그것으로는 어떤 의미도 알 수 없습니다. 반면 이지는 명료한 의미를 알 수 있지만 그것이 아는 것은 순전히 주관적인 의미입니다. 량수밍은 이 둘과 비교할 때, 직관은 본질을 띤 대상의 미묘한 의미를 인식한다는 점에서 반쯤은 객관적이고 반쯤은 주관적이라고 합니다. 예컨대 음악을 들을 때 직관은 그것의 미묘한 의미 혹은 정신을 파악하는데, 본질인 소리와 직접 관계한다는 점에서는 객관적이지만 거기에 미묘한 의미를 덧붙인다는 점에서는 주관적이라는 겁니다. 둘째는 직관은 살아 움직이는 것을 파악할 수 있다는 측면입니다. 서예작품에서 감각과 이지는 각각의 획을 고정적, 분절적으로 인식합니다. 이와는 달리 직관은 획들이 하나로 어우러져 빚어내는 역동적인 기세를 포착하게 합니다.

이렇게 량수밍이 인식론에서 직관의 강점을 부각시켜 직관주의로 기운 것은 가까운 미래에 세계가 중국적 태도에 정신적 뿌리를 둔 문화로 변모할 것이라는 그의 문화적 입장과 궤를 같이하는 것이었습니다. 아래의 발언에서 우리는 이 점을 확인할 수 있습니다.

> 서양의 생활은 직관으로 이지를 운용하는 것이다. 중국의 생활은 이지로 직관을 운용하는 것이다. 인도의 생활은 이지로 현량을 운용하는 것이다. 《동서 문화와 철학》

우선 "직관으로 이지를 운용한다"는 것은 서양인들이 문예부흥 시기부터 직관으로 자아 및 자아의 의욕을 각성한 후, 이지라는 인식 도구를 사용해 자연정복과 과학·민주 발전의 길로 나아갔다는 뜻입니다. 자아는 감각이나 이지로는 알 수 없으며 오직 직관에 의해 포착된다는 점에서 "직관으로 이지를 운용한다"고 했지만, 서양의 생활에서 량수밍이 중심적인 것으로 여긴 것은 이지입니다.

다음으로 "중국의 생활은 이지로 직관을 운용한다"라는 말을 량수밍은 "직관으로 이지를 운용하고 다시 이지로 직관을 운용하는 것"《동서 문화와 철학》을 뜻한다고 부언하여 설명했습니다. 자기의식이 없으면 인간은 인간다운 생활을 할 수 없습니다. 따라서 중국인들도 자아를 직관한 후 외물과 자신의 분별을 전제로 하는 이지를 운용함으로써 생활해나갔습니다. 하지만 량수밍은 중국인이 서양인만큼은 분별심이 강하지 않다고 합니다. 자기와 타자를 분별하면서도 동시에 '반성적 이지', 즉 반성적인 도덕이성으로 자신과 외물을 분별하는 마음을 최소화함으로써 인간과 자연, 인간과 인간 사이의 합일 혹은 통일을 추구하는 직관적 삶을 살 수 있었다고 합니다. 바로 도덕적 이성의 반성을 통해 자기와 타자의 합일을 추구하는 직관적 삶을 추구했기 때문에 중국인들은 전통적으로 인간과 자연의 조화를 추구하고 인간관계에서도 도덕적 공감을 중시하고 이해타산을 잘 따지지 않는다는 것입니다. 이렇게 량수밍은 중국인들도 자기와 타자의 구별을 전제로 하는 도구적 이성, 즉 이지를 운용한다는 점을 인정했지만, 중국인의 생활에서 중심적인 것은 자기와 타자의 합일을 가능하게 하는 직관이라고 생각했습니다.

마지막으로 "이지로 현량을 운용한다"는 말은 유식학에서 이지적인 방법으로 마음의 구조를 분석하여 우선은 직관과 그것에 의해 포착되는 것들이 모두 거짓된 것임을 깨닫고 다음으로는 이지마저 거짓된 것임을 깨달음으로써 감각의 작용이 자유로워지는 절대해방의 경지에 이른다는 뜻입니다. 량수밍은 이런 불교적 인식이 가장 믿을 만하다고 했고, 인도적인 생활이 인류의 가장 성숙된 생활양식이라 생각했습니다. 하지만 인류가 널리 그런 인식에 이르고 그런 생활을 하는 것은 아주 먼 미래의 일이고, 당면한 급선무는 서구 근대적인 인식방법과 생활태도를 중국적인 것으로 전환시키는 것이라 여겼기 때문에 직관주의에 기울고 불교적 지향은 유보한 것이라 할 수 있습니다.

량수밍은 중국의 직관적인 생활태도와 인식방법의 전형을 공자와 맹자, 왕양명 및 양명 후학 중 태주학파 등 일련의 유학사상가들에게서 찾았습니다. 그는 이들의 갖가지 삶의 태도와 중심사상을 모두 직관적 인식방법으로 귀결시켰습니다.

예컨대 그는 공자가 어떤 하나의 원칙이나 주장만을 고집하지 않고 불확정不認定적인 태도를 보인 것은 그때그때마다 자신의 직관에 내맡겨 시비판단을 했기 때문이라고 했습니다. 맹자의 측은지심의 감정, 그리고 맹자가 제시하고 왕양명이 크게 발전시킨, 사려하지 않고도 옳고 그름을 알 수 있는 양지良知도 본능적인 직관이라고 규정했습니다. 그는 공자의 인仁 또한 감정적인 측면에서 접근했습니다. 불인不仁한 행위를 할 때 극도로 불안해하며, 반대로 어진 행위를 해 평안해지기를 바라는 마음이 강한 사람을 어진 사람이라고 하여, 공자의 인을 '예민한 직관'이라고 규정했습니다.

이렇게 량수밍이 직관을 예찬하고 이지의 운용을 폄하한 것은 태주학파 왕벽王襞(1511~1587)이 양지와 사려를 대립시킨 것과 유사합니다. 왕벽은 도덕본성으로서의 양지는 애초부터 완전무결하여 일상에서 자연스럽게 그것을 드러내면 될 뿐, 사변적 사유를 동원해 사려하고 추리할 필요는 없다고 주장했습니다. 이와 흡사하게 량수밍도 공자는 도덕적 감정 혹은 예민한 직관에 따라 생활했을 뽕, 분별하고 비교하고 계산하는 이지적인 태도를 배격했다고 했습니다. 또 공자와 그의 수제자 안연이 삶에서 즐거움을 느낀 까닭은 사욕이 없어 계산하는 이지적 삶을 살지 않고 직관적 삶을 살았기 때문이라고 설명했습니다. 그리고 그런 공자와 안연의 즐거움을 중심적인 가르침으로 삼은 양명 후학 왕간王艮(1483~1541)의 생각이 자신의 뜻과 가장 부합된다고 했습니다.

이상의 내용이 자신의 문화론적 입장을 뒷받침하기 위해 량수밍이 재해석하고 재조명한 중국 철학의 기본적인 의의입니다. 그런데 직관만 예찬하고 이지를 폄하하는 것은 서양의 과학·민주정신에 대한 적극 수용을 긍정하는 그의 문화적 입장을 뒤흔들 수 있다는 문제점이 있습니다. 앞서 이야기했듯이 서양의 과학·민주는 자기와 타자를 분별하는 것을 전제로 한 이지의 운용을 통해서만 싹틀 수 있기 때문입니다. 이 점을 의식해서인지 후에 량수밍은 직관과 이지의 대립을 이성과 이지의 개념으로 대체하고 양자의 조화를 모색합니다.

그에게 이성은 도덕이성을 가리킵니다. 하지만 그가 "지적 측면을 이지라고 하고 정서적 측면을 이성이라고 한다"《중국문화요의》라고 했듯이, 그 이성은 위에서 말한 도덕 감정과 직관을 포함하고 있다는 점에서 그의 직관을 중시하는 관점은 여전히 유지되고 있다고 하겠습니다. 다만 그는 이 이성과 이지가 마음 작용의 두 측면이며 양자는 밀접하게 연관되어 있다고 하여 양자의 통일을 꾀했습니다. 이로써 그는 자신의 인식론을 당시 중국인이 서구문화의 적극 수용과 중국적 태도의 계승을 동시에 추구해야 한다는 문화적 입장과 일치시킬 수 있었습니다.

다른 한편 그는 이성과 이지를 체體와 용用의 관계로 설정하여 이렇게 말하기도 했습니다. "비록 체와 용은 둘이 아니지만, 사람의 마음을 알기 위해서는 그것을 구별할 필요가 있다."《인심과 인생》 체와 용이란 엄밀히 말하면 본체와 작용 혹은 본체와 현상을 뜻하지만, 여기서는 단지 핵심적인 것과 보조적인 것을 의미할 뿐입니다. 이렇게 보면 위 발언은 도덕적 이성과 도구적 이성은 모두 인간의 의식작용이지만, 사람의 의식의 구조를 알기 위해서는 개념적으로 양자를 구별할 필요가 있다는 뜻입니다. 또 이성과 이지를 체용의 관계로 본다는 것은 도덕이성을 핵심으로 삼되 도구적 이성, 즉 이지 또한 적절하게 보조적으로 사용할 수 있어야 한다는 주장이기도 하고, 도덕이성이 발달한 중국 문화가 이지가 발달한 서양보다 더 수준이 높다는 자문화에 대한 자신감의 표시이기도 합니다.

몇 가지 평가

이제까지 우리는 량수밍의 삶에서 출발하여, 문화에 대한 그의 철학적 이해, 동서 문화의 근본적 차이와 그것에 기초한 그의 문화론적인 입장, 그리고 그의 형이상학 및 인식론적 관점에 대해 차례로 살펴보았습니다. 이제 마지막으로 그의 사상과 삶이 일반적으로 어떻게 평가되는지 소개하며 량수밍에 관한 이야기를 마무리하려 합니다.

앞에서도 잠시 언급했듯이 량수밍의 대표작《동서 문화와 철학》

은 출간 즉시 엄청난 사회적 반향을 일으켰습니다. 물론 그 중에는 량수밍의 문화적 입장과 그 철학적 근거에 대해 전적으로 찬동하는 사람들도 있었습니다. 이들은 나중에 량수밍이 향촌건설운동을 할 때 그의 적극적인 조력자들이 됩니다.

하지만 당시에는 그의 문화적 주장에 격렬히 반대하는 사람들도 적지 않았습니다. 특히 신문화운동에 앞장선 후스 같은 자유주의자들이나 양밍자이楊明齋(1882~1938) 같은 공산주의자들이 그랬습니다. 이들은 중국 전통의 정신과 문화를 봉건시대의 진부한 것으로만 생각해 그것들을 철저히 끊어내려고만 했습니다. 그래서 이들은 량수밍이 공자의 사상을 비롯한 유학의 가치를 선양하는 것을 못마땅하게 여겼고, 인생과 세계에 대한 중국적인 태도가 가까운 장래에 실현될 것이라는 그의 전망을 몽상으로 치부했습니다. 이들은 동서 문화의 유형적 차이를 강조하는 그의 문화적 관점에도 반대했습니다. 이들은 당시 동서 문화의 차이를 단지 시대적 발전 속도의 차이로만 보았지, 문화의 유형적 차이란 존재하지 않는다고 주장했습니다. 이렇게 이들의 관점은 다소 편협했고 비판은 지나치게 혹독했습니다. 심지어 량수밍을 신문화운동의 적으로 낙인찍기도 했습니다. 이런 비난에 대해 량수밍은 이렇게 응수합니다.

> 그렇게들 말한다면 나는 그들의 장애물이겠네요. 내가 그들의 사상혁신운동을 방해한 것이겠군요. ······ 이 말들은 나를 참 힘들게 합니다. 나는 내가 그들의 운동을 반대했다고 생각하지 않습니다. ······ 여러분이 앞에서 힘쓰면 나는 큰소리로 응원하며 여러분을 도울 것입니다.
>
> 《량수밍 30세 이후의 문록漱溟卅後文祿》, 1930)

이들보다 조금 후대인 1940년대에는 중국 전통 유학의 정신과 서구의 정신을 모두 긍정하고 나아가 양자를 융합하려는 입장에서 량수밍의 문화론을 비교적 공정하게 보려는 시도도 이루어졌습니다. 흔히 2세대 현대 신유학자로 불리는 허린賀麟(1902~1992)의 평가가 그것입니다. 그는 전면적 서구화의 외침이 중국 문화에 대한 중국인들의 자신감을 떨어뜨리고 있을 때 량수밍은 중국인들의 자신감과 자존심을 회복시켜주었다고 긍정적으로 평가했습니다. 또 그는 량수밍이 동양 문화가 서양 문화보다 우월하다는 식의 편협한 복고적 견해에 빠지지는 않았다고도 했습니다. 하지만 그는 량수밍이 "한편으로는 유가적인 태도를 다시 꺼내들면서도 다른 한편으로는 서양의 과학과 민주를 전면적으로 수용해야 한다고 주장한 것은 '중국의 정신을 근본으로 하고 서학을 활용하자(中學爲體 西學爲用)'는 덫에서 빠져나오지 못한 것"(허린,《50여 년간의 중국 철학五十年來的中國哲學》, 1945)이라고 비판했습니다. 서구의 과학과 민주정신의 심층에는 서구의 종교와 철학이 자리하고 있는데, 이에 대한 전면적이고도 철저한 이해와 그 합리적 부분에 대한 수용을 통해 중국의 정신을 더욱 충실하게 하지 않으면, 중국인이 과학과 민주정신을 내면화할 수도 없을뿐더러, 중국의 정신도 현대화될 수 없다는 것입니다.

또 그는 량수밍의 직관 개념이 지닌 두 가지 한계를 지적하기도 했습니다. 하나는 서양에서 직관적 태도는 고락苦樂과 선악善惡마저도 초월하는 것인데, 량수밍에게서 직관은 "선악을 분별하는 도덕적 감성 혹은 도덕적 직관"(《근대 유심론 개론近代唯心論簡釋》, 1942)을 의미할 뿐, 고락 또한 초월해야 한다고 분명히 말하지 않았고 도리어 공자와 안연의 즐거움을 찬미하여 즐거움이 무엇인지 따지는 듯한 자세를 보였다는 것입니다. 다른 하나는 량수밍이 직관이란 일종의 '의미'를 인식하는 능력이라고 하여 그것을 중시하면서도, 직관을 일체의 참된 실상을 인식하는 능력은 아니라고 함으로써 그것을 최고 수준의 사유방법이라는 자리에 놓지는 못했다는 것입니다.

허린이 량수밍과는 달리 서구의 철학과 종교를 가지고 중국 철학이 지닌 약점을 보충하는〔以體充體〕 방법으로 동서 철학의 융합을 꾀했으므로 그의 시각에서는 량수밍의 주장이 중국의 정신을 근본으로 하고 서양의 과학기술로 그것을 보족한다는 중체서용론 中體西用論을 벗어나지 못한 것으로 보였을 것입니다. 그럼에도 불구하고 량수밍이 인간과 자연, 인간과 인간 사이의 조화를 추구하는 전통 중국철학의 근본정신을 인간과 자연, 인간과 인간 사이의 분립와 대립을 강조하는 서구 근대의 정신보다 바람직한 것이라고 본 것마저 비판할 수 있는지는 의문입니다. 또한 허린은 언제나 정확할 수 있을 뿐만 아니라 언제나 스스로도 그것이 정확하다는 것을 알 수 있는 참된 관념에 이르는 사유방법이라는 스피노자Spinoza 식 직관 개념에 근거했기 때문에 량수밍의 직관 개념 운용이 만족스럽지 않아 보였을 것입니다. 그러나 량수밍이 즐거움이 무엇인가 따지는 듯한 자세를 보이고 직관을 참된 실상을 인식하는 최고의 사유방법으로 놓지 않은 까닭은 직관 개념을 명료하게 사용하지 못했다기보다는 그가 기본적으로 유가의 인생철학 혹은 불교의 인식론적 입장에 적극 찬동했기 때문이라고 할 수 있습니다.

이렇게 량수밍의 사상은 학자 혹은 사상가들의 입장에 따라 긍정되기도 하고 비판을 받기도 했습니다. 하지만 그의 인품에 대해서만큼은 입장과는 관계없이 대체로 모두가 상당히 높이 평가했습니다. 그는 자신의 신념을 행동으로 옮길 줄 아는 인물이었습니다. 급박한 중국의 사회문제를 해결하기 위해 유학으로 신념을 전환했고 전통적 의미의 유학자처럼 자신의 문화적 이론과 주장을 사회적 활동을 통해 적극적으로 실현하기 위해 애썼습니다. 그러면서도 개인적으로는 보통 승려들보다 훨씬 더 불교적으로 살았습니다. 평생 채식을 하고 술과 담배는 입에 대지 않았으며 늘 간소하게 생활하고 소득의 삼분의 이를 타인에게 베풀었습니다. 무엇보다 그는 어떤 폭력적 외압에도 자신의 신념을 굽히지 않을 정도로 강직했습니다. 부러질지언정 굽히지 않은 그의 인품은 오늘날에도 많은 이들의 귀감이 될 만합니다.

더 읽어보면
좋은 책

량수밍 지음, 강중기 옮김,《동서 문화와 철학》, 솔, 2005.

량수밍의 가장 대표적인 저작이다. 신문화운동이 한창이던 1921년, 산둥 지난에서 한 강연 기록을 기본으로 하되 1920년 베이징 대학에서 한 강연 내용도 참조하여 간행되었다. 생활과 문화에 대한 철학적 사유, 3대 문화유형론과 3단계 문화발전론, 형이상학과 인식론 등 량수밍 철학의 기본적인 내용이 거의 다 담겨 있다. 동서 문화의 차이를 철학적으로 규명하고 유학의 현대적 가치를 부각시킨 선구자적인 저작으로 평가되고 있다.

량수밍 지음,《중국문화요의》, 상해인민출판사上海人民出版社, 2005.

1920년대부터 1940년대까지의 량수밍 사상이 집대성된 저작이다. 이 책은 1941년에 구상되었으나 구국을 위한 정치활동으로 인해 여러 차례 집필이 중단되었다가 1949년에야 완성되었다. 이 저작에서도 량수밍은 동서 문화 비교의 시야에서 중국과 서양의 생활 방식의 차이를 논하고 있다. 그러나 집단생활의 측면에서 중국은 윤리를 근본으로 하는 사회이고, 도덕이 종교를 대체했으며, 중국은 서양과 같은 계급적 대립이 없었다고 주장하는 것 등은 새로운 내용이다. 이성과 이지 개념으로 직관과 이지 개념을 대체한 것도 눈여겨볼 만한 부분이다.

***

량수밍 지음, 《인심과 인생》, 상해인민출판사上海人民出版社, 2013.

량수밍의 만년 저작이다. 1960년에 집필을 시작했으나 문화대혁명 기간에 고초를 겪으며 중단되었다가 1970년에 다시 집필하여 1975 년에 완성했고 1984년에 정식 출간되었다. 이 책에서 량수밍은 사 회적 관계에 의해 인간의 의식이 규정된다는 마르크스주의 이론을 일부 수용하면서도 인류의 사회형태는 인심에 의해 구축되고 발전 한다는 관점을 견지하고 있다. 이를 토대로 인간의 의식이 지닌 기 본적 특징, 이성, 이지, 본능의 관계 등 인심의 문제에서 출발하여 동서 문화, 도덕, 종교 등의 문제 등을 차례로 논하였다.

5장

모우쫑산과 양지감함론

유가도덕론의 완성

—

황갑연

모우쫑산
牟宗三(1909~1995)

모우쫑산의 자字는 리중離中이고, 1909년 4월 25일 중국 산둥성 서하현에서 출생하여 1995년 4월 타이완 타이페이에서 86세로 작고한 현대 유학의 대표적인 학자이다. 일반적으로 현대 신유가로서 모우쫑산과 함께 량수밍, 펑유란, 허린, 장쥔마이, 슝스리, 탕쥔이를 열거하지만, 그중에서 중국 현대철학사의 지평을 바꿀 수 있는 학술적 견해와 창의적인 이론을 제시한 학자로서 모우쫑산만큼 분량을 차지하는 학자는 없다. 현재 중국 철학 혹은 유학계에서 활발하게 논의되는 주제들은 상당 부분 모우쫑산의 사상체계와 직접 혹은 간접적으로 관련을 맺고 있는데, 이것이 바로 그가 차지하고 있는 철학사적인 의미이다. 모우쫑산은 베이징대학 철학과 재학시절 철학과 교수였던 슝스리와 운명적인 만남을 가졌다. 모우쫑산이 스스로 슝스리의 학술을 전승한다고 자임하였듯이 슝스리와의 만남은 모우쫑산의 학술 여정에 상당한 영향을 끼친다. 모우쫑산은 40세 이전까지는 대부분 서양 철학의 칸트와 헤겔 그리고 논리학에 진력하였는데, 그중 칸트 도덕철학에 대한 그의 수용은 향후 중국 유가철학의 도덕론 성격에 지대한 영향을 끼치게 된다. 대표적인 것이 바로 주희철학을 공맹도덕철학의 정통(正宗)으로 인식하지 않고 '정통에서 벗어난 유학의 또 다른 계통(別子之宗)'으로 규정한 것이다.

저술을 통해서 본 모우쫑산 철학의 발전과정

모우쫑산 철학의 발전 방향과 단계는 자신의 저술 그리고 강의와 거의 일치하기 때문에 서책의 저술과 출판 순서 그리고 강의 내용을 보면 그의 학술이 발전하고 성숙하는 과정과 관심 분야를 어렵지 않게 이해할 수 있습니다. 모우쫑산 자신이 스스로 서술한 것을 보면, 그는 19세(1927년)에 베이징대학 예과에 입학하면서부터 철학을 전공하기로 결심한 것 같습니다. 예과 2학년 때 이미《주자어류朱子語類》를 읽었고, 이때 현상계(器)와 초월계(理 혹은 太極)에 대한 초보적인 인식을 하였다는 점이 바로 이를 증명합니다. 그러나 철학과 재학 시절에는 중국 철학보다는 서양의 논리학과 러셀철학 등에 더 많은 관심을 가졌던 것 같습니다.

25세(1933년)에 철학과를 졸업한 후 여러 학교에서 재직하면서 서양의 변증유물론과 논리학 분야에 진력하였는데, 이러한 그의 열정은 1943년《논리전범邏輯典範》이라는 책의 출판으로 나타납니다.《논리전범》에 대하여 그는 10년 공부의 결과라고 자술하고 있습니다.(〈철학의 길哲學之路〉《아호월간鵝湖月刊》제15권 11기, 1990) 이후 1950년 이전까지는 비판적 관점에서 서양의 이성과 오성悟性 등의 인식주체에 관한 연구에 종사하였고, 1950년에서 1956년까지 타이완 사범대학에 임직하면서 철학개론과 중국철학사 그리고 선진제가철학 등을 가르쳤습니다. 하지만 이 시기 학술연구활동은 오히려《역사철학歷史哲學》(1955) 저술에 집중된 것 같습니다. 1956년에 타이완 동해대학으로 이직하였고, 1958년에는 탕쥔이, 쉬푸관, 장쥔마이와 연명으로《민주평론民主評論》제9권 제3기에 〈중국문화선언〉을 발표합니다. 1960년 10월부터 홍콩대학에 재직하면서 중국 철학을 강의하였지만 학교 측의 대우도 만족스럽지 못했고, 특히 광둥어를 사용하는 학생들과 언어가 소통되지 않아 오히려 저술활동에 몰두할 수 있었다고 합니다. 그 때문인지 이 시기에 모우쫑산의 대표 저작인《심체와 성체心體與性體》(1968~1969)를 비롯한 다수의 주요 저술들이 출판됩니다. 1968년부터 홍콩 중원대학中文大學 신아서원新亞書院에 임직하면서 위진현학과 남북조수당불교 그리고 송명이학과 칸트철학, 지식론 등을 강의하였고, 1974년 중원대학에서 퇴직합니다.

1960년 후반부터 70년대는 모우쫑산 철학 발전의 중요한 시기입니다. 이 시기의 주요 저술로《지적직각과 중국 철학智的直覺與中國哲學》(1971),《현상과 물자체現象與物自身》(1975),《불성과 반야佛性與般若》(1977),《육상산에서 유즙산까지從陸象山到劉蕺山》(1979),《명가와 순자名家與荀子》(1979),《칸트의 도덕철학康德的道德哲學》(역주 1982),《중국 철학 19강中國哲學十九講》(1983),《칸트의 순수이성비판康德純粹理性之批判》(역주 1983),《원선론圓善論》(1987),《동서 철학을 회통하는 14강中西哲學之會通十四講》(1990),《칸트의 판단력비판康德判斷力之批判》(역주 1992~1993) 등이 있지만, 가장 중요한 저작은 바로《현상과 물자체》일 것입니다. 왜냐하면 이후 모우쫑산 철학의 주요 이념과 핵심 관념들이《현상과 물자체》와 이질적인 변화가 없기 때문입니다.

모우쫑산의 학술 발전과정은 3단계로 분류하기도 하고 5단계로 분류하기도 하는데, 이는 후학자들의 주장이 아니라 모우쫑산 자신의 저술에 소개된 내용을 근거로 한 것입니다. 그러나 필자가 보기에 1962년《역사철학》재판 서문에 소개된 분류법이 모우쫑산 학술발전의 과정을 가장 잘 드러내는 것 같습니다. 그는 이곳에서 자신의 사유 발전을 세 단계로 나누었습니다. 1단계는 40세 이전으로서, 이 시기에는 주로 서양 철학에 전념한 시기입니다. 《논리전범》과《리측학理則學》(1955) 및《인식심의 비판認識心之批判》(1956~1957)이 바로 이 시기 연구의 결과들입니다. 2단계는 40세에서 50세 이전으로서, 이 기간은 서양 철학에서 중국 철학으로 회귀하는 과정이고, 또 유가의 내성內聖 학문을 근거로 외왕外王의 문제를 해결하려고 노력한 시기입니다. 유가철학에서 말한 내성이란 자신의 도덕인격 완성과 관련된 모든 행위를 지칭합니다. 도덕심성을 자각하는 것, 그리고 그것을 도덕실천으로 표현하는 것 등이 모두 내성에 속한 행위입니다. 외왕은 학문과 교육 그리고 정치 문화 등 타자他者와 관련된 모든 사업을 지칭합니다. 이러한 외왕 중에서 모우쫑산이 특히 관심을 보인 분야는 바로 민주와 과학이었습니다. 이 시기의 대표 저술은《역사철학》,《도덕적 이상주의道德的理想主義》(1959)와《정도와 치도政道與治道》(1961) 입니다. 3단계는 50세 이후인데, 이때가 중국 철학에 대한 모우쫑산 철학의 원숙 시기라고 할 수 있습니다. 주요 저술로는《재성과 현리才性與玄理》(1963),《불성과 반야》,《심체와 성체》가 있는데, 각각 다른 사상에 관한 전문 서적입니다.《재성과 현리》는 위진 시기의 도가철학에 관한 것이고,《불성과 반야》는 남북조와 수당 시기의 불교를 해설한 것이며,《심체와 성체》는 송명유학에 관한 것입니다. 60세 이후의 대표적인 저술로는《지적직각과 중국 철학》,《원선론》,《현상과 물자체》,《동서 철학을 회통하는 14강》이 있는데, 현재 중국 철학계에 가장 회자되고 있는 양지감함론良知坎陷論이 이때에 출현합니다. 양지감함론은 모우쫑산이 중국 철학에 대한 자신의 사유를 근거로 서양의 칸트철학과 헤겔철학을 소화하여 종합하고, 다시 그것을 기초로 하여 동서양의 철학을 회통會通하면서 시대의 요청에 부응하는 철학 체계를 건립하기 위하여 제시한 이론입니다.

슝스리와 모우쫑산의 만남과 전승관계

모우쫑산이 베이징대학에 재학하던 시기에 철학과에는 펑유란과 후스를 비롯한 유명한 교수들이 많이 포진하고 있었지만, 모우쫑산의 철학 세계를 계발한 교수는 당시에 학계에서 별다른 주목을 받지 못한 슝스리였습니다. 1993년 1월 타이베이의 병원에서 임종할 당시 모우쫑산 스스로 슝스리의 학술(도통)을 전승한다고 선언한 사실에서도 알 수 있듯이 그는 슝스리 학술사상의 적통 계승자라고 자부하였습니다.

　모우쫑산과 슝스리의 만남은 모우쫑산 대학 3학년(1932년, 24세) 때였는데, 그는 《오십자술五十自述》(1989)에서 슝스리와의 만남을 '생명 중의 일대 사건(生命中一件大事)'이라고 표현하였을 정도로 자신의 학술과 정신생명에 큰 의미를 부여하고 있습니다. 또 슝스리에 대한 인상에서 당시 사회적 조망을 받던 유명 교수들과는 다른, 교육자로서의 엄숙함과 진실함을 발견할 수 있었고, 이러한 인상을 통하여 당시 유명 교수들의 천박하고 속된 기상과 비교할 수 있었다고 술회하고 있습니다.《오십자술》

　그러나 슝스리와 모우쫑산의 관계를 단지 정서상의 주관적인

도통의 전승관계로만 본다면, 두 사람의 학술세계를 올바로 파악
하였다고 할 수 없을 것입니다. 슝스리와 모우쫑산이 다시 세우려
고 했던 중국 철학에는 다음과 같은 공통점이 있습니다. 두 사람
은 중국 철학의 삼대 전통인 유가와 불가 그리고 도가 중에서 불가
와 도가가 아닌 유가철학을 중심으로 중국학술의 정통성을 세우
려고 했습니다. 그중에서 핵심은 바로 전통 유가철학자들처럼 천지
만물의 연속적인 생성을 단순한 사실적인 사물과 사건의 변화로만
인식하지 않고 그것에 가치론적인 의미를 부여한 것입니다. 이러한
천지만물의 변화에 대한 가치론적인 해석은 공자와 맹자에서부터
시작된 유가철학의 근본정신입니다. 슝스리와 모우쫑산은 이러한
유가철학의 정신을 다시 부활시킨 것입니다. 또 이러한 천지만물의
부단한 변화(生生) 활동과 인간의 내면적인 도덕의지의 도덕가치
실천(生德) 작용을 동일한 가치의 창조 활동으로 간주합니다. 이는
곧 우리의 내면적인 도덕심성(마음과 본성)과 초월적인 하늘의 원리
(天道)가 이질적인 존재가 아니라 서로 교류한다는 것을 긍정하는
것입니다. 유가철학자들은 이것을 '심성천상관통心性天相貫通'이라고
합니다. 즉 초월적인 하늘의 원리와 우리의 내적인 도덕심성이 서
로 관통한다는 의미인데, 그 근거는 맹자가 말한 '진심지성지천盡心
知性知天'과《중용》의 '천명지위성天命之謂性'입니다. 맹자가 말한 '진심
지성지천'은 자신의 본심(도덕적 양심)을 충분히 실천하는 과정에서
자율적으로 도덕가치를 드러내는 도덕적 본심이 곧 자신이 진정한
도덕적 존재로서 존재할 수 있게 하는 근거임을 자각하고, 더 나아
가 이러한 도덕적 가치실현이 곧 천도의 만물 창조와 가치론적으
로 동일한 것임을 자각하는 과정입니다. 반면《중용》의 '천명지위

성'은 맹자와 반대로 초월적인 천도로부터 자신의 도덕적 본성을 도출하는 것입니다. 즉 천도가 나에게 명령하여 부여한 것이 바로 자신의 본성이라는 의미입니다. 그렇다면 본성은 천도로부터 부여받은 것이 되기 때문에 천도와 자신의 본성은 이질적인 존재가 아닌 동일한 존재로 정립됩니다. 슝스리와 모우쫑산은 이러한 맹자의 '진심지성지천'과 《중용》의 '천명지위성'을 근거로 도덕형이상학을 수립하고, 그것으로써 서양 철학의 전통과 근본적인 차별화를 시도하려고 하였습니다.

도덕형이상학은 맹자의 '진심지성지천'과 중용의 '천명지위성'이라는 도덕이성의 자각반성을 통해 인식한 심성을 도덕행위뿐만 아니라 우주만물의 본체로 승화시켜 심성과 천도를 동일한 가치 혹은 동일한 성격의 존재로 인식하는 것입니다. 그렇다면 심성은 도덕가치 실천의 주체일 뿐만 아니라 만물이 진정한 만물로서 존재할 수 있는 근거가 됩니다. 맹자는 "측은한 마음이 없으면 사람이 아니다(無惻隱之心, 非人)"《맹자》〈공손축公孫丑〉 상)라고 하였습니다. 이는 마땅히 측은이라는 도덕적 마음을 드러내야 할 때 측은한 마음을 드러내지 못하면 진정한 사람으로 존재할 수 없다는 의미입니다. 《중용》에서는 "진실하지 않으면 존재하지 않는 것이다(不誠, 無物)"《중용》〈25장〉)라고 하였습니다. 이것 역시 같은 의미입니다. 도덕적 의미인 진실이라는 성誠이 곧 사물의 있고 없음을 결정하는 근거라는 의미입니다. 다시 말하면 측은한 마음과 진실이라는 도덕성이 바로 만물 존재의 실질 내용이기 때문에 도덕성의 유무有無가 바로 존재의 여부를 결정하는 것입니다. 모든 도덕적 가치는 심성으로부터 출현되고, 심성에 의하여 이루어지기 때문에 심성은 도덕행위의 근거일 뿐만 아니라 존재의 근거이기도 합니다. 심성을 형이상의 본체라고 한 까닭이 바로 여기에 있습니다.

슝스리와 모우쭝산의 철학에 차이점도 있습니다. 그러나 그 차이는 본질적인 차이가 아닌 비본질적인 차이라고 할 수 있습니다. 차이성의 주요 내용은 다음과 같습니다. 슝스리는 《역경》과 《중용》에서 천도와 천명이 갖고 있는 만물창조 혹은 변화라는 우주론적 의미의 생생 활동에서 중국 철학의 본질적 특성을 찾았고, 모우쭝산은 칸트에서 계발 받은 자유의지 관념을 직접 맹자에 적용시켜 심, 성, 천도 삼자의 동일성을 근거로 도덕형이상학 체계를 건립하고자 합니다. 다시 말하면 모우쭝산은 맹자가 말한 '진심지성지천'을 중심으로 도덕형이상학을 수립하려고 하였고, 슝스리는 중용의 '천명지위성'을 중심으로 도덕형이상학의 근본체계를 수립하려고 한 것입니다. 모우쭝산의 도덕형이상학의 길은 '아래의 인생으로부터 위를 지향하는 상향식上向式의 길'이고, 슝스리의 학문은 '위의 우주론으로부터 아래의 인생을 지향하는 하관식下貫式의 길'이라고 할 수 있습니다.

비록 이러한 비본질적 차이는 있다고 할 수 있지만, 두 사람 모두 중국 철학의 근본정신을 지식론적인 이해와 분석에 두지 않고 도덕주체의 자각을 통하여 도덕가치를 실현하려는 실천우선주의를 견지한다는 점에서 동일합니다. 이것이 바로 두 사람이 공통적으로 갖고 있는 문화의식이고, 도덕생명의식입니다. 따라서 두 사람의 차이는 내용 차이가 아닌 형식적인 틀의 차이에 불과하다고 할 수 있습니다. 모우쭝산 역시 중국 유가철학에서 이 두 가지 길은 서로 대립적으로 정립되지 않고 동시에 드러나는 사유체계라고 생각하였습니다. 단지 사유체계를 정립함에 있어 들어가는 길이 다를 뿐 마지막 지향점은 인생과 우주, 사람과 하늘, 인생의 진리와 우주의 진리의 통합을 추구하는 천인합덕天人合德에 있습니다.

칸트와의 만남, 그리고 맹자와 육왕의 도덕론으로 전향: 유가 도덕론의 완성

모우쫑산의 학술 초기에 가장 큰 영향을 끼친 학자는 칸트입니다. 이는 그가 칸트의 윤리학이야말로 서양윤리학에서 자율도덕론의 전형이라고 생각하였기 때문입니다. 자율도덕론이란 우리가 따라야 할 도덕법칙에 대하여 어떠한 외적인 조건의 구속을 받지 않고서 자신의 의지가 스스로 동의를 하거나 신뢰를 하는 것을 말합니다. 칸트와 모우쫑산 모두 공통적으로 진정한 윤리학은 자율도덕론의 정립 여부에 달려 있다고 생각했습니다.

　모우쫑산의 중국 유가철학 해설에는 많은 칸트철학의 용어가 등장합니다(지적직각, 자유의지, 현상과 물자체 등). 이 때문에 어떤 사람들은 모우쫑산이 칸트의 윤리관을 근거로 중국 유가철학, 그중에서도 맹자와 육왕철학(송대 육구연陸九淵(1139~1192)과 명대 왕수인의 심학)을 해설하였다고 하지만 이러한 주장이 사실과 완전하게 부합한 것은 아닙니다. 모우쫑산의 도덕철학세계가 칸트에게 영향을 받은 것은 분명한 사실이지만 그가 칸트의 도덕철학 사유에 만족한 것도 아니었고, 또 칸트의 사유가 그의 정신을 완전하게 결정하지도 않았습니다.

정지아동鄭家棟은 칸트철학과 모우쫑산 철학의 관계를 '따라서〔順著〕', '이어서〔接著〕'와 '비교하여〔比照〕'라는 표현으로 설명하는데, 이러한 표현들은 두 사람의 관계를 적절하게 설명해주고 있는 것 같습니다. 정지아동에 의하면 모우쫑산의 대표 저술인《심체와 성체》,《육상산에서 유즙산까지》는 기본적으로 칸트에 '따라서' 말한 것이지만, 칸트의 사유 방식을 그대로 답습하여 말한 것이 아니라 그곳에는 발전적인 의미인 '이어서'라는 의미가 내재되어 있다고 합니다. '이어서'라는 표현에는 칸트로부터 더 나아가 '발전'하였다는 의미와 함께 '방향을 전환하였다'는 의미도 포함되어 있습니다.

앞에서 밝힌 바와 같이 모우쫑산이 전승한 칸트 도덕론의 근본 이념은 자율도덕론입니다. 모우쫑산에 의하면, 칸트는 '의지의 자유'와 '지적직각智的直覺' 이념을 제시하였는데, 모우쫑산은 바로 이러한 칸트의 도덕철학 이념을 계승한 것입니다. 의지의 자유는 자율도덕론 성립의 기본 조건으로서 도덕실천을 할 때 외적인 조건의 제약을 받지 않고 자유의 상태에서 의지가 스스로 시비선악의 표준을 제시하고, 그것에 따라서 도덕가치를 실현하는 것을 말합니다. 이러한 의지의 자유 혹은 자유 의지를 칸트는 선의지로 표현하였고, 맹자는 양지양능良知良能(도덕적인 시비선악을 판단하고 결정할 수 있으며 그것을 밖으로 드러내 실천할 수 있는 선천적인 능력)으로 표현하였으며, 육구연과 왕수인은 '내 마음이 곧 도덕법칙이다'라는 심즉리心即理로 표현합니다. 또 지적직각이란 칸트에서는 존재의 실상(물자체)을 파악할 수 있는 지혜의 근원적인 능력을 의미하지만, 모우쫑산은 지적직각을 맹자가 말한 양지양능처럼 우리에게 선천적으로 갖추어진 도덕 시비선악을 판단할 수 있고 실천할 수 있는 능력과 지혜로 전환시켜 이해합니다. 의지의 자유와 선의지가 도덕규범에 대한 자율성을 의미한다면, 지적직각은 자율을 가능하게 하는 능력과 지혜를 말한 것입니다. 도가와 불가에서도 지적직각과 유사한 개념이 있는데 불가의 반야지般若知와 도가의 도심道心이 이에 해당합니다.

그러나 모우쫑산은 칸트로부터 '발전'하고 '방향 전환'을 하였는데, '발전'과 '방향 전환'의 핵심 내용은 무엇일까요? 그것은 바로 칸트가 자유의지를 실존〔實存-實有〕으로 이해하지 않고 요청(자유의지가 실제로 존재하는 것은 아니지만 자율도덕이 성립하려면 자유의지가 마땅히 존재해야 하기 때문에 자유의지를 요청)하였다면 모우쫑산은 맹자의 '인의내재仁義內在'와 육왕의 심즉리心卽理를 근거로 자유의지가 요청이 아닌 실제로 드러나는 사실로 이해하였다는 것입니다. 실제로 칸트가 의지의 자유를 하나의 실존으로 긍정하지 않고 요청을 하였는가에 대해서는 학자들마다 주장이 서로 다르지만 모우쫑산은 칸트는 도덕법칙에 대하여 자율적으로 신뢰와 동의를 할 수 있는 능력이 우리에게 선천적으로 갖추어져 있다고 생각하지 않고 단지 하나의 가설 즉 요청을 하였다고 이해합니다. 그러나 맹자가 성선을 주장하여 도덕실천 능력이 선천적으로 갖추어져 있음을 긍정하였고, 육구연과 왕수인은 '내 마음이 곧 도덕법칙이다'라는 심즉리를 주장하였기 때문에 유가철학에서는 자유의지(선의지-지적직각)가 요청이 아닌 구체적인 실존인 것입니다. 이것이 바로 모우쫑산이 인식하고 있는 칸트와 유가 도덕론의 근본적인 차이입니다.

정지아동에 의하면, 모우쫑산이 칸트와 '비교〔比照〕'하여 저술한 책은《지적직각과 중국 철학》,《현상과 물자체》입니다. 이곳에서 모우쫑산은 칸트로부터 발전적으로 더 나아간 내용, 즉 중국 철학과 칸트의 차이성을 집중적으로 논의하는데, 주요 내용은 의지의 자유 혹은 지적직각의 실질적 유무有無에 관한 것입니다.(《모우쫑산牟宗三》대만 동대도서공사臺灣 東大圖書公司, 2000.) 칸트는 의지의 자유와 지적직각은 도덕론에서 필연적으로 요청되는 것이지만 그에 대한 논리적 증명이 불가하기[不可知] 때문에 요청 혹은 가설로만 전제합니다. 그러나 모우쫑산은 맹자와 육구연 및 왕수인의 도덕론을 근거로 우리는 순수한 도덕적 의지에 의하여 도덕법칙을 결정할 수 있고, 또 도덕의지의 자각을 통하여 바로 그곳에서 도덕의지 자신의 자유성을 실증할 수 있기 때문에 자유의지 혹은 지적직각은 요청이 아닌 실유 혹은 실존이라고 주장합니다. 만일 의지의 자유와 지적직각이 실존이 아닌 이성적 사유에 의한 요청이라면 기타 존재와 질적으로 다른 인간 존재의 이상성과 존엄성을 수립하기 어렵고 또 유한적 존재이면서 무한의 가치 실현이 실질적으로 어렵다는 것이 바로 모우쫑산의 생각입니다. 모우쫑산이 칸트처럼 의지의 자유를 요청으로 인식하지 않고 실존으로 이해한 이유는 도덕 실천력의 강화에 그 목적이 있습니다. 모우쫑산은 철학을 순수한 이성의 사변인 애지愛智의 활동에만 만족하지 않고 실천적인 지혜학으로 구축하려고 하였습니다. 다시 말하면 모우쫑산의 철학함은 단순한 이론적 분석과 정합성 추구가 아니라 이론과 실천을 융합하는 것입니다. 이처럼 지식이 실천을 통하여 실현될 때 비로소 철학함의 의미가 드러난다는 것입니다. 이러한 철학함의 기본적인 공식은 칸트와 모우쫑산이 일치합니다. 그러나 칸트에 따르면, 의지의 자유와 지적직각은 인간에게는 없고 오로지 신에게만 존재하는 것입니다. 인간의 영역에서 의지의 자유와 지적직각은 요청으로만 설정되어 있습니다. 모우쫑산은 칸트처럼 자유의지(지적직각)를 오로지 신의 영역으로 전이시키고 인간의 영역에서는 요청으로만 설정하게 되면 도덕실천력은 자연스럽게 약화될 것이라고 생각한 것입니다.

이상과 같이 모우쫑산은 칸트의 도덕론을 발전적으로 계승하면서 자신의 도덕론 체계를 정립합니다. 모우쫑산 도덕론의 내용은 여러 방면에서 해설해야 하지만, 핵심은 육구연과 왕수인이 주장한 "내 마음이 곧 도덕법칙이다"라는 심즉리에 있습니다. '심즉리'라는 표현은 육구연이 한 말이지만 이는 맹자가 말한 '인의내재'를 근본으로 한 명제입니다. 모우쫑산은 맹자가 말한 '인의내재'라는 표현에는 "인의라는 도덕법칙이 본성에 내재되어 있다(仁義內在於性)"와 "인의가 마음에 내재되어 있다(仁義內在於心)"라는 두 의미가 포함되어 있다고 주장하였는데, 이 두 가지 중에서 전자보다는 후자에 더욱 적극적인 의미를 부여합니다. 이러한 그의 의도에는 심즉리, 즉 의지에 자유성과 절대성 그리고 선성을 부여하여 칸트철학과 차별화를 이룸과 동시에 주희 도덕론과 차별화를 이루기 위한 목적이 내재되어 있습니다.

송명이학에 관한 대표적 저술인《심체와 성체》에는 성리지학性理之學이라는 표현 대신에 심성지학心性之學이라는 용어가 훨씬 많이 등장합니다. 일반적으로 성리지학이라고 하면 주희철학을 연상하기 쉽습니다. 모우쫑산이 성리지학이라는 용어 대신 심성지학이라는 표현을 자주 사용하는 까닭은 바로 심을 중심으로 하는 유가철학 심성론과 형이상학을 건립하고자 하였기 때문입니다. 다시 말하면 심보다 성리를 적극 내세우게 되면 객관적인 존재(성)나 법칙(리)에 심이 가려질 수 있기 때문입니다. 이처럼 모우쫑산은 자유의지인 심을 중심으로 하여 성을 해석하고, 더 나아가《중용》에서 말한 '천명지위성'의 성도 해석합니다. 모우쫑산의 철학에서《중용》의 성은 심과 단절된 객관적 성이 아니라 심과 동일한 심즉성心卽性의 성입니다. 이는《맹자》와《중용》의 결합이기는 하지만 결코《맹자》와《중용》의 수평적 결합이 아니라《맹자》에 의한《중용》의 수용입니다. 또 심이 성과 리(법칙)의 의미를 동시에 갖추게 되면 심은 주관적 의지일 뿐만 아니라 객관적인 법칙임과 동시에 실체로 승격됩니다. 때문에 모우쫑산은 심, 성이라는 표현보다는 심체心體, 성체性體라는 표현을 즐겨 사용합니다. 모우쫑산은 인간의 존엄성과 이상성을 실현하려면 성과 심이 반드시 합일되어야만 비로소 가능하다고 생각하였습니다. 왜냐하면 심이라는 주관적인 의지에 의하여 자율적으로 절대성의 도덕가치가 실현될 수 있는데, 이것이 바로 인간존재의 무한성 실현이고, 천인합덕이기 때문입니다.

주희철학을 '정통에서 벗어난
유학의 또 다른 계통'으로 규정하다

한중일 삼국을 비롯한 동아시아의 전통 학술계에 주희만큼 영향을 끼친 학자는 없을 것입니다. 주희철학은 송명이학의 대종大宗이었고, 명청 양대의 통치 이데올로기의 중심이었으며, 조선 500년 동안 정치와 문화 그리고 사상과 윤리관의 근본이념이었습니다. 주희철학이 이처럼 방대한 지역에 오랫동안 영향을 끼칠 수 있었던 원인은 정치적 요인도 있지만 그것보다는 주희가 불교(선종)에 빼앗긴 학술의 주도권 회복이라는 시대정신을 실현하였고, 창의적인 학술을 전개하였기 때문입니다. 비록 모우쫑산은 맹자의 '진심지성지천'과 '인의내재'에 도덕형이상학의 정신과 체계가 온전하게 구비되어 있다고 하지만, 선진유가철학은 심성론 중심으로 전개되었고, 유가철학의 형이상학은 송명이학에 이르러 구체적으로 드러나기 시작합니다. 주희는 바로 그 정점에 자리 잡고 있는 위대한 학자입니다. 뿐만 아니라 주희는 세계관과 인생관 및 가치관을 심성론과 형이상학이라는 두 범주로 일관되게 정립하였으며, 더욱 중요한 것은 이기론理氣論과 심성론 및 공부론을 한 치의 오류도 없이 엄정한 정합성을 갖춘 체계로 구성하였다는 것입니다. 또 그는 공자, 증자, 자사, 맹자라는 새로운 계통의 도통을 정립하였으며, 북송의 여러 유가철학자의 우주론과 심성론에서 취할 것은 취하고 버릴 것을 버리면서(取其取, 捨其捨) 송명이학을 집대성하였습니다. 때문에 첸무錢穆(1895~1990)는 "중국 역사에서 고대에는 공자가 있었고, 근대에는 주희가 있었다"(첸무, 《새로운 주자학朱子新學案》, 1982)라고 평한 것입니다.

그러나 거의 900년 동안 동아시아의 주도적 이념이었던 주희철학은 현대 신유가들이 등장하면서부터 그 지위와 권위가 약간 흔들리기 시작합니다. 지금도 주희철학의 이념에 긍정적인 학자가 다수를 차지합니다. 그러나 현대 신유가에서 명대 이후 관학이라는 부동의 지위를 차지해온 주희철학의 권위를 일순간에 뒤흔든 날카로운 학술적 무기를 창출한 학자가 출현하였는데, 그가 바로 모우쫑산입니다. 주희철학을 비판하는 모우쫑산의 이론은 매우 복잡하게 보입니다. 그러나 송명이학에 관한 그의 대표 저술인《심체와 성체》를 근거로 종합해보면, 다음과 같이 요약할 수 있습니다.

모우쫑산은 주희 도덕론을 자율도덕론과 대립적 성격의 타율도덕으로 규정하였는데, 타율도덕으로 규정한 본체론적 근거가 바로 '단지 존재일 뿐 움직이지 않는 실체〔只存有而不活動〕'이며, 방법상의 공부론은 '순취지로順取之路'입니다. 순취에서 '순'은 따른다는 의미이고, '취'는 얻는다는 의미입니다. 이는 맹자처럼 본심에서 도덕 시비선악 판단의 표준을 구하지 않고 밖의 사물에서 표준을 구한다는 의미인데, 실제로는 주희의 격물치지 공부론을 규정한 용어입니다. '단지 존재일 뿐 움직이지 않는 실체〔只存有而不活動〕'와 '존재임과 동시에 움직이는 실체〔卽存有卽活動〕'라는 말은 모우쫑산이 송명이학의 계파를 분류하고, 공자와 맹자를 표준으로 하는 정통과 '정통에서 벗어난 유학의 또 다른 계통〔別子之宗〕'을 구별하는 가장 간단하면서도 핵심적인 표현입니다. '존재임과 동시에 움직이는 실체'와 '단지 존재일 뿐 움직이지 않는 실체'라는 말에서 '존재'라는 말은 객관적인 실존을 의미하고, '움직인다(활동)'는 말은 어떤 사물이 실제로 움직이거나 움직이지 않는다는 의미가 아니라 도덕 본체 자신이 스스로 자신의 자각을 통하여 도덕 시비선악을 판단하고 다시 그것을 구체적인 도덕실천으로 표현한다는 의미입니다. '존재임과 동시에 움직이는 실체'라고 표현하였기 때문에 이는 객관적으로 존재하는 실체가 정태적인 실체가 아닌 동태적인 실체로서 스스로 자각을 통하여 자신이 갖추고 있는 도덕적 내용을 밖으로 실천할 수 있다는 의미이고, '존재일 뿐 움직이지 않는 실체'라고 표현하였기 때문에 이는 오로지 존재만 할 뿐 활동성이 없는 정태적인 실체로서 자신 스스로는 자신이 갖추고 있는 도덕적 내용을 드러낼 수 없다는 의미입니다. 모우쫑산은 송명이학자 중에서 주돈이周敦頤(1017~1073), 장재張載(1020~1077), 정호程顥(1032~1085), 호굉胡宏(1106~1161), 육구연, 왕수인이 긍정한 도덕실체는 '존재임과 동시에 움직이는 실체' 즉 역동적인 실체이고, 정이程頤(1033~1107)와 주희가 긍정하는 도덕실체는 '오로지 존재일 뿐 움직이지 않는 정태적 실체'로 규정합니다.

이처럼 모우쫑산은 비교적 난해한 표현으로 주희와 기타 송명이학자의 본체를 차별화하고 있지만, 실질적인 내용은 "심과 성리性理를 동일자로 이해하는가?" 아니면 "서로 다른 존재로 이해하는가?" 이 두 명제로 표현할 수 있습니다. 왜냐하면 모우쫑산이 말한 객관적인 존재에 해당하는 것은 성(리)이고, 주관적인 활동(움직임)에 해당하는 것이 심이기 때문입니다. 심과 성(리)을 동일자로 보면, 즉 "심이 곧 성이다[心卽性]"와 "심이 곧 리이다[心卽理]"라는 명제를 긍정하면 '존재임과 동시에 움직이는 본체'의 계통에 속한 성론性論이고, 오로지 "성이 곧 리이다[性卽理]"만을 긍정하고 심즉리를 부정하면 '존재일 뿐 움직이지 않는 실체'의 계통에 속한 성론입니다.

모우쫑산은 '존재임과 동시에 움직이는 실체'와 '존재일 뿐 움직이지 않는 실체'를 해설하기 위하여 유가철학에서 긍정하는 도덕본성을 '심을 근거로 말한 본성[以心言性]'과 '리를 근거로 말한 본성[以理言性]'으로 나눕니다. 그에 의하면, '심을 근거로 말한 본성'은 맹자와 육구연 및 왕수인이 긍정한 도덕본성이고, '리를 근거로 말한 본성'은 정이와 주희가 긍정하는 도덕본성입니다. 모우쫑산은 공자와 맹자를 시작으로 정통의 유가철학자들이 긍정한 도덕 본체(인성-본성)에는 '자각과 실천의 능력(심)'과 존재(성) 그리고 '법칙성의 의미(리)'가 동시에 갖추어져 있다고 주장합니다. 이것을 명제로 표현하면 바로 '심즉리'와 '심즉성'입니다. (모우쫑산에 의하면, 성은 본체의 객관적인 존재를 의미하는 명사이고, 심은 본체의 주관적인 활동을 나타내는 명사이며, 리는 본체의 규범 혹은 법칙성을 표현하는 명사입니다.) 그러나 주희는 심즉리 혹은 심즉성을 긍정하지 않고 오로지 성즉리만을 긍정하는데, 이는 분명 본체에서 활동의 의미인 심을 분리한 형태입니다. 성즉리(주희에 의하면 '성은 단지 리일 뿐이다[性只是理]')이기 때문에 도덕실체, 즉 성에 존재와 법칙 의미는 갖추어져 있지만, 역동성의 활동 의미는 부재합니다. 때문에 '단지 존재일 뿐 움직이지 않는 실체'로 규정한 것입니다. 성에 활동의 의미가 없다면 성 스스로 자신을 진동(자각)시켜 자신을 드러낼 수 없기 때문에 반드시 성 이외의 것의 조연이 필요한데, 이때 심의 성리에 대한 인식과 실현이 요청됩니다. 그것이 바로 심의 거경함양居敬涵養(마음이 사욕에 함부로 휩쓸리지 않게 꽉 잡아주는 수양공부)을 전제로 한《대학》의 격물치지(궁리)입니다. 모우쫑산은 이러한 주희 심·성·리 결합의 관계를 맹자, 육왕과 구별하여 '순취지로順取之路'라고 합니다. 즉 자신의 도덕본심의 결정을 따르지 않고 격물의 방법을 통하여 사물에서 도덕행위의 지식을 얻는다[取]는 것입니다. 반대로 맹자와 육구연 그리고 왕수인의 도덕론에서 심은 객관적인 성 자신이고, 법칙 자신이기 때문에 주희처럼 격물궁리를 할 필요 없이 스스로 자아성찰하여 자신을 실현할 수 있습니다. 그러나 주희의 도덕론에서 심은 의지이지만 성리의 법칙성과 지선성至善性(심이 절대적으로 선한 존재라는 의미)을 본래적으로 갖추고 있지 않기 때문에 반드시 바깥으로 격물치지하여 성리에 대한 지식을 취득하고, 그것을 표준으로 삼아 감정을 주재해야만 비로소 선을 실현할 수 있습니다.

심즉리라는 명제는 육구연에 이르러 구체적으로 표현되었습니다. 공자와 맹자는 심즉성과 심즉리를 언표하지 않았습니다. 그러나 공자는 "인이 먼 곳에 떨어져 있는가? 내가 인을 실현하고자 하면 그 인은 바로 다가오는 것이다〔仁遠乎哉? 我欲仁, 斯仁至矣〕"(《술이述而》)라고 하였고, 맹자는 "군자가 성이라고 생각하는 인의예지는 심을 근본으로 한다〔君子所性, 仁義禮智根於心〕"(《진심盡心》상)라고 하였습니다. 또 심선을 통하여 성선을 증명하였고, 인의의 내재성〔仁義內在於心-性〕을 긍정하였으며, "심이 서로 같은 바는 바로 리의이다〔心之所同然, 理義〕"(《고자告子》상)라고 하여 심즉리를 사실상 긍정합니다. 모우쫑산은 공자의 인과 맹자의 심을 도덕규범을 결정할 수 있는 기능을 가진 실체로 이해하고서 심즉리를 기본 체계로 한 육구연과 왕수인의 인성론을 공맹철학의 정통으로 삼고, 오로지 성즉리만을 긍정할 뿐 심즉리를 부정하면서 거경함양과 격물치지를 통한 심·성·리 삼자의 합일을 주장한 주희를 정통과는 다른 성격의 또 다른 계통〔別子之宗〕으로 규정합니다.

그러나 모우쫑산이 주희의 도덕론을 별자지종이라고 규정하였지만, 결코 이단으로 규정한 것은 아닙니다. 별자지종은 하나의 새로운 유가의 계통이라는 의미입니다. '별자'라는 말은《예기》에서 나온 말인데, 한 집안에 여러 자녀가 있으면, 그중 큰아들이 적통이 되고, 둘째와 셋째 아들은 별자가 됩니다. 별자는 분가하여 또 하나의 가보를 이루는데, 주희의 경우가 바로 그렇다는 것입니다. 필자는 모우쫑산이 별자지종이라는 규정에 대해 이견이 없는 것은 아니지만 역으로 생각하면 별자지종이라는 평에는 오히려 주희가 진정으로 유학을 새롭게 재창조한 철학자라는 의미가 포함되어 있다고 생각합니다.

양지감함론

양지감함론의 출현은 모우쫑산의 중국 유가철학 발전단계 분류법 그리고 그의 시대정신과 밀접한 관련이 있습니다. 모우쫑산은 2,500년 역사의 유학발전을 세 단계로 분류합니다. 첫 번째 단계는 진秦나라 이전(선진) 유가에서 한 말기까지이고, 두 번째 단계는 북송에서 명 말까지의 송명이학이며, 세 번째 단계는 현대의 유학인데, 모우쫑산은 현대 유학의 시대적 사명을 새로운 외왕(新外王) 사업, 즉 내면적인 인격 완성의 내성內聖 사업이 아닌 민주와 과학 등 학술, 정치의 외적인 사업 정립으로 삼고 있습니다. 모우쫑산이 내세운 제3기 유학발전의 사명인 '새로운 외왕' 사업의 주된 내용은 유가철학의 정통 계통인 도통道統과 정치 발전의 계통인 정통政統 그리고 학술 계통인 학통學統의 재정립입니다. 모우쫑산이 생각하는 도통은 공맹의 도덕정신(심즉리)을 근본으로 하여 유가의 도덕형이상학을 완성하는 것이고, 정통은 전통적인 유가철학의 정치이념인 민본으로부터 민주로 나아가는 것이며, 학통은 도덕주체와 성격이 다른 지식주체를 제시하여 과학의 독립성을 확보하는 것입니다. 양지감함론은 모우쫑산이 새롭게 정립하려고 한 정통과 학통 문제를 해결하기 위한 이론입니다.

양지감함론은 모우쫑산 60세 이후의 대표적인 이론인데, 현재 중국철학계에서 가장 많은 학자들에 의하여 회자되고 있으며, 찬성과 비판 세력으로 양분되어 뜨거운 논쟁을 지속하고 있습니다. 따라서 모우쫑산의 철학을 이해함에 있어 양지감함론을 장악하지 못한다면 이는 곧 모우쫑산의 후반기 철학사상을 이해하지 못하였다는 것과 같다고 할 수 있습니다. '양지良知'라는 용어는 맹자에서 처음 출현하였고, 왕수인철학에서 가장 핵심적인 지위를 차지하는 개념입니다.(일반적으로 육구연과 왕수인을 심학자로 표현하고, 둘 다 심즉리로써 심학자의 공통성을 드러내고 있지만, 사실 왕수인은 심즉리라는 명제보다는 "양지가 곧 천리이다"라는 양지즉천리良知卽天理라는 표현을 더 많이 합니다. 왕수인철학에서 양지는 곧 본성이고 본심과 동일한 의미입니다.)

양지감함에서 '감함坎陷'의 의미는 무엇인가요? 또 양지는 왜 감함을 해야 할까요? 원래 감함이라는 말은 《역경》〈설괘說卦〉의 "坎, 陷也"에서 유래한 것입니다. 〈설괘〉에 의하면 '감은 물(水)이고', 함은 평지에 흙이 부족하여 생긴 것이 구덩이인데, 이곳에 빠지는 형상입니다. 이는 위험한 상황에 처해 있다는 것을 의미한 것으로, 결코 좋은 의미는 아닙니다. 그렇다면 양지는 왜 감함을 해야 할까요? 양지감함론의 탄생에는 모우쫑산의 딜레마가 자리 잡고 있습니다. 아편전쟁 이후 중국의 지식인들은 중국 근대화 실패의 주된 원인을 민주와 과학의 부재에서 찾았는데, 모우쫑산을 비롯한 신유가들도 예외가 아니었습니다. 모우쫑산의 입장에서 보면, 중국 현대화에 있어서 민주와 과학은 필수적으로 요청될 수밖에 없었지만, 그렇다고 유가의 생명인 도덕을 포기할 수도 없었습니다. 민주와 과학에 집중하려면 전통적인 도덕정신을 버려야 했고, 유학의 도덕정신을 수호하면 시대정신에 부응할 수 없는 상황이 바로 모우쫑산이 갖고 있는 딜레마였습니다. 과학과 도덕은 분명 전혀 다른 성격의 두 가지 계통의 학문입니다. 모우쫑산은 어느 한쪽도 버릴 수 없는 상황에서 도덕 우선주의라는 유학의 본지를 유지한 채 이질적인 두 계통의 학문을 하나의 유기적 학문계통으로 융합하면서 시대정신에 응변하려고 하였는데, 이때 도덕주체인 양지가 자신에게 스스로 지식주체로 전환할 것을 요청하는 양지감함론을 내세운 것입니다.

그렇다면 중국에서도 서양처럼 민주와 과학이라는 문명이 자리를 잡고 중국 역사에서 적극적인 역할을 하였다면 모우쫑산의 주장처럼 양지는 감함을 해야 할까요? 근본적으로 양지 감함의 필요성이 요청되지 않았을 것입니다. 모우쫑산은 당시 중국 문명과 문화의 현실에 대하여 심한 불만을 갖고 있었습니다. 불만이 있기 때문에 발전을 해야 하고, 유학자는 발전이라는 시대적 사명에 대하여 필연적으로 역할을 담당해야 합니다.(이곳에서 헤겔철학이 요청됩니다. 왜냐하면 칸트는 역사의 발전문제를 언급하지 않고 헤겔에 이르러서야 변증법으로서 역사의 발전을 구체적으로 언급하기 때문입니다.) 유학의 모든 가치는 도덕주체인 양지로부터 시작되는데, 민주와 과학을 유가철학의 세계에 넣고서 해결하려면 민주라는 정통과 과학이라는 학통 역시 도덕주체로부터 출발할 수밖에 없습니다. 이것이 유학의 한계이면서 특징이기도 합니다. 그러나 도덕주체와 민주, 과학의 관계는 직접적이지도 않고 순조롭지도 않습니다. 왜냐하면 민주와 과학은 기본적으로 주관과 객관의 대립 형식을 통하여 얻어지는 지식인 반면 양지에 의한 도덕지식은 주객대립의 형식으로 얻어지는 것이 아니기 때문입니다.

전통적인 유가철학에서 인격 완성 활동(내성)과 정치(민본) 및 교육(인격 완성) 등의 외왕外王 사업은 순조로운 관계(順)로서 어떤 충돌도 없었습니다. 그러나 민주, 과학과 도덕주체인 양지는 순조로운 관계가 아니기 때문에 충돌이 있을 수밖에 없습니다. "옛날에 명덕을 천하에 밝혀 드러내고자 한 사람은 먼저 그 나라를 다스리고, 그 나라를 다스리고자 한 사람은 먼저 그 집안은 다스리고, 그 집안을 다스리고자 한 사람은 먼저 그 몸을 닦고, 그 몸을 닦고자 한 사람은 먼저 그 마음을 바르게 하고, 그 마음을 바르게 하고자 한 사람은 먼저 그 뜻을 진실하게 하고, 그 뜻을 진실하게 하고자 한 사람은 먼저 그 마음의 지식을 지극한 곳까지 확충하고, 그 마음의 지식을 지극한 곳까지 확충하는 것은 사물의 이치를 궁구하고자 함이다"라는 《대학》의 구절을 보면 양지와 제가, 치국, 평천하의 정치 사업이 순조로운 관계로 정립되어 있다는 것을 알 수 있습니다. 이러한 직접적이고 순조로운 연속 과정(順)에서는 양지의 감함이 전혀 불필요합니다. 그러나 민주와 과학은 명덕이라는 도덕성을 실천하는(明明德) 활동으로부터 직접 도출할 수가 없기 때문에 양지는 이질적인 자기 변신 혹은 변화를 할 수밖에 없습니다. 즉 양지로부터 과학지식의 연속은 직접적인 연장이 아니라 자신의 추락을 통한 간접적인 연속인데, 모우쫑산은 이러한 관계를 '순順'이 아닌 '역逆'의 관계로 설정하였고, 그것을 감함이라고 표현하였습니다.

동양에서는 서양의 민주와는 성격이 다른 민본 이념이 일찍이 출현하였습니다. 그러나 민본에는 민주처럼 민중이 정치의 주체가 된다는 의미는 없습니다. 민본에서 민중은 통치의 대상이었을 뿐 정치의 주체는 아니었습니다. 따라서 도덕본심(仁心)을 근거로 한 어진 도덕정치(仁政)는 마치 부모가 자녀에 대한 무한의 관심과 같은 형태일 뿐, 군주와 민중이라는 이원적 두 주체의 대립에서 탄생된 민주와는 전혀 다른 것입니다. 그러나 서양에서는 군주와 민중의 부단한 대립과정을 통하여 민중은 자신이 정치적으로 독립적이고 존엄성을 갖춘 존재임을 자각할 수 있었고, 합리적 법률의 보장을 통하여 정의와 행복을 실현할 수 있는 기본 조건을 갖추려고 노력하였습니다. 과학지식 역시 주객대립의 소산물입니다. 경험을 통하여 객관적 사물(대상)을 인식하고, 이성은 그것을 다시 계통화하여 지식을 성취합니다. 주체는 대상에 대하여 어떤 의미를 부여하지도 않고, 그것을 통합하여 주체와 객체를 일체화하려고 노력하지도 않습니다. 다시 말하면 근본적으로 그러한 활동이 불필요합니다. 이처럼 전통적인 유가철학에 없었던 민주와 과학지식을 창출하기 위해서는 어떤 특단의 전환이 모색되어야 했는데, 모우쫑산은 양지의 감함을 내세워 이 문제를 해결하려고 하였습니다.

필자는 감함을 해설하면서 전환이라는 용어를 사용하였지만, 감함과 전환은 유사할 뿐 완전히 동일한 의미는 아니라는 점을 강조하고자 합니다. 감함과 전환은 분명 유사한 의미입니다. 즉 도덕주체가 지식주체로 전환하는 것이 감함입니다. 그러나 전환과 완전히 동일한 의미는 아닙니다. 전환은 수평적인 의미이지만, 감함에는 수직적인 추락과 상승의 의미가 모두 내재되어 있기 때문입니

모우쫑산

163

다. 모우쫑산에 의하면, 양지는 민주와 과학지식을 창출하기 위하여 자기 자신의 요청에 의하여 추락하여 지식주체로 전환되지만, 지식주체로 영원히 안주하는 것이 아니라 자신이 요청한 지식이 완성되면 즉각적으로 본래의 도덕주체의 위상을 회복합니다. 양지가 추락하여 지성주체로 전환되고, 다시 도덕주체로 회복되면, 민주와 과학은 모두 도덕주체인 양지에 의하여 주재되고 진행되는 것입니다.

나오는 말

양지감함론은 모우쫑산의 후반기 이론으로서 전반기와 중반기 학술을 종합하여 탄생된 것이기 때문에 그것의 학술적 가치는 매우 높다고 할 수 있습니다. 모우쫑산이 당시 중국 철학의 시대적 사명인 민주와 과학 문제를 유가철학의 입장에서 수용하고 해결하려고 분투한 학자임은 분명한 사실입니다. 그러나 양지감함론에 대한 현재 중국학계의 입장은 긍정보다는 비판이 우세한 편입니다. 양지감함론을 지지하는 대표적인 학자는 차이런호우蔡仁厚, 리우슈씨앤劉述先, 리밍후이李明輝, 양주한揚祖漢, 왕방숑王邦雄 등을 들 수 있지만 대부분 모우쫑산의 제자(牟家門)에 속한 학자들이고, 비판론자의 대표로는 위잉시余英時, 장칭蔣慶, 팡차오후이方朝揮, 리쩌허우, 웨이정퉁韋政通, 푸웨이쉰傅偉勳, 청중잉成中英, 장리원張立文 등을 들 수 있는데, 그들은 양지감함론을 '양지의 오만', '범도덕주의', '독단론', '신비주의', '현대의 무속' 등의 용어로 힐난하고 있습니다.

비판론자들은 과학과 도덕을 성격이 전혀 다른 이질적 학문으로 인식합니다. 반면 모우쫑산은 도덕주체인 양지로부터 과학지식을 도출합니다. 때문에 비판론자들은 모우쫑산의 양지감함론을 신비주의 혹은 양지의 오만으로 규정합니다. 즉 양지의 역할에는 한계가 있는데 모우쫑산은 양지의 한계를 인정하지 않고 과학지식까지 양지에 포함시킨다는 것입니다.

또 비판론자들은 심성이라는 실체를 도덕의 인성론적 근거로 긍정할 수 있지만, 심성을 곧 과학지식의 인성론적 근거로 삼는 것은 독단이라고 생각합니다. 왜냐하면 과학지식은 도덕심성의 요청에 의하여 이루어지는 것이 아니라 지적탐구 욕망 혹은 호기심이라는 심령의 욕구에 의하여 이루어지기 때문입니다. 과학지식은 끊임없이 사람의 심령(人性)을 자극하였고, 과학자들은 과학적 진리에 매료되었습니다. 그렇지만 과학자의 심령은 유가철학에서 긍정하는 도덕심성과는 다른 것이라는 것이 비판론자들의 입장입니다.

뿐만 아니라 비판론자들은 양지감함론을 범도덕주의로 규정합니다. 양지의 감함에 의하여 민주와 과학지식이 도출된다면 그것 이외의 다른 분과학문 역시 양지의 감함에 의하여 이루어진다고 해야 합니다. 만일 양지가 모든 분과학문을 장악한다면 우리에게 도덕 중립지대의 학문영역은 존재할 수 없게 됩니다. 사실 범도덕주의는 공자에서부터 줄곧 제기된 비판이지만, 모우쫑산의 양지감함론은 이러한 비판론자들의 의혹에 확실한 증거를 제시해준 것이라고 할 수 있습니다.

그러나 비록 모우쫑산의 양지감함론에 많은 비판들이 수반되고 있지만, 모우쫑산이 처한 시대적 상황 그리고 그것에 대한 모우

쫑산의 인식과 유학자의 사명 의식을 종합적으로 고려하면 양지의
감함을 통하여 민주와 과학을 중국의 학술전통으로 정립하려고
한 모우쫑산의 학술적 노력은 결코 하나 혹은 몇 가지 이론적 난
제 때문에 모두 부정될 수는 없다는 것이 필자의 판단입니다. 필자
는 타이완 유학 시절 모우쫑산을 직접 대면하고서 양지감함론의
이론적 난제에 대한 가르침을 구한 적이 있었는데, 그때 모우쫑산
의 답변이 바로 '어찌할 수 없다〔無奈〕'는 것이었습니다. '우나이無奈'
라는 대답에는 이미 이상의 비판을 예상하였다는 모우쫑산의 탄
식이 담겨 있었던 것입니다.

***

더 읽어보면
좋은 책

모우쫑산 지음, 황갑연·전병술·김기주·이기훈·김제란 옮김, 《심체와 성체》(全3冊), 소명출판, 2012.

《심체와 성체》는 1부 총론, 2부 주돈이와 장재 및 불교의 체용론, 3부 정호철학과 정이철학 및 호굉철학, 4부 주희철학으로 구성되어 있다. 《심체와 성체》의 성격을 정확하게 표현하면 신주희철학이라고 해야 할 것 같다. 모우쫑산의 50대 이전의 철학은 《심체와 성체》에 귀속되었고, 60대 이후의 철학은 《심체와 성체》의 확장이라고 할 정도로 《심체와 성체》는 모우쫑산 학술사상을 대표하는 가장 중요한 저술이다.

모우쫑산 지음, 《육상산에서 유즙산까지》, 대만학생서국臺灣學生書局, 1984.

《심체와 성체》에는 주돈이로부터 주희까지만 서술되어 있기 때문에 송명이학 전반을 소개하지 못하고 있다. 따라서 《육상산에서 유즙산까지》는 《심체와 성체》 제4책이라고 할 수 있다. 1장에서는 육상산철학의 핵심을 《어록》을 중심으로 발췌하여 해설하고 있고, 2장에서는 육상산과 주희의 논쟁을 소개하고 있다. 3장에서는 왕수인 후학의 분화와 발전을 소개하고 있고, 4장에서는 용계龍溪와 쌍강雙江의 〈치지의변致知議辯〉을 통하여 왕양명 후학에서 가장 주요한 논제 중의 하나인 현성양지現成良知에 대한 용계의 입장을 해설하고 있다.

***

모우쫑산 지음, 김병채·안재호·박영미·김태용 옮김, 《중국철학강의中國哲學的特質》, 예문서원, 2011.

모우쫑산의 많은 저술 중에서 비교적 쉽게 서술된 책 중의 하나가 바로 《중국철학강의》일 것이다. 주요 내용은 모우쫑산의 도덕주체, 즉 심성에 관한 것인데, 이곳에서도 모우쫑산은 중국 유학에서 성론의 두 길을 《맹자》와 《중용》으로 규정하고서, 《맹자》의 길을 근거로 《중용》의 길을 통합하고 있다. 전체 구성은 12강으로 되어 있는데, 1강에서 '중국에 철학이 있는가'라는 질문을 통하여 중국 철학의 특질을 소개하고, 11강에서는 중국 철학의 미래를 서술하고 있다.

6장

탕쥔이의 도덕이상주의

도덕자아와 심령경계

—

김태용

탕쥔이
唐君毅(1909~1978)

탕쥔이는 쓰촨성 이빈현에서 태어났다. 그의 부친 탕디펑唐迪風은 청조의 수재였고, 쓰촨의 중학교와 대학교에서 교직생활을 했다. 특히 음운학과 경학에 조예가 깊었고,《광신방언廣新方言》,《맹자대의孟子大義》등의 저작을 남겼다. 탕쥔이는 전통문화교육을 중시한 부친의 영향으로, 유년시절《설문해자說文解字》를 암송하고 사서오경을 공부한다. 쓰촨의 청두와 충칭에서 소학교와 중학교를 다니고, 17세 때 베이징의 중아대학中我大學에 입학하지만 곧 베이징대학으로 옮긴다. 19세 때 다시 난징의 중앙대학中央大學 철학과에 입학하여 본격적으로 체계적인 철학훈련을 받는다. 1940년부터 1949년까지 중앙대학, 화시대학華西大學, 장난대학江南大學 등에서 교수로 재직한다. 홍콩으로 건너간 1949년 10월 신아서원을 공동 설립하고, 1958년 1월 1일 〈문화선언〉을 공동 발표한다. 1959년 이후 외국기관의 초청으로 한국, 타이완, 일본, 미국, 유럽 등에서 여러 차례 학술발표 및 강연을 한다. 1964년 신아서원이 중원대학으로 병합된 후, 중원대학에 객좌교수로 초빙되고 문학원 원장과 철학과 주임을 역임한다. 1974년 중원대학 은퇴 후, 옛 신아서원 자리에 사립 신아연구소를 공동 설립하고 소장을 맡는다. 1975년 타이완대학의 초청에 응해, 객좌교수로서 1년간 타이완대학 철학과에서 강의한다. 1978년 2월 탕쥔이는 홍콩 쥬룽에서 폐암으로 사망한다. 탕쥔이는 인문주의자, 도덕이상주의자, 문화철학가, 문화의식의 거인으로 불린다. 주요 저작으로는《인생의 체험》(1944),《도덕자아의 건립》(1944),《중국 문화의 정신가치》(1953),《인문정신의 중건》(1955),《문화의식과 도덕이성》(1958),《중국인문정신의 발전》(1958),《중국철학원론》(1966~1975),《생명존재와 심령경계》(1977) 등이 있다.

실재론에서 관념론으로,
서양 철학에서 중국 철학으로

현대 신유학을 대표하는 철학자인 탕쥔이는 17세 때 베이징대학에 입학하여, '동양정신이 앞으로 세계를 지도할 세계정신'이라고 주장한 량치차오梁啓超와 유교를 비판하고 구어문학을 제창한 후스胡適, 그리고 '최후의 유학자'로 불리는 량수밍의 학술강연을 듣거나 수업을 청강합니다. 2학년 때 휴학을 하고 19세 때 난징南京의 중양대학 철학과에 입학합니다. 이때부터 탕쥔이는 본격적으로 체계적인 철학훈련을 받게 됩니다. 당시 중양대학 철학과에는 미국 유학파인 팡동메이方東美(1899~1977)와 독일 유학파인 쭝바이화宗白華(1897~1986)가 재직하고 있었고, 베이징대학의 불교사 전문가인 탕용통湯用彤(1893~1964)과 유식학 전문가이며 현대 신유학자인 슝스리가 단기 강좌를 맡고 있었습니다. 탕쥔이는 이들 모두에게 수업과 지도를 받습니다.

탕쥔이가 베이징대학과 중양대학에서 량수밍과 슝스리 등 당시 저명한 중국철학자들의 수업을 듣고 그들의 지도를 받은 것을 보면, 그가 대학시절부터 중국 철학을 좋아하고 열심히 공부했을 것 같지만 사실은 이와 다릅니다. 그는 "대학시절 철학을 공부할 때, 나는 실재론을 좋아하고 관념론은 좋아하지 않았다"(《생명의 분진生命的奮進》, 1984)라고 합니다. 여기서 실재론은 신실재론입니다. 신실재론은 20세기 초 영국과 미국에서 새롭게 일어난 철학 운동으로서, 진리를 의식의 구성물로 보는 관념론도, 또 진리를 실제적인 효과에 의해서 판정하는 실용주의도 모두 주관주의적인 견해에 불과한 것이라고 논박하고, 의미나 가치 같은 관념적 대상도 그 자체로 존재하는 것이라고 주장합니다. 탕쥔이는 "신실재론은 나에게 경험될 수도 경험되지 못할 수도 있는 잠재적 공상共相(Universal, 보편普遍, 일반자一般者라고도 하며 특수, 개별에 상대되는 말)이 반드시 있다고 믿게 하였다. 우주에는 아마도 존재하는 셀 수 없는 잠재적 공상이 있고, 그 가운데 영원한 진선미眞善美 등의 가치를 포함하고 있다고 내가 믿게 되었을 때, 나에게 무한한 환희가 일어났다"(《인문정신의 중건人文精神之重建》)라고 합니다. 그런데 그는 신헤겔주의자인 브래들리F. H. Bradley의 《현상과 실재Appearance and Reality》(1893)를 읽고 나서, 사상적 관심이 관념론으로 변화합니다. 사실 그가 이 책을 읽게 된 계기는 이 책이 신실재론자들의 주요 비판대상이었기 때문입니다. 따라서 그도 처음에는 비판적 시각에서 이 책을 읽기 시작합니다. 그런데 그는 오히려 그 내용에 흥미를 느끼고 매료되어, 칸트와 헤겔의 책들을 읽지 않을 수 없었다고 말합니다.

헤겔의 정신현상학을 읽고서야 비로소 신실재론자가 평평하게 깔아놓은 철학 경계 외에도 층층이 상승하는 철학 경계가 있다는 것을 알게 되었다. …… 30세 전후로, 서양의 관념론을 좋아하는 길로 걸어가게 되었는데, 이는 정말 예상하지 못한 일이었다. 이러한 관점에서 중국의 선진유가, 송명성리학, 불학을 다시 보니, 선진유가, 송명성리학, 불학이 서양 관념론자를 초월하는 것이 있음을 비로소 알았다. 《인문정신의 중건》

젊었을 때 탕쥔이는 당시 중국의 신지식인들과 마찬가지로 중국 철학(중국전통사상)을 그다지 좋아하지 않았습니다. 유년시절 부친의 영향으로 중국 철학 관련 고전을 읽은 것이 전부였고, 그가 대학시절부터 공부한 철학은 서양 철학이었습니다. 그런데 서양 철학 중 관념론에 관심을 갖기 시작하면서 그는 중국 철학 공부에 열정을 쏟고 정성을 기울이기 시작합니다.

도덕자아의 건립과 인문정신의 중건

1940년부터 1949년까지 중양대학, 진링대학金陵大學, 화시대학에서 교수로 재직하면서,《중서철학사상 비교 논집中西哲學思想之比較論集》(1943),《인생의 체험人生之體驗》(1944),《도덕자아의 건립道德自我之建立》(1944)을 출판합니다. 그런데 그는 자신의 첫 번째 출판 저작인《중서철학사상 비교 논집》에 대해 "이 책은 겉으로 보면 내용이 풍부한 것 같고 근본관념도 오늘날 설명하는 것과 크게 차이점이 없다. 그러나 실제로 옳은 듯 보이지만 옳지 않은 것이 많다. 문화의 범위는 지대至大하기에 문화를 논함에 가장 중요한 것은 문화를 논하는 중심관념을 가지는 것이다. 중심관념이 분명하지 못하거나 착오가 있다면 전반적으로 잘못된 것이다. 나는 당시에 중국과 서양 철학 저작들을 넘나들었지만, 중국과 서양의 큰 사상적 본원에 대해서는 이해하지 못했다"(《중국 문화의 정신가치中國文化之精神價值》)라고 합니다. 그러면 그가 말하는 중심관념이란 무엇일까요? 그것은 '도덕자아'입니다. 그는 "개인적 삶의 크고 작은 번뇌로 인생과 도덕의 문제에 뜻을 기울이게 됐다. '인생의 정신활동은 항상 스스로 향상

向上하고 초월한다'는 의미와 '도덕생활은 순전히 자각적으로 리理에 의거해 행해진다'는 뜻에 대해서 비교적 참되고 절실한 깨달음이 일어났다. 그래서 마침내 인간에게는 내재적이면서도 초월적인 마음의 본체, 또는 도덕자아가 있음을 알게 되었다"(《중국 문화의 정신가치》)라고 회고합니다. 따라서 그는 《인생의 체험》과 《도덕자아의 건립》이 실제적인 자신의 첫 번째 저작임을 강조합니다.

1949년 대륙에 공산당 정권이 수립되자 탕쥔이는 홍콩으로 건너가고, 그해 10월 역사학자인 첸무錢穆(1895~1990), 경제학자인 장피제張丕介(1905~1970)와 함께 고등교육기관인 신아서원新亞書院(아주문상학원亞洲文商學院으로 설립하였으나 1950년에 교명을 신아서원으로 개칭함)을 설립합니다. 그는 신아서원에서 교수로 재직하면서 교무처장과 철학과 주임을 역임합니다. 당시 신아서원은 서양에 중국 문화를 소개하는 창구 역할을 하는 동시에 홍콩과 타이완의 현대 신유가들이 활동하는 중요한 기구가 되었습니다. 이 시기 그는 도덕과 문화의 관계, 중국 문화의 특징 및 가치, 동서 문화(中西文化)의 조화 등의 문제에 천착하여 《중국 문화의 정신가치中國文化之精神價値》(1953), 《인문정신의 중건人文精神之重建》(1955), 《중국인문정신의 발전中國人文精神之發展》(1958), 《문화의식과 도덕이성文化意識與道德理性》(1958)을 출판합니다.

1964년 신아서원은 홍콩 정부가 설립한 중원대학으로 병합됩니다. 탕쥔이는 중원대학에 객좌교수로 초빙되고, 문학원 원장과 철학과 주임을 역임합니다. 1974년 탕쥔이는 중원대학 퇴직 후 중국 문화의 정신과 그 이상을 계승하고 발전시키기 위해 모우쫑산, 쉬푸관과 함께 옛 신아서원 자리에 사립 신아연구소를 세웁니다. 탕췬이는 생을 마칠 때까지 이 연구소의 소장을 맡습니다. 이 시기를 전후해서 그는 동서 문화를 아우르고 관통하는 인문정신의 중건을 위해서, 문화의 핵심인 철학사상에 대한 개괄적 정리의 필요를 느낍니다. 그래서 그는 중국, 인도, 서양의 철학사상을 개괄하고 정리해《철학개론哲學槪論》(1961)을 출판합니다. 그리고《중국철학원론中國哲學原論》〈도론편導論篇〉(1966), 〈원성편原性篇〉(1968), 〈원도편原道篇〉(1973), 〈원교편原敎篇〉(1975) 등에서 중국 철학의 기본범주를 실마리로 삼아, 중국 철학의 주요관념의 내용과 의미를 분석하고 그것의 역사적 전개과정을 고찰하여, 중국 철학의 기본정신과 논리발전을 규명합니다. 마지막으로 그는 자신의 학문을 종합한《생명존재와 심령경계生命存在與心靈境界》(1977)를 출판합니다.

탕췬이는 생전에 인문주의자, 도덕이상주의자, 문화철학가로 불리었고, 사후에 모우쭝산은 뉴턴과 아인슈타인이 과학의 거인이고 플라톤과 칸트가 철학의 거인인 것처럼 탕췬이는 '문화의식의 거인〔"文化意識宇宙"之中巨人〕'이라 존칭했습니다. 다른 현대 신유가들과 마찬가지로, 탕췬이도 '심心', '성性', '정情' 관념을 중심으로 인간 존재의 내재 본질을 탐구하는 유교의 심성론이 중국학술사상의 근본임을 확실히 긍정합니다. 그런데 탕췬이의 철학연구는 그들이 심성론을 기초로 우주론과 본체론 혹은 도덕형이상학과 같은 순수한 철학체계를 건립하려는 것과 그 방향이 다릅니다. 탕췬이는 철학이 현대 산업사회에 기여할 몫이 무엇인지를 탐구하는 데 모든 심혈을 기울입니다. 그는 동서양을 망라하는 폭넓은 지식을 바탕으로 중국 철학을 정리하고 해석하며, 중국 철학에 새로운 의미를 부여함으로써 오늘을 살아가는 현대인들에게 인생의 가치와 방향을 제시하고자 하였습니다. 그는 현대사회에 필요한 것이 바로 인문가치, 즉 인문정신의 건립이라고 생각합니다. 그는 "모든 문화는 다 사람이 창조한다. 따라서 모든 문화의 정신은 인문정신이라 할 수 있다"라고 하고, 인문사상이란 "인성人性, 인륜人倫, 인도人道, 인격人格, 인간人間의 문화와 역사 등의 존재와 가치를 전폭적으로 긍정하고 존중하려 하며, 그것을 무시하거나 말살하고 곡해하여 인간을 인간 이외以外 또는 이하以下의 자연물과 동등시하지 않는 사상"《중국인문정신의 발전》)이라고 합니다. 이러한 인문사상의 발전과정 속에서 드러나는 인류정신의 지향이 바로 그가 말하는 '인문정신'입니다. 그는 중국의 인문정신을 분석하여 그것이 갖는 문화적 가치를 발굴하고 그것의 철학적 토대를 세우고자 합니다. 그에 따르면, 중국 문화의 정신가치는 도덕자아道德自我에서 출발하고, 중국의 문화철학은 인간의 심성心性으로부터 출발하는 도덕철학입니다. 따라서 그는 인류의 모든 활동, 특히 문화활동(정신활동)을 포괄하고 주재하고 있는 '심성', 즉 '도덕자아' 혹은 '심령'의 내용과 의미에 주목합니다.

〈문화선언〉: 중국 문화의 정신생명

탕쥔이의 철학으로 논의를 옮겨가기 전에, 하나의 사건을 소개할까 합니다. 이 사건은 탕쥔이 철학뿐만 아니라, 현대 신유학의 전반적인 사상경향을 이해하는 데 매우 중요합니다. 1958년 1월 1일, 20세기 중국사상계에 지대한 영향을 미친 하나의 중대한 사건이 일어납니다. 그것은 '현대 신유학의 사상성격 및 기본방향을 연구하는 데 가장 중요한 문헌'이라고 할 수 있는, 〈중국 문화에 관해 세계 인사들에게 삼가 알리는 선언: 중국학술연구 및 중국 문화와 세계문화의 앞날에 대한 우리의 공통 인식爲中國文化警告世界人士宣言: 我們對中國學術硏究及中國文化與世界文化前途之共同認識〉을 제목으로 하는 선언문의 발표입니다. 일반적으로 이 선언문을 〈문화선언〉이라고 부르지요. 이 〈문화선언〉의 작성과 발표에 핵심적 역할을 했던 인물이 바로 탕쥔이입니다. 1957년 해외유학뿐만 아니라 해외여행 경험도 없었던 그는 미국 국무부의 초청으로 미국을 방문하게 됩니다. 그의 방미訪美는 5개월(2월 24일~7월 23일)간 이어집니다. 사회적 혹은 시대적 의미에서 '1957년 탕쥔이 방미'의 가장 큰 성과는 홍콩과 타이완의 현대 신유학을 정식으로 역사의 무대에 등장하게 만든 〈문화선언〉의 탄생입니다. 그는 미국에 도착한 후 얼마 지나지 않아 1952년부터 미국에 정착한 장쥔마이張君勱를 방문합니다. 장쥔마이는 "인생관 문제는 결코 과학이 해결할 수 있는 것이 아니다"라고 주장한 인생관학파玄學派의 수장이며, 현대 신유학 사조의 형성과 발전을 촉진한 중요한 인물입니다. 탕쥔이와 장쥔마이는 서양학자의 중국 문화에 대한 잘못된 연구 방식 및 관점을 바로잡기 위해 연명聯名하여 하나의 선언문을 발표하기로 결의합니다. 선언문의 작성과 발표를 위해 장쥔마이는 당시 타이완에 있던 모우쭝산과 쉬푸관에게 서신을 보내 의견을 구하고, 탕쥔이에게 초안을 작성하도록 합니다. 탕쥔이는 초안을 장쥔마이, 모우쭝산, 쉬푸관에게 보내 검토하게 하고 그들의 의견을 청취하여 선언문을 최종적으로 완성합니다. 그리고 이듬해 1월 1일 탕쥔이, 모우쭝산, 장쥔마이, 쉬푸관 4인의 연명으로《민주평론民主評論》과《재생再生》두 잡지에 동시에 발표합니다.

탕쥔이가 초안하고 완성한 〈문화선언〉은 4만여 자, 총 12장으로 구성되어 있고, 중국 문화의 해석방법, 정신생명, 초월의미 및 발전방향 등을 광범위하게 논하고 있습니다. 〈문화선언〉에서 그들은 먼저 중국 문화가 세계적인 중요성을 갖고 있음에도 당시 세계 인사들은 중국 문화를 이미 사망한 것으로 간주하고, 중국 문화의 근본정신을 탐구하려 하지 않는다고 말합니다. 그들에 따르면, 중국의 역사와 문화가 무수한 세대의 중국인들이 그 생명과 심혈을 기울여 이룬 것이고, 일종의 객관적 정신생명의 표현이기 때문에, 중국 문화가 살아 있는 생명존재임을 긍정하고 승인해야 합니다. 그리고 이러한 정신생명의 핵심은 바로 중국인의 사상이고 철학입니다. 그래서 그들은 중국 문화의 정신생명에서 기타 문화와 철학의 관계는 나무의 지엽枝葉과 근간根幹의 관계라고 말합니다. 이것이 이른바 중국 문화의 '일본성一本性(근본이 하나인 특성)'입니다. 또한 '일본성'은 중국 문화가 그 본원에서 하나의 문화체계임을 말합니다. 그러나 이 일본성이 결코 여러 뿌리를 부정하는 것은 아닙니다. 이는 고대 중국에 상이한 문화지역이 있었지만, 이것이 결코 중국의 고대문화에 일맥상통하는 전통이 있음을 방해하지는 않았다는 것입니다. 중국의 역사에서 정치적으로는 비록 분열과 통일이 있었지만 문화와 학술사상의 커다란 흐름에 어떤 영향도 끼치지 못했습니다. 이것이 이른바 '도통道統의 전승(相傳)'입니다. 따라서 그들은 중국 문화를 이해하고자 한다면 반드시 그 철학의 핵심을 통해 이해해야 하고, 중국 철학을 제대로 이해하려면 다시 그 철학의 문화적 의미로부터 이해해야 한다고 말합니다.

〈문화선언〉에서 그들은 중국인과 세계의 인사들이 갖는, 오랜 시간 보편적으로 유행하던 중국 문화에 대한 견해가 있다고 말합니다. 그것은 중국 문화가 사람과 사람 사이의 윤리도덕은 중시하지만, 종교를 중시하지 않는다는 것입니다. 그러나 그들은 이러한 견해는 잘못된 것이고, 중국의 윤리도덕이 인간의 내재적 정신생활에 근거하고 있으며, 또 그 가운데에 종교적인 초월정서가 포함되어 있다고 주장합니다. 다만 중국 문화는 '하나의 근본으로부터' 유래한 특성이 있었기 때문에, 중국의 고대문화에는 독립된 종교 문화의 전통이 없었고, 사제조직과 같은 전통도 없었다는 것입니다. 즉 중국 민족의 종교적 초월정서 및 종교정신은 그들이 중시한 윤리도덕과 그 문화적 유래가 같기 때문에, 그들의 윤리도덕정신과 합일되어 나뉠 수 없었을 뿐이라는 것이죠. 그들은 중국인의 인생철학과 도덕실천이라는 측면에서만 보면, 여기에도 분명하게 종교적인 초월정서가 포함되어 있다고 주장합니다. 인생과 도덕에 관한 중국사상 가운데, 예부터 오늘에 이르기까지 중국의 사상가가 중시했던 '천인합덕天人合德', '천인합일天人合一', '천인불이天人不二', '천인동체天人同體'에서 '천天' 관념이 가리키는 바가 현실적인 개인의 자아와 인간관계를 초월해 있음을 부인할 수 없다는 것입니다. 또한 '살신성인殺身成仁', '사생취의捨生取義' 등이 '인의仁義' 가치가 개인 생명의 가치를 초월한다는 사실을 표현하고, 인의라는 '도道' 그 자체에 대한 절대적 신앙이 있음을 말한다고 합니다. 그러면 〈문화선언〉에서 그들이 중국 문화에 종교성 혹은 초월성이 있다고 강조한 이유는 무엇일까요? 그들은 문화를 창조하고 발전시키는 동력이 바로 '종교'에 있다고 봅니다. 예컨대 탕쥔이는 '종교'가 인간의 정신을 향상시키고 발전시키는 매우 중요한 요소라 하고, 모우쫑산은 '종교'가 문화를 창조하는 동력이며 그 문화의 특색을 결정하는 주요인이라 합니다. 이러한 관점에서 그들은 과학과 민주로 대변되는 근대문명을 창조하고 고도성장한 서양 문화의 힘이 바로 기독교라는 종교에 있다고 생각합니다. 그런데 만약 당시 서양인들과 중국의 지식인들이 생각하는 것처럼 중국 문화에 종교적인 초월정서가 없다고 한다면, 중국 문화는 근본적으로 발전과 성장의 가능성이 없는 구시대 유물로 전락하게 됩니다. 따라서 그들은 서양 문화에 대적하고 중국 문화를 유지하며 발전시키기 위해서, 중국 문화의 기본 동력인 유교의 종교정신을 새로운 시각에서 인식하고 발굴하며 해석할 필요를 느꼈던 것입니다.

〈문화선언〉에서 그들은 중국의 '심성론(心性之學)'이 사람이 마땅히 지켜야 할 도리의 본원을 논증하는 학문이라고 말합니다. 그리고 이 '심성론'이 중국 학술사상의 핵심이며, 또한 '천인합덕' 사상의 진정한 근본이라 합니다. 그들에 따르면, 중국의 심성론은 인간이 도덕을 실천하는 기초입니다. 이 심성론은 형이상학 체계를 포함하는데, 그 형이상학이란 칸트의 이른바 도덕형이상학에 가까운 것으로, 도덕실천으로써 증명되고 실현되는 형이상학입니다. 그것은 일반적으로 먼저 객관적인 우주에 하나의 궁극실재가 존재한다고 가정하고, 경험이성에 근거하여 추리 증명하는 형이상학이 아닌 것이죠. 이처럼 그들은 중국의 심성론이 인간 생활의 내부와 외부 그리고 사람과 하늘을 서로 통하게 하며, 사회의 윤리예법, 내심수양(內心修養), 종교정신, 형이상학 등에 두루 통하여 그것들을 하나의 체계로 묶어낸다고 주장합니다.

　나아가 〈문화선언〉에서 그들은 중국 문화가 서양의 민주주의와 과학사상을 흡수할 필요가 있음을 인정합니다. 그러나 이른바 흡수란 외재적으로 첨가시키는 방식이 아니라, 내재적으로 중국 문화의 이상理想 그 자체를 신장伸張시켜야 한다고 주장합니다. 그들은 "중국인들은 심성론으로부터 자신이 '도덕실천의 주체'가 되어야 함을 자각해야 할 뿐 아니라, 동시에 정치적으로 하나의 '정치의 주체'가 되어야 함도 자각해야 하며, 자연세계와 지식세계에서는 '인식의 주체' 및 '실용기술의 활동주체'가 되어야 한다"(〈문화선언〉)라고 합니다. 즉 주체의 전화轉化를 통해 서양 문화를 흡수하고 중국 문화가 건강하게 발전하는 길을 열어내고자 하였던 것이죠. 그래서 그들은 "인격이 더 높은 단계에 이르고 민족의 정신생명이 더욱 발전해야 한다는 요구는, 중국인이 자각적으로 도덕실천의 주체가 되어야 한다는 명제 자체에 의해 이루어지는 것이다. (이것은) 또한 중국 민족의 객관적 정신생명이 발전하는 과정에서 원래 요구되는 것이기도 하다"(〈문화선언〉)라고 합니다.

　이처럼 〈문화선언〉에서 그들은 중국의 심성론이 본래 윤리학뿐만 아니라 형이상학과 종교정신(초월정신)를 포함하고 있고, 또한 인간의 주체를 '도덕실천의 주체'에만 국한시키는 것이 아니라 그 발전과정에서 새로운 주체 예컨대 '정치의 주체'와 '실용기술의 활동주체'로 전화할 수 있는 가능성을 충분히 내포하고 있다고 주장합니다. 〈문화선언〉이 발표된 지 곧 60년이 됩니다. 그러나 지금 홍콩과 타이완 그리고 서양에서 활동하는 현대 신유가들의 사상 체계와 내용을 살펴보면, 〈문화선언〉에서 제기한 문제와 채택한 기본

입장이 아직도 유효함을 알 수 있습니다.

도덕자아와 심본체

탕쥔이 철학의 주요내용은 중국의 심성론을 기초로 인간의 내재적 본질을 설명함으로써 풍부하고 완전한 인문세계를 건립하는 것입니다.

> 우리의 이상적 세계는 인문적 세계이다. 인문은 인생을 윤택하게 하고, 인문은 인생을 충실하게 하며, 인문은 인성을 완성한다. 인문에서 이탈〔脫離〕한 인생은 공허한 인생이고, 자연적 인생이며, 단지 동물적 인생을 표현할 뿐이다. 인성을 위배한 인문은 편면片面만 발전하는 인문이고, 인생을 질곡桎梏하는 인문이다. 편면만 발전하는 인문은 곧 인성의 편면적 발전이 만드는 것이다. 편면적으로 발전한 인성이 만든 인문의 고정화固定化(같은 상태로 일정하게 유지되게 함)는, 곧 모든 인생의 요구를 이탈하고 인생을 질곡하며 인성을 인멸湮滅한다. 인문적 세계에서 인간은 단지 인간일 뿐 아니라, 또한 필수적으로 나 자신이 금수나 사물과 다른 인간이라는 것을 자각하고, 그 인성을 표현함으로써 그 동물성과 물성物性의 표현을 규제하고 초월하는 것을 자각적으로 추구해야 한다. 인간이 금수와 다름의 중요하고 주된 것은 그 심心에 있다. 그러므로 인문적 세계의 인간은 반드시 인간의 철학, 심의 철학을 중시해야 한다. 《인문정신의 중건》

이러한 탕쥔이 철학은 '도덕자아道德自我', '심본체(心之本體, 마음의 본체)', '심령心靈' 등의 관념을 중심으로 구성됩니다. 그럼 '도덕자아'부터 이야기를 시작해보겠습니다. 탕쥔이 철학에서 '도덕자아'란 도덕실천의 주체입니다. 그는 도덕생활의 본질이 '자각적으로 자기가 자기 자신을 지배하는 생활'이라고 합니다. 여기서 '자기 자신'을 지배하는 '자기'가 바로 '도덕자아'입니다. 그는 자기가 자기 자신을 지배하는 생활이 반드시 자각적이어야만 순수한 도덕생활이고, 이러한 '자각적' 도덕생활만을 '자율적 생활'이라고 말합니다. 또한 도덕철학 중에 어떤 사람은 타율적 도덕학설을 주장하지만, 타율적 도덕생활은 반드시 그 안에 종교·정치·본능적 요소가 혼재되어 있기 때문에 순수한 도덕생활로 볼 수 없다고 합니다. 순수하게 자율을 추구하는 생활만이 순수한 도덕생활이라는 것이죠. 그래서 타자 혹은 자연적 본능이 아닌, 자각적으로 자기가 자기 자신을 지배할 때만이 절대적 자율의 도덕생활이 가능하다는 것입니다.

그러면 자기가 자기 자신을 지배하는 도덕생활은 어떻게 가능한 걸까요? 탕쥔이는 도덕생활의 기초, 즉 도덕생활이 가능한 이유가 '자신의 행위에 대한 절대적 책임의식'과 '자신에게 도덕의 자유〔道德之自由〕가 있다는 절대적 믿음'에 있다고 말합니다. 그에 따르면, 도덕생활은 자기가 자기 자신을 지배하고 개조하는 것입니다. 여기서 지배받는 자기와 지배하는 자기는 동일한 자기입니다. 따라서 우리는 자신의 과거 행위에 대해 절대적 책임을 져야 하고, 모든 일이 자신의 행위로 초래된 것임을 인정해야 합니다. 그리고 우리는 과거의 잘못을 지금 나 자신이 지배하고 개조해야 할 직접 대상으로 삼아야 합니다. 도덕자아의 주체역량이 자신의 과거로 신장伸張

하고 관통할 때 도덕생활이 가능하다는 것입니다. 그런데 그는 비록 우리가 자신의 과거 행위로부터 자유로워질 수 없고 그것에 대해 절대적 책임을 져야 하지만, 우리는 지금의 나에게 절대적 도덕의 자유가 있다는 것을 확신해야 한다고 말합니다. 왜냐하면 자기자신을 지배하고 개조한다는 것은 바로 나 자신이 과거의 모든 성격과 습관을 초월하는 것이기에, 과거의 성격과 습관이 더 이상 지금의 나 자신을 억제할 수 없기 때문입니다. 즉 도덕생활에서 과거의 행위는 지금 나 자신이 지배하고 개조할 대상일 뿐, 나의 자유를 속박할 수 없다는 것이지요. 그래서 그는 지금의 나 자신이 과거의 잘못을 책임져야 함은 분명하지만, 여전히 나 자신에게 절대적 자유가 있다는 사실을 의심할 필요가 없다고 말합니다.

이어서 탕쥔이는 도덕심리와 도덕행위의 공통성질(共性)로부터 도덕생활의 발전가능성을 타진합니다. 그에 따르면, 모든 도덕심리와 도덕행위는 '현실자아(現實的自己)의 제한 극복'이라는 공통성질을 표현합니다. '현실자아'란 현실 시공간에 함닉(陷溺)되어 있는 현실 대상적 자아입니다. 어떤 일정한 시공간에 제한되고 포위되어 있는 자아, 즉 형이하(形而下)의 자아이지요. 도덕심리와 도덕행위의 공통성질은 자아를 이 제한과 포위로부터 해방시키고 다시는 이러한 것에 함닉되는 일이 없게 하는 것입니다. 그는 이것을 '현실자아의 해방' 혹은 '현실자아의 초월'이라 하고, 도덕가치는 바로 이러한 해방에서 표현된다고 합니다. 즉 도덕가치는 형하자아(形下自我)인 현실자아를 초월한 형상자아(形上自我)인 도덕자아에 갖추어져 있는 것입니다. 그러므로 그는 현실자아를 초월한 자아, 즉 초월자아(超越的自己)가 진정한 자아이고, 그 가운데 모든 선(善) 혹은 지극한 선

〔至善〕이 갖추어져 있다고 말합니다. 말하자면, 그가 말하는 도덕생활이란 모든 선과 지극한 선을 갖춘 도덕자아를 자각하고 이를 실현하는 것이지요.

이처럼 탕쥔이는 도덕실천의 문제로부터 도덕생활의 본질이 자각적으로 자기가 자기 자신을 지배하고 현실자아를 초월하는 것이라 주장하며, 도덕자아가 모든 도덕가치를 갖고 있다고 봅니다. 그러면 도덕자아가 이러한 자율성, 자유성, 초월성 나아가 지선성至善性을 가질 수 있는 근거는 무엇일까요? 그는 도덕자아의 근원이 심본체〔心之本體〕에 있기 때문이라고 말합니다. 그러면 심본체는 무엇일까요? 혹은 심본체의 특성은 무엇일까요? 심본체의 첫 번째 특성은 포괄〔涵蓋〕성과 주재성입니다. 그에 따르면, 심본체는 현실세계를 초월한 존재이지만, 우주의 본체로서 현실세계의 천지만물을 모두 포괄하고 제어합니다. 또한 심본체는 초월적 능각〔能覺〕(깨달음의 주체)이고 순수한 능각이지만 현실세계의 다양하고 구체적인 모든 사상思想(사유 혹은 사고)을 포괄하고 소각所覺(깨달음의 대상)을 주재합니다. 그래서 그는 "현실세계는 모든 심본체가 포괄하는 것이고, 심본체는 세계의 주재 즉 신神이다"《도덕자아의 건립》라고 합니다. 사실 그가 심본체의 포괄성과 주재성을 논증하는 주요근거는 '능각' 즉 인류 사유능력의 무한성과 초월성입니다. 그가 볼 때, 형상形相이 있는 사물은 시공간 안에 존재하고 거기서 활동하기 때문에 그것의 제한을 받습니다. 따라서 국한적이고 불완전합니다. 오직 심본체 혹은 순수한 능각만이 시공간의 제한을 받지 않기 때문에, 포괄성과 주재성을 갖고 있다는 것이죠.

심본체의 두 번째 특성은 항상성恒常性과 진실성眞實性입니다. 탕쥔이에 따르면, 현실의 물질세계는 시공간에 갇혀 있고 모두 시간의 유전流傳에 따라 결국 소멸하기 때문에, 현실세계의 모든 것은 허환虛幻하고 진실하지 않으며 결국에는 소멸합니다. 그러나 심본체는 항상하고 진실합니다. 왜냐하면 심본체는 시공을 초월하고 시공의 속박과 제한을 받지 않기 때문이지요. 따라서 심본체 혹은 순수한 능각은 현실세계뿐만 아니라 초월세계에도 미칠 수 있습니다. 또한 과거의 일을 회상할 수도 있고 미래의 일을 상상할 수도 있습니다. 즉 지금 바로 여기에 속박되거나 제한되지 않고 자유롭게 과거와 미래를 넘나들 수 있는 것이죠. 나아가 우리가 사고思考하여야만 심본체가 생겨나고 사고하지 않으면 심본체가 소멸하는 것이 아닙니다. 심본체는 우리의 사고와 무관하게 항상 존재하고 단지 사고 여부에 따라 드러남과 드러나지 않음이 있을 뿐입니다. 즉 심본체는 생멸生滅이 없고 은현隱現(숨었다 나타났다 함)만 있을 뿐이죠. 이처럼 그는 심본체가 생멸이 없는 항상적 존재이기 때문에 진실한 것이라고 말합니다.

심본체의 세 번째 특성은 보편성입니다. 탕쥔이에 따르면, 심본체는 나와 남이 공유하는 것이기 때문에, 단순히 주관적이고 나의 본성에만 내재하는 것이 아니라, 객관적이고 모든 존재에 내재하는 것입니다. 따라서 심본체는 모든 사람이 보편적으로 공유하는 존재의 근원이 되는 것이죠. 그는 "나는 내 심본체가 곧 타인의 심본체라고 믿는다. 나의 심본체 그것은 지극히 선(至善)하고, 그것은 나의 도덕심리로 표현되어지며, 현실자아에게 그 자신을 초월하고 타인을 나 자신으로 보도록 명령한다. 이는 그것(심본체)이 처음부터 현실의 나와 타인이 보편적으로 공유(共同)하는 심본체라는 것

을 보여 준다"《도덕자아의 건립》)라고 합니다. 이처럼 그는 모든 인간
이 보편적으로 갖고 있는 항상恒常, 진실眞實, 지선至善, 완전〔完滿〕한
심본체에 근거해, 도덕실천의 주체인 도덕자아의 존재적 존엄을 밝
히고 있습니다.

문화: 도덕자아의 분수 표현

탕쥔이는 도덕자아가 사실 "중국의 철학자가 말하는 본심本心, 본
성本性의 다른 표현이다. 따라서 도덕가치가 현실자아의 한계를 초
월하는 곳에서 표현된다는 것은 사실 중국의 철학자들이 말하는
'반신이성反身而誠'과 '진심지성盡心知性'에 대한 현대적 주석이다"《도
덕자아의 건립》)라고 합니다. 여기서 '반신反身'은 현실자아를 초월하
여 도덕자아로 돌아가는 것이고, 도덕자아로 돌아가서 '본심'과 '본
성' 즉 도덕자아를 실현하고 깨닫는 것이 '진심지성'입니다. 따라
서 그는 도덕자아의 본질이 유교가 말하는 '성리性理'로서의 '이성理
性'이라고 말합니다. 그가 말하는 이성이란 '리를 드러내고 따를 수
있는 성〔能顯理順理之性〕'으로서, 리즉성理即性입니다. 이성은 우리의
도덕자아·정신자아·초월자아가 도덕자아·정신자아·초월자아가
되는 본질이자 그 자체입니다. 그리고 이성은 우리에게 도덕활동의
방향을 지시합니다. 따라서 우리가 이성에 따라 활동하면 우리 인
격의 도덕가치를 실현하게 됩니다. 즉 그가 말하는 이성은 도덕이
성입니다.
　탕쥔이는 이러한 도덕이성을 따르는 활동을 정신활동이라 합니

다. 그에 따르면, "정신활동은 자각적으로 이상 혹은 목적을 이끄는 것이고, 자각적으로 이상과 목적의 실현을 추구하는 활동입니다. 그런데 우리가 이상 혹은 목적을 실현하고자 할 때, 우리는 반드시 이 이상과 목적을 가치 있는 것으로 간주합니다. 그러므로 이상과 목적의 실현은 곧 가치의 실현입니다". 따라서 정신활동의 본질은 "주관적 이상을 현실화하고 객관화하며, 외재적 현실을 이상화하고 내재화"하는 것입니다. 그런데 문화활동은 정신활동입니다. "문화란 자연현상도 아니고, 또한 단순한 심리현상 혹은 사회현상도 아닙니다." "문화현상은 근본적으로 정신현상이고, 문화는 인간 정신활동의 표현 혹은 창조입니다."《문화의식과 도덕이성》 따라서 문화활동도 정신활동과 마찬가지로 우리의 이성에 의거해 발생하고 우리의 자아로부터 출발합니다. 그가 말하는 문화활동은 사회문화(가정, 경제, 정치), 순수문화(철학, 과학, 문학, 예술, 종교), 유지문화(교육, 체육, 군대, 법) 활동입니다. 이러한 문화활동은 모두 자아 자신의 가치 혹은 도덕가치의 표현인 것이죠. 이로 볼 때, '도덕자아'와 '문화를 창조하고 문화의식을 구비한 자아'는 동일한 '자아'입니다. 따라서 그는 문화활동을 '도덕자아'의 '분수표현分殊表現'이라고 말합니다.

인류의 모든 문화활동은 모두 하나의 도덕자아 혹은 정신자아, 초월자아에 통속統屬(일정한 통제 아래에 속함)되고, 그것의 분수표현(分殊之表現)이다. 인간은 서로 다른 각종 문화활동 중에 그 자각적 목적이 반드시 도덕의 실천에 있지 않고, 항상 하나의 문화활동의 완성 혹은 하나의 특수한 문화가치의 실현에만 있다. 예컨대 예술은 미美를 추구하고, 경제는 재부財富 혹은 이익利益을 추구하며, 정치는 권력의 안배安排를 추구한다. 그런데 모든 문화활동이 존재할 수 있는 까닭은 하나의 도덕자아가 그것들을 지지함에 의지한다. 도덕자아는 일一이고, 본本이며, 모든 문화의 이상을 함유한다. 문화활동은 다多이고, 말末이며, 문명의 현실을 성취한다. …… 그런데 일一이 다多로 드러나지 않고 본本이 말末에 관통하지 않으면 이상은 현실화하지 않는다. 《문화의식과 도덕이성》

'분수표현'이란 도덕자아는 하나이지만 각각의 문화활동에 다양한 형태로 모두 작용한다는 뜻입니다. 모든 문화활동은 일정한 이상을 목표로 하고, 이 목표는 인간의 정신활동을 통해 현실화합니다. 만약 정신활동이 작용하지 않는다면 어떠한 문화활동도 일어날 수 없는 것이지요. 탕쥔이 철학에서 정신활동의 주체는 바로 '도덕자아'입니다. '도덕자아'의 작용 없이 어떠한 문화활동도 불가능한 것이지요. 따라서 '도덕자아'가 문화활동의 기초가 되는 것입니다.

그러면 '도덕자아'가 어떠한 방식으로 문화활동에 작용하는 걸까요? 탕쥔이는 '도덕자아'를 '양지良知'라고 말합니다. '양지'란 "배우지 않아도 알고 일삼지 않아도 할 수 있다"는 맹자의 '양지양능良知良能'에서 비롯된 것으로, 인간의 타고난 도덕적 자각능력을 가리킵니다. 탕쥔이는 이러한 '양지'를 '가치주체' 혹은 '자아의 가치의식'으로 봅니다. 그에 따르면, 양지는 우리의 일상적 활동뿐만 아니라 과학활동, 예술활동, 종교활동 등의 가치를 판단합니다. 즉 자신의 활동이 내적 지향이나 표준에 적합한지를 '양지의 리理'에 의거해 판단한다는 것이죠. 양지는 옳은 것은 옳고 그른 것은 그르다 하며, 선한 것은 선하다고 하고 악한 것은 악하다고 하는 모든 도덕지혜와 도덕실천의 근원입니다. 따라서 양지는 "인생에 내재한 지고무상至高無常한 주재가 됩니다." 그는 이러한 '양지' 즉 '도덕자아'가 가치판단을 통해 모든 문화활동에 작용한다고 말합니다. 예를 들면, '경제'라는 사회문화활동이 생산증대, 공정분배, 합리적 소비의 구현을 그 이상으로 하는데, 이 이상을 이루려면 '도덕자아'가 작용해야만 한다는 것입니다. 그래서 그는 "도덕활동은 한 측면에서 보면 인류의 한 종류의 문화활동이다. 그런데 다른 측면에서 보면 다른 모든 문화활동에 내재하고, 또한 다른 모든 문화활동을 초월하며, 다른 모든 문화활동을 포함하여 다른 모든 문화활동을 성취하는 것이다. 그러므로 우리는 혹 도덕활동을 문화활동의 한 종류로 보지 않는다. 나는 지금 이 두 종류의 견해를 조화하여 도덕활동이 다른 문화활동과 상대적으로 특수한 문화활동이라고 주장하고자 한다"《문화의식과 도덕이성》라고 합니다.

탕쥔이는 자신의 문화철학이 근본관점에서 유교를 계승하고 있다고 말합니다. 유교는 공자에서 시작합니다. 공자의 공적 중 하나는 이전 중국의 육예六藝문화를 계승한 것입니다. 육예란 중국 주대周代에 행해지던 교육과목, 즉 예禮, 악樂, 사射, 어御, 서書, 수數입니다. 예는 도덕과 법률을, 악은 예술과 문학을, 사와 어는 군사와 체육을, 서는 문자를, 수는 과학을 가리킵니다. 또한 육예는 사대부의 교양필독서인 육경六經 즉 시詩, 서書, 예禮, 악樂, 역易, 춘추春秋를 가리키기도 합니다. 시는 문학예술에 속하고, 예는 도덕윤리와 사회풍속 및 제도에 속하며, 서는 정치, 법률, 경제에 속하고, 역은 철학과 종교에 속하며, 춘추는 공자의 교육과 법률에 속합니다. 이로 보면, 육예문화란 도덕뿐만 아니라 경제, 정치, 철학, 과학, 문학, 예술, 종교, 교육, 체육, 군사, 법 등 거의 모든 문화활동을 총망라 합니다. 그런데 그는 육예문화의 계승보다 공자의 더 큰 공적은 인심仁心 관념의 제출에 있다고 말합니다. 즉 모든 문화활동을 인심에 통속統屬시킨 것이 공자의 가장 중요한 공헌이라는 것이죠. 그에 따르면, 유교는 이러한 공자의 문화적 이상을 따라, 인간의 심성心性 즉 도덕심 혹은 도덕성을 모든 문화의 근본으로 간주하는 일관된 정신을 확립하게 됩니다. 나아가 그는 "문화는 도덕자아의 분수표현이다"라는 자신의 관점도 이러한 정신을 계승하고 발전시킨 것에 불과하다고 말합니다.

심령경계와 초월정신

일반적으로 탕쥔이 철학의 중심은 '도덕자아'라고 말합니다. 그런데 '도덕자아'가 도덕생활의 주체가 되고 모든 문화활동의 기초가 될 수 있는 것은 초월성과 포괄성을 갖는 심본체에 근거합니다. 즉 그의 '도덕자아' 중심의 도덕철학과 문화철학이 성립될 수 있는 것은 심본체론에 근거하기 때문이죠. 그는 자신의 도덕철학과 문화철학의 체계를 건립하면서 심본체에 대해 언급한 바 있습니다. 그러나 이 심본체는 도덕심 그 자체로 보아도 무방할 정도로 도덕생활 혹은 도덕활동의 주체로서의 의미가 강합니다. 그런데 분명한 것은 인간은 도덕활동만 하고 살아가지 않습니다. 도덕활동 이외에 인간은 이지理智적 활동, 즉 과학적 활동, 철학적 활동, 문화예술적 활동도 합니다. 비록 인류의 모든 활동에는 도덕자아가 침투하여 있고 또 도덕자아가 그러한 활동을 지지하고 있다고 하지만, 도덕자아가 모든 활동을 주동적으로 할 수는 없습니다. 이에 탕쥔이는 도덕자아와 심본체보다 포괄적인 생명존재와 심령경계라는 관념을 중심으로 철학체계를 건립합니다. 그것이 바로 그의 '심통구경心通九境'설입니다.

탕쥔이는 자신의 최후 저작인《생명존재와 심령경계》에서 인간을 '도덕자아'로 부르지 않고 '생명존재'로 부릅니다. '생명존재'는 '도덕자아'를 포괄하지만, '도덕자아'와 동등한 것이 아닙니다. '생명존재'는 '도덕자아'보다 더 풍부한 내용을 갖습니다. 즉 '생명존재'는 도덕활동뿐만 아니라 그 외의 다양한 활동을 하고 있는 생명존재를 가리킵니다. 그리고 '생명존재'의 이러한 활동은 바로 '심령'의 활동을 통해 이루어집니다. 따라서 생명활동은 심령활동이고 생명현상은 심령현상입니다. '심령'은 마음이나 정신 작용을 일으키는 근원적 존재를 가리킵니다. 즉 심령이 체體(본체)이고 정신이 용用(작용)인 것이죠. '경계境界'는 이 심령이 작용을 일으켜 도달하는 대상영역을 가리킵니다. 심령과 경계, 즉 심경心境은 감통感通관계입니다. 감통이란 심과 경의 상호 교감을 말합니다. 어떤 경이 있으면 반드시 그것과 더불어 함께 일어나는 심이 있고, 심이 생겨나면 또한 반드시 그것과 더불어 함께 생겨나는 경이 있습니다. 예컨대 만일 어떤 사람이 문을 열고 산을 본다면, 이 산이 먼저 있었다 할지라도, 이러이러한 산이라는 경은 내가 문을 열고 볼 때 생겨나는 것이기에, 내가 문을 열고 보기 이전에는 산이 있지 않았다고 할 수 있는 것입니다.

탕쥔이는 심령의 감통활동을 '횡관橫觀', '순관順觀', '종관縱觀' 등
세 가지 방향으로 나눕니다. 여기서 '횡관'은 내외·좌우로, '순관'은
전후로, '종관'은 상하로 향하는 심령활동입니다. 이처럼 심령활동
의 방식이 다르기 때문에, 이에 따라 상응하는 경계 또한 다릅니
다. 크게 나누어 보면, 객관경계客觀境界, 주관경계主觀境界, 초주객관
경계超主客觀境界 등이 있습니다. 그런데 각 경계에는 '체體' 즉 본체
(개체), '상相' 즉 상태(상황), '용用' 즉 작용(공용)의 구별이 있습니다.
말하자면, 심령의 활동방향(길, 의향, 지향)이 객관세계냐, 주관세계
냐 아니면 초주객관세계냐에 따라 크게 셋으로 나누어지고, 다시
각각의 세계 중에서 심령의 감통대상이 어떤 세계의 본체인가, 상
태인가 아니면 작용인가에 따라 다시 셋으로 나누어집니다. 객관
경계는 심령이 객관적 사물을 관조하여 형성하는 경계이고, 주관
경계는 심령이 그 자신의 활동을 자기반성함으로써 형성되는 경계
이며, 초주객관경계는 심령이 무한하고 영원한 초월을 추구하여 생
성되는 경계입니다. 그리고 이 세 경계가 다시 나누어진 것이 구경
九境입니다.

첫째, 객관경계는 만물산수경萬物散殊境, 의류성화경依類成化境, 공
능서운경功能序運境으로 나누어집니다. 만물산수경의 '만물산수'는
천지 사이에 개별적으로 존재하는 다양한 개체를 말합니다. 따라
서 만물산수경이란 우리가 사물을 인식할 때, 만물을 서로 의존
하지 않고 홀로 존재하는 것, 즉 개체個體로서 인식하는 경계입니
다. 의류성화경의 '류'는 종류, 즉 사물의 공통된 특성을 말하며 '성
화'는 종류별로 이루어진 것을 말합니다. 의류성화경에서 우리는
사물을 인식할 때, 개체의 특수성을 인식하는 것이 아니라, 개체

와 개체 간의 공통된 특성을 인식합니다. 예컨대 조류, 포유류, 어류 등의 '류' 개념입니다. 공능서운경의 '공능'은 능력, 효용, 효능을 말하며, '서운'은 '순서대로 움직이다' 혹은 '순서대로 운행하다'라는 것을 말합니다. 공능서운경이란 개체와 개체 사이의 관계 혹은 개체 상호 간의 영향을 통해 개체 간의 인과작용을 이해하는 경계입니다. 자연계만 인과율에 지배를 받는 것이 아니라, 우리들의 일상생활도 인과관계에 있습니다. 인간의 활동 측면에서 보면, '과'는 얻어진 목적이고 '인'은 그 목적을 얻기 위한 수단이라 할 수 있습니다. 따라서 원인과 결과의 관계를 수단과 목적의 관계라고도 볼 수 있습니다.

둘째, 주관경계는 감각호섭경感覺互攝境, 관조능허경觀照凌虛境, 도덕실천경道德實踐境으로 나누어집니다. 감각호섭경에서 먼저 우리(감각주체)는 시각, 청각, 후각, 미각, 촉각 등의 감각능력을 이용해서, 사물(감각대상)의 색깔, 소리, 냄새, 맛 등을 받아들여, 성질, 형상形相(모양) 등의 경계를 보게 됩니다. 여기서 우리는 사물의 성질, 형상 등이 자신의 감각에 내재해 있고, 그것이 존재하는 시공간이 감각〔身〕을 따르고 심령〔心〕에 내재함을 알게 됩니다. 그래서 감각호섭경에서 심신心身 관계와 시공時空의 경계를 관조한다고 말합니다. 그런데 나만이 감각능력을 갖고 있는 것이 아니라 타인도 감각능력을 갖고 있습니다. 따라서 나를 기준으로 하면 타인은 나의 감각대상이 되지만, 타인을 기준으로 하면 나는 타인의 감각대상이 됩니다. 나아가 사람뿐만 아니라 사물도 감각능력을 갖기 때문에 감각대상일 뿐만 아니라 감각주체이기도 합니다. 즉 인간을 포함한 모든 사물은 감각주체이면서 동시에 감각대상인 것이죠. 결국 감각호섭경이란 감각기관을 통해 사물의 성질, 형상 등을 파악하고 사물 간의 감각적 상호작용을 이해하는 심령의 경계를 말합니다. 관조능허경의 '관조'는 순수이성으로 대조對照하여 보는 것을 말하고, '능허'는 감각대상을 초월한 것을 말합니다. 관조능허경은 사람들이 감각을 기초로 사물의 감각적 성질을 파악하는 것을 넘어서서 순수이성으로 사물의 공상共相(보편)과 의의意義를 파악하는 심령의 경계를 말합니다. 즉 사물을 초월하여 주관의 추상적인 개념만으로 사물의 상호관계를 인식하는 것으로, 경험대상을 초월한 순수이성으로부터 표현되는 순수개념의 활동입니다. 도덕실천경에서 우리는 심령이 사물의 공상과 의의를 파악한 것에 멈추지 않고 이를 기초로 공상과 의의를 모종의 이상理想으로 변화시켜야 함을 자각하며, 감각되는 현실세계 속에서 이상을 실현하고자 하고, 객관세계를 이상에 부합되는 도덕의 세계, 의의의 세계가 되도록 합니다.

마지막, 초주객관경계는 귀향일신경歸向一神境, 아법이공경我法二空境, 천덕유행경天德流行境으로 나누어집니다. 귀향일신경의 '일신'은 '유일신唯一神'으로, 유태교, 기독교, 이슬람교가 전형적인 일신교입니다. 귀향일신경은 일신교에서 말하는 주객을 초월하고 주객을 통섭하는 '신'으로 귀의하는 심령의 경계입니다. 여기서 '신'은 만물을 창조하고 주재하며 전지전능한 최고의 지위에 있는 실체實體적 존재입니다. 아법이공경의 '아'는 '나'를 가리키며, '법'은 색법色法과 심법心法 즉 물질세계와 정신세계를 포함한 모든 세계를 말합니다. 불교에서는 나와 세계를 진실한 것이 아닌 허망한 것(이공二空)으로 봅니다. 아법이공경이란 타인과 나, 주체와 객체에 대한 집착을 깨뜨리고 이러한 분별을 초월하는 심령의 경계를 말합니다. 천덕유행경은 '유교경儒敎境' 또는 '진성입명경盡性立命境'으로도 부릅니다. 유교는 인간 존재의 초월적 근원을 천덕天德 혹은 천도天道라 하고, 이러한 천덕이 널리 퍼져 있는(유행流行) 곳을 바로 인간의 본성이라 합니다. 천덕유행경이란 주관의 본성을 완전히 하는 것[盡性]으로부터 객관의 천명을 완성[立命]하여, 주객을 소통하고 동시에 주객을 초월하는 심령의 경계입니다.

이상의 아홉 경계는 인간의 정신세계가 부단히 향상해가는 과정을 나타냅니다. 심령은 경험의 '나'로부터 이성의 '나'로, 그리고 마지막에는 초월의 '나'로 부단히 상승합니다. 또한 이에 상응해서 심령의 경계를 '객관의 경계'로부터 '주관의 경계'로, 그리고 마지막으로 '초주객관의 경계'로 승화시킵니다. 이처럼 인간이라는 생명 존재는 심령경계의 부단한 향상을 통해, '자연적 상태'에서 '이지적 상태'로, 그리고 다시 '도덕적 자각 상태'로 진보하여 최종적으로 그 존재가치를 완전히 실현하게 됩니다.

이 글은 구경九境 중 '천덕유행경'에 주목합니다. 왜냐하면, 이 경계는 이른바 '도덕자아의 건립'과 '인문정신의 중건'을 통해 탕쥔이가 건설하려는 중국 문화, 나아가 세계문화의 이상理想을 보여주고 있기 때문입니다.

인문세계의 인간은 신이 있다고 믿을 수 있다. 왜냐하면 설사 신이 있지 않다고 하더라도 인간이 신이 있다고 믿고 신이 있다고 믿기를 원하여 신령의 세계를 건립하면, 우리들로 하여금 물질세계와 자연세계에만 운명을 맡기지 않게 할 수 있고, 또 우리 정신의 물화物化, 자연화自然化 및 인문을 등지고 떠나려는 경향을 제어(平衡)할 수 있다. 일반인은

비록 실제로 인문세계 중에 생활하지만, 항상 인문세계 중에 생활한다
는 것을 자각하지 못하고 인문의 가치의의를 자각적으로 이해하지 못
한다. 그리고 항상 자연스레 물질세계, 자연세계 중에 생활한다고 여긴
다. 신령세계에 대한 신앙이 있으면, 또한 그 정신을 상승시킴으로써 인
문의 가치의의를 자각적으로 이해할 수 있다. 그러므로 신령을 믿는 종
교는 그 자체가 인문에 마땅히 있어야 할 것이다. …… 원칙상 모든 종
교를 반대하고 인간이 신을 믿는 종교의식을 반대하는 인문관은 인간
의 지혜〔慧命〕를 단절하고 인성을 깎아내려 상실하게 하는 인문관이다.
《인문정신의 중건》

탕쥔이는 인문정신의 향상을 위해서 반드시 종교가 필요하다
고 일생 동안 역설해왔습니다. 그는 자신의 성공과 행복이라는 목
적을 달성하고 고단한 삶의 안식처 혹은 피난처를 얻기 위해 신을
믿는 것은 진정한 종교정신이 아니라고 말합니다. 그가 말하는 진
정한 종교정신이란 도덕문화의 실천에 종사하는 정신입니다. 그에
따르면, 인간은 자신이 고통과 죄악의 존재임을 인식하고 또한 이
러한 고통과 죄악을 스스로 제거할 수 없는 왜소한 존재임을 자각
할 때, 참회의 마음과 연민의 감정이 생겨나 초월적 힘, 즉 신을 받
아들이게 됩니다. 그리하여 인간은 일상생활에서 지난날의 잘못을
뉘우치고 고쳐 선하게 되고, 더 나아가 존재적 고통과 죄악으로부
터 완전히 벗어나고자 행동뿐만 아니라 의식세계에서까지 선을 실
천하려고 노력하게 됩니다. 이것이 그가 말하는 종교적 도덕문화의
실천입니다. 그는 유교의 종교정신이 바로 "신에 대해 기구하거나
욕망하는 것이 전혀 없고, 순전히 우리의 도덕문화정신 그 자체로

부터 건립한다. 이로써 우리 심성心性의 고명함과 문화정신의 광대함을 표현한다"《중국 문화의 정신가치》)라고 합니다. 그래서 그는 인류의 야만성을 감화하고 인류를 구원하기 위해 신종교를 건립하려면, 반드시 유교의 종교정신에 근본을 두어야 한다고까지 주장합니다. 바로 이러한 그의 종교관 나아가 문화이상文化理想이 반영된 것이 '천덕유행경'입니다.

탕쥔이는 '천덕유행경'의 요점이 "자신의 주관적인 본성을 다해 객관적인 천명을 세우는 유교의 가르침을 논하는 데 있다. (유교의 가르침을 따르면) 주관과 객관을 관통하게 된다", "이는 '도덕실천경'과 상통相通하니, '궁극적인 도덕실천의 경계[至極之道德實踐境]' 혹은 '인극(인도人道의 극치)를 세우는 경계[立人極之境]'로도 불린다"《생명존재와 심령경계》)라고 합니다. 이처럼 '천덕유행'이란 사실 인간의 마음이 초월적 활동을 통해 유교의 이른바 '천인합덕天人合德'의 경계로 향해가는 것을 말합니다. 유교는 도덕수양을 중시합니다. 그런데 그에 따르면, 유교는 도덕수양을 통해 단지 자기 자신, 가정, 사회, 국가, 세계에서 그 도덕자아를 실현하는 데 그치는 것이 아니라, '천인합덕' 혹은 '천인합일'이라는 초월적 경계에 도달하는 것을 최종 목적으로 합니다. 이러한 유교의 초월적 지향은 경험(감관) 혹은 이성으로 이해할 수 없기 때문에, 이것을 기독교, 불교와 함께 '초주객관경계'로 보는 것이죠. 그러나 유교와 기독교, 불교의 초주객관경계는 분명히 다릅니다. '천덕유행경'이라는 유교의 종교적 초월은 현실 긍정으로부터 시작하지만, 기독교와 불교는 사람들에게 현실의 삶과 세계 너머를 볼 것을 요구합니다. 기독교는 초월적 신에 초점을 맞추며, 불교는 세계가 환상이라고 믿습니다. 따라서 사람들에게 현실을 간과하거나 부정하게 만듭니다. 반면 유교는 우리 인간의 삶과 이 세계를 환상이라고 보거나(불교), 초월적 신을 추구하는 가운데 삶과 세계를 포기하도록 요구(기독교)하기보다 오히려 긍정합니다. 즉 현실경계에서 시작해 초월경계로 나아가는 것이지요. 현실경계란 바로 '도덕실천경'입니다. 현실세계에서 도덕자아를 실현하는 것으로부터 시작해서 천인합일의 초월경계에 도달하는 것입니다. 그는 이러한 유교의 경계가 불교나 기독교보다 지고至高하다고 생각합니다. 이처럼 그는 '도덕자아'가 인류 심령활동 가운데 주도적 지위에 있다는 것을 긍정하여, 유자儒者로서의 최후의 입장으로 표현합니다.

반본개신의 문화창조

탕쥔이 철학은 20세기 초 중국에 대한 서양의 보편적 인식, 즉 민주와 과학 그리고 종교의 결여라는 중국 문화에 대한 부정적인 평가를 해소하고, 동시에 새로운 시대를 살아가야 하는 중국인, 나아가 세계인들에게 인생의 가치와 방향을 제시하는 데 그 중심이 있습니다. 그가 제시한 인생의 가치는 유교에서 말하는 도덕이었습니다. 유교는 인간이 일상적 삶 속에서 인성에 본래 갖고 태어난 도덕가치의 실현을 목표로 합니다. 그가 일생 동안 추구한 학문은 바로 유교가 말하는 이러한 도덕가치의 의미는 무엇이고, 인간이 그것을 현실세계에서 어떻게 실현할 수 있으며, 인간의 도덕실천과 그것을 가능하게 하는 근거는 무엇인지를 탐구하는 것이었습니다.

나아가 그는 이러한 유교의 도덕가치를 기초로 중국의 서양 근대 문화 수용과 동서 문화의 융합을 시도함으로써 중국 문화 나아가 인류 문화의 발전 방향을 찾고자 하였습니다.

　탕쥔이는 문화의 타락 혹은 쇠락의 근본 원인이 문화적 성과를 향수享受하려고만 하고 새로운 문화를 창조創造하려고 하지 않는 데 있다고 합니다. 즉 향수정신이 창조정신을 넘어선 것이 문화쇠락의 근본원인이라 생각한 것이죠. 따라서 문화가 발전하기 위해서는 창조정신을 잃지 않아야 한다고 합니다. 그가 말하는 문화의 창조는 옛 것을 모조리 버리고 새로운 것으로 채우는 것이 아닙니다. 그는 '반본개신返本開新' 즉 근본으로 돌아가 그것을 바탕으로 새로운 것을 열어내라고 말합니다. 그런데 그가 말하는 '반본'의 '본' 즉 우리가 돌아갈 '근본'은 영원불변한 '전통'이 아닙니다. 전통을 바탕으로 창조한 새로운 문화가 기존 전통과 융합하여 새로운 전통이 되고, 이 새로운 전통을 바탕으로 또 새로운 문화가 창조되어야 한다는 것입니다. 따라서 우리는 그의 주장을 단순한 중국문화 본위론中國文化本位論, 즉 중국문화 중심론으로 보기보다는, 중국 문화와 서양 문화가 소통하고 융합할 수 있는 새로운 문화전통을 모색하는 것으로 보아야 타당합니다. 물론 그 소통과 융합을 가능하게 하는 인류 공통의 보편가치는 유교가 말하는 도덕이지만요. 그는 임종 전날 홍콩 매체를 통해 중국의 문화대혁명이 마침내 끝나고 공자의 명예가 회복되었다는 소식을 듣고 매우 흥분하면서 "중화민족이 결국 반본귀종反本歸宗(자신의 뿌리, 본래 살던 집으로 돌아옴)할 수 있게 되었구나"라고 말했다 합니다. 이 말이 바로 그의 학문적 태도를 상징적으로 표현하는 것이 아닐까 하는 생각이 듭니다.

더 읽어보면
좋은 책

탕쥔이 지음, 《도덕자아의 건립》, 광서사범대학출판사廣西師范大學出版社, 2005.

1944년 상무인서관에서 초판이 출간되었다. 이 책은 초기 저작으로, 그의 학문이상과 도덕철학을 담고 있다. 먼저 이 책은 도덕자아를 건립하기 위해 도덕생활의 본질, 즉 자율성, 자유성, 초월성을 분석하고, 인생의 목적이 자아실현 혹은 도덕자아실현에 있음을 밝힌다. 이어서 심본체의 절대적 완전성, 지선성至善性이 순선무악純善無惡한 도덕자아의 존재근거임을 토론한다. 마지막으로 정신자아만이 인간의 자아를 대표하고, 정신활동이 모든 인류활동의 연원임을 설명한다.

탕쥔이 지음, 《중국 문화의 정신가치》, 광서사범대학출판사廣西師范大學出版社, 2005.

1953년 정중서국正中書局에서 초판이 출간되었다. 이 책은 홍콩으로 이주한 후에 처음 쓴 저작으로, 그의 문화철학을 담고 있다. 역대 중국문화통론 가운데 가장 빼어난 걸작으로 평가받는다. 이 책은 중국 철학의 지혜로부터 중국 문화의 정신가치를 설명하는데, 종적으로는 중국 문화의 역사발전을 논하고 횡적으로는 중국 문화 중의 자연우주관, 심성관, 인생도덕이상, 종교정신, 문화예술정신 등을 논한다. 마지막에는 동서 문화의 융합과 조화 문제를 토론한다.

***

탕쥔이 지음, 《생명존재와 심령경계》, 대만학생서국臺灣學生書局, 1977.

이 책은 탕쥔이의 최후 저작으로, 그의 형이상학을 담고 있다. 그가 스스로 수십 년 동안 고민하고 탐색해왔던 모든 문제를 이 책으로 개괄한 것이라고 말한 것처럼, 일생의 학문과 사상을 종합한 대작이다. 이 책은 세간世間과 출세간出世間의 경계가 모두 인간의 심령활동과 서로 감통하고, 또한 감통의 각종 방식과 상응한다는 것을 규명한다. 이로써 과학, 지식, 예술, 문학, 도덕윤리, 종교 등 모든 인류활동을 하나의 근본(一本)인 심령이 통괄하는 철학체계를 건립한다.

7장

쉬푸관과 중국예술정신

인생 가치와 심미의 문제

—

김철운

쉬푸관
徐復觀(1903~1982)

쉬푸관은 후베이성 시수이현에서 태어났다. 1923년에 후베이성 무창제일사범을 졸업했고, 1926년에 국민혁명군 제7군에 참가했다. 1928년에 일본의 메이지대학(경제학)에 유학했다가 일본 육군사관학교 보병과에 들어가 군사학을 배웠으며, 1931년의 9·18사변(상해사변) 뒤에 귀국하여 국민당 군대에서 여러 직책들을 맡았다. 그는 1944년에 중칭 베이베이의 면인서원에서 숭스리를 처음으로 만났고, 이때 그의 "나라와 민족을 잃은 자는 늘 자기 문화를 먼저 잃는다"라는 말을 듣고 중국 전통문화 연구에 뜻을 두었다. 그 뒤에 자신의 실제 경험에 근거하여 중국 유학사상 및 민주정치를 결합함으로써 중국을 구하는 이념을 체득했다. 1946년에 소장(한국의 준장)으로 퇴역했고, 이듬해에 난징에 있던 월간《학원學園》의 사장이 되었다. 1949년 6월 홍콩에서 정치학술 이론의 간행물인《민주평론民主評論》을 창간하여 신유가의 학설을 널리 알렸다. 그 뒤에 그는 타이완의 대만성립농학원, 동해대학과 홍콩의 홍콩신아연구소에서 교육과 학술 활동에 종사했고, 1982년에 위암으로 사망했다. 그가 신유학자로서 위상을 드러냈던 것은 1958년에 탕쥔이, 모우쭝산, 장쥔마이 등과 서명한 〈문화선언〉을 발표한 직후였다. 그의 연구는 중국 철학, 경학, 사학, 문학, 예술 등에 걸쳐 광범위하게 진행되었는데 그 연구를 관통하는 핵심 내용은 중국 문화의 현대화 연구를 통해 그 중에 함축된 중국의 인문정신을 밝히는 것이었다. 대표 저서로는《학술과 정치의 사이》(갑집甲集 1956, 을집乙集 1957. 갑을집 합간 1980),《중국사상사논집》(1959),《중국인성론사(선진편)》(1963),《중국예술정신》(1966),《양한사상사(전3권)》(1권 1972, 2권 1976, 3권 1979),《중국사상사논집 속편》(1982),《중국경학사의 기초中國經學史之基礎》(1982) 등 다수가 있다.

중국사상사의 연구방법과 체인의 강조

쉬푸관은 "중국 문화에 대한 연구는 마땅히 사상사의 연구에 귀결되어야 한다"(《중국사상사논집中國思想史論集》〈대서代序〉)는 입장을 견지하고, 자신의 학문 역량을 중국 문화가 현재의 중국 또는 현재의 세계에 대해 어떤 의의가 있는가, 중국 문화가 세계 문화에 있어서 어떠한 지위에 위치해야 하는가 하는 문제에 집중시킵니다. 이러한 연구를 위해서 그는 두 가지의 중요한 관점을 제출합니다.

첫째는 중국 전통문화에 대한 철저한 이해와 반성을 위해서 반드시 중국사상사의 연구를 정태적 관점이 아닌 동태적 관점으로 진행하며, 그 내용이 결코 현실 인생을 벗어나지 않아야 한다는 것입니다. 그래서 쉬푸관은 그 당시에 많은 학자들이 학문적 방법으로 받아들인 서양의 사변적 형이상학을 비판합니다. 즉, 형이상학은 관념적 유희로서 현실과 "동떨어져 있어 실속이 없는 것이고"(《학술과 정치의 사이學術與政治之間》), "아름답지만 생명이 없는 것이고", "관상觀想할 수 있으나 실행할 수 없는 것이기"(《중국사상사논집 속편》) 때문에 구체적인 현실 인생에 대하여 결코 어떠한 유익함도 줄 수 없다는 것입니다.

둘째는 "역사의 명확한 의미를 부여하기 위해서"(《중국인성론사中國人性論史》재판 서문) 연구자 개인의 철학사상을 중국 철학사상사의 연구에서 완전히 분리해야 한다는 것입니다. 엄밀하게 말해, 개인의 철학사상으로 연구대상의 철학사상을 가늠해볼 수는 있지만 결코 연구대상의 철학사상을 개인의 철학사상으로 덧칠해서는 안된다는 것입니다. 그래서 쉬푸관은 슝스리의 《신유식론新唯識論》이

연구대상의 몇 구절을 차용하여 그 자신의 철학사상을 말한 것이기 때문에 이는 그 자신의 개인 철학으로 볼 수 있을 뿐이지 중국 철학사상사의 전거典據로 삼을 수 없다고 주장합니다.

쉬푸관은 사상사의 연구대상에 대하여 그 사상의 형성 배경과 전개 과정, 그리고 변천 과정 등을 탐구하고, 그 사상의 정확한 의미를 전체적으로 밝혀내기 위해서 자신만의 분명한 연구 방법을 제출합니다. 이것은 귀납적 방법을 통하여 연구 대상에서 결론을 추출하거나 추상적 방법을 통하여 결론 중에서 기본 개념을 추출하고 이 기본 개념으로 연구 대상을 비교하고 분석하는 연구 방법과, 연구 대상이 처했던 시대 상황으로 거슬러 올라가 전체적으로 조사하고 헤아려보는, 즉 '체험을 추적하는'(추체험追體驗) 연구 방법입니다. 왜냐하면 그는 "한 사람의 정신적인 성장과정을 이해하기 위해서, 그의 인격에 스며든 수양을 이해하기 위해서, 그가 발전시킨 전승을 수직적으로 이해하기 위해서, 그리고 그의 환경이 제공할 수 있었던 것을 수평적으로 이해하기 위해서, 추상적인 사상으로부터 그 사상의 배후에 있는 인간의 살아 있는 삶으로 한 걸음 더 나아가야만 한다고 보기 때문입니다."《중국사상사논집》) 이러한 방법을 통한 사상사의 연구는 그 자신의 견실한 학문 세계와 중국 사상사의 다양한 문제들을 하나로 꿰뚫어보는 그 자신의 학문적 통찰을 잘 보여줍니다.

그러한 통찰은 쉬푸관 자신의 "문화는 생활을 떠날 수 없다. 문화는 인성의 생활에 대한 일종의 자각이고, 자각으로부터 발생한 생활에 대한 일종의 태도이다"(리웨이우李維武 편,《서복관 문집文集(2)》 2002)라는 신념을 더욱 강화하여 구체적인 사상 내용을 벗어나서 연구가 진행되는 학문적 방법들에 대한 비판으로 이어집니다. 그 비판의 대상은 크게 두 가지입니다. 하나는 '언어학의 관점을 채용하여 사상사의 문제를 해석하는 방법'입니다. 왜냐하면 이것은 "사상사 안에 보유되어 있는 풍부한 내용의 명사를 어원의 원초적인 성질에 억지로 갖다 붙였기"《중국인성론사》) 때문에 어원 자체의 중요한 의의를 표시할 수 없었다는 것입니다. 또 하나는 유가사상을 서양 형이상학과 유사한 것으로 받아들이거나 유심론과 유물론과 같은 서양 철학의 여러 측면들과 비교하고 분석하는 연구 방법입니다. 왜냐하면 이것은 서양의 칼(구조)로 중국의 자료를 마음대로 재단하였기 때문에 구체적은 현실 세계에서 세워진 유학의 참된 정신과 참된 생명을 생기 없는 것으로 만들었다는 것입니다.

그러한 비판이 가능한 것은 쉬푸관 자신이 중국적 학문의 방법에서 체인體認의 중요성을 통찰한 데에 있습니다. 이 '체인'은 공부의 실질적 의미이고, 체인의 과정은 "주체가 인간의 욕망으로부터 도덕주체를 발견하며 그것을 확인하고 발전시키는"(리웨이우 편,《서복관 문집(2)》) 반성적이며 활동적인 과정, 즉 "도덕 실천의 과정"입니다. 이런 과정에서 사람은 극기克己, 즉 "한 개인의 자각과 반성 중에 나(己)라는 자연적 생리적 생명의 제약을 돌파함으로써"《중국사상사논집 속편》) 자신의 도덕적 본성을 드러낼 수 있습니다. 이러한 공부의 목적은 위기지학爲己之學인데, 이는 자아를 발견하고 펼침으로써 자아를 완성해나가는 공부입니다. 이러한 공부를 통해서 사람은 '생리적 나'를 '도덕 이성적 나'로 바꾸어 '나' 밖에 있는 사람이나 사물과 융합하여 하나가 될 수 있습니다. 바로 공자가 그러한 내성內性의 공부를 통하여 외재적 지식을 내재화하고 자기의 덕을 이루었으며, 더 나아가 도덕적 인문세계를 열었던 근거가 여기에 있습니다.

결국 중국사상사의 연구에 대하여 쉬푸관이 강조한 것은 그 연구 대상으로부터 그 추상적인 사상을 발견한 뒤에 그것에만 머물지 말고, 반드시 그 추상적인 사상으로부터 그 사상의 배후에 있는 사람의 생기 있는 삶으로 한 걸음 더 나아가는 것입니다. 따라서 그 연구는 반드시 공부, 체험, 실천에서 시작해야 하고, 동시에 그것에서 벗어나지 않아야 합니다.

유학에 대한 새로운 해석

쉬푸관에 의하면 유가사상은 중국 민족정신을 응결하는 주류이고, 인류 자신의 역량으로 인류 자신의 문제를 해결하는 것을 그 출발점으로 삼습니다. 유가가 제출한 문제는 모두 수기修己와 치인治人의 문제입니다. 이 '수기'와 '치인'은 유가에서 한 가지 일의 두 면, 즉 한 가지 일의 시작과 끝[終始], 근본과 말단[本末]입니다. 이로써 유가의 '치인'은 반드시 '수기'에 근본하고, '수기'도 반드시 '치인'에 귀결합니다. 따라서 유가사상은 어떤 각도에서 보면 윤리사상이고, 다른 각도에서 보면 정치사상입니다. 윤리와 정치가 분리되지 않는 것이 바로 유가사상의 특색입니다.(《학술과 정치의 사이》) 그의 이러한 관점은 당대의 유가 학자들의 관점과 대체로 비슷하지만 그의 가장 독특한 관점은 그가 유가사상의 핵심으로 제출한 '우환의식憂患意識' 개념에 있습니다. 그는 '우환의식'을 유가사상을 새롭게 해석하는 주축으로 삼고, 그것에 유가의 중요한 가치 관념인 효孝, 인仁, 예禮 등을 관통시킵니다.

우환의식

'우환의식'이라는 용어는 쉬푸관이 맨 먼저 제출한 것이고, 그의 사상사 연구에 있어 가장 중요한 핵심개념 중의 하나입니다. 왜냐하면 그는 '우환의식'을 "공자, 맹자, 노자, 장자, 송명신유가, 중국화된 불교에까지 어디서나 움직이는 주요 고리"《서복관 문존文存》, 1991)로서 중국 전통문화의 기초이자 중국 인문정신의 출발로 보기 때문입니다. 그는 이러한 우환의식의 발현 시기를 은나라와 주나라의 교체기로 보는데, 그 근거는 주나라의 초기 사회가 현실 생활 중의 인문에 대한 긍정, 특히 인생 가치에 대한 긍정을 종교의 최후 근거로 삼았다는 데에 있습니다. 따라서 그는 이러한 우환의식이 종교와 인문의 결합, 즉 신앙의 신과 사람의 주체성의 결합이라는 그 당시의 독특한 인문정신의 모습을 잘 보여준다고 강조합니다.

쉬푸관에게 '우환의식'은 신으로부터 독립되어 나온 사람이 자신의 노력으로 어려움을 극복해야 하는 책임을 느끼는 심리상태를 의미합니다. 그래서 '우환'은 원시종교의 동기가 되는 공포나 절망과 다른데, 만약 사람이 자신의 책임을 버리고 '하나의 외재하는 신에 기대어 자신의 행위를 결정한다면' 이것은 그 자신의 주체적인 의지에 의한 적극적 행위를 벗어난 것입니다. 그렇기 때문에 '우환의식'은 사람이 종교에 대한 반성을 통하여 그 앞에 놓인 여러 어려움을 신에 돌리지 않고 주체적인 자각 정신을 발현하여 책임을 담당할 때에 비로소 발생합니다.

우환은 바로 이러한 책임감에서 온 것으로, 자기 힘으로 여러 가지 어려움을 돌파하려고 하지만 여전히 돌파하지 못했을 때의 심리상태입니다. 그래서 우환의식은 인류 정신이 직접 사물에 대하여 책임감이 발생했다는 표현의 시작이며, 또한 정신적으로 사람의 자각이 생겼다는 표현의 시작입니다. 《중국인성론사》

쉬푸관에 의하면 그러한 "'우환의식'의 약동 아래에서 주나라 사람들의 믿음의 근거는 점차 그들이 계승한 종교로부터 자신들의 행위에 대한 근신과 노력으로 바뀌었습니다. 이러한 근신과 노력 속에서 주나라 사람들은 하나의 경敬이란 글자를 제출하여 자신들의 행위와 그 행위에 대한 책임을 살피고 지도해왔는데, 이것이 바로 중국 인문정신의 최초의 출현입니다. 이 '경'은 "우환의식의 경계심을 직접 계승하여 나온 정신의 단속과 집중 그리고 일에 대한 근신과 성실의 심리상태"이자 "사람이 항상 자기의 행위를 반성하고 자기의 행위를 규정하는 심리상태"를 의미합니다. 그렇기 때문에 '경' 관념은 "사람이 자기의 주체성을 없애버리고, 자신을 신 앞에 내던지고 철저하게 신에 귀의하는 심리상태"《중국인성론사》를 의미하는 '종교적 경건'과 아주 다릅니다. 따라서 그는 이러한 '우환의식'의 약동 아래에서 발생한 도덕적 사명감과 강력한 인문정신이 주나라 이후로 중국 전통문화의 큰 흐름을 형성하였다고 봅니다.
  결국 쉬푸관의 관점은 다음과 같이 간단하게 정리됩니다. '경'을 인문정신의 근본 동력으로 삼는 주나라 초기의 우환의식은 종교성의 천명天命을 사람 자신의 행위에 옮겨 사람의 구체적인 생명과 생활 세계로 나아가는 길을 열었습니다. 유가는 이러한 우환의식의 약동으로부터 온 인문정신을 총결하여 그들의 도덕의식과 문화의식을 구체화하였으며, 이로써 유가의 도덕 인문정신은 중국 인문정신의 주류가 되었습니다.

효

쉬푸관의 관점에서 유가를 정통으로 하는 중국 문화의 최고 이념은 인仁이며, 사회생활의 실천에 있어서 가장 의의가 있는 것은 효孝(제悌 포함)입니다. 그런데 그는 〈중국 효도사상의 형성·변천 및 그 역사 중의 제 문제中國孝道思想的形成演變及其歷史中的諸問題〉《중국사상사논집》)라는 글에서 유가의 효 사상의 형성을 평민들이 성씨姓氏를 취득하는 사회사의 맥락에서 분석합니다. 즉, 중국 사회의 '성'과 '씨'는 본래 부락의 명칭으로서 서로 분리되지 않았는데, 주나라 초기에 오면 중국 정치권력의 통치기능을 강화하기 위한 목적에서 성과 씨는 분리되어 종법제도宗法制度(주나라 때에 성립한 종족宗族의 조직규정으로, 대종大宗과 소종小宗으로 이루어진다. 대종은 제후의 적장자嫡長子 외의 아들을 별자別子로 하여 조祖를 삼고 적장자 상속으로 무한히 이어져 가도록 한 가계家系이고, 소종은 대종의 집안에서 갈라져 나온 것으로 적장자 자손의 남동생들이 세운 가계이다.)의 골간이 됩니다. 춘추시대 중엽에 오면 종법제도가 붕괴되기 시작하면서 '성'과 '씨'는 하나로 합해지고, 이로써 사회에 평민의 '성씨'가 출현합니다. 서한 말기에 오면 비로소 평민의 '성씨'가 완성됩니다. 따라서 그는 이러한 세 번

의 사회적 변천 끝에 유가가 중시하는 '효'가 등장할 수 있었다고
주장합니다.

쉬푸관은 효를 주나라 초기에 형성된 관념으로 봅니다. 이 시기
에는 희姬씨 성을 가진 친족을 봉하여 다른 '성씨'의 사람들을 제어
하고 아울러 종법제도를 세워 종족의 내부 질서와 단결을 강화했
습니다. 이러한 희씨 성의 정권을 유지하기 위해서 효의 도덕적 요
구가 특히 중시되었고, 그래서 기타의 많은 도덕관념과 제도가 모
두 효를 중심으로 전개되었습니다. 이러한 효 관념은 춘추시대 말
기에 오면 큰 변화가 일어났는데, 즉 효가 귀족에서 사회로 확장되
었다는 것입니다. 물론 그 중심에는 평민으로 사회에 가르침을 세
운 공자가 있었습니다.

쉬푸관에 의하면 효의 그러한 사회로의 확장에서 그 핵심 내용
은 공자가 효를 사람의 기본 덕성으로 삼았다는 것입니다. 왜냐하
면 공자가 제출한 효는 사람의 마음 안에 있는 본래적인 사랑의
자연스러운 표출로서 누구나 다 행할 수 있는 덕행德行이기 때문
입니다. 엄밀하게 말해, 효는 자식의 부모에 대한 사랑에서 나오는
데, 이때의 효는 인仁의 근본과 싹을 의미합니다. 그렇다면 효의 실
천은 '인'에 대한 초보적 자각과 실천이고, 또한 '인'의 근본과 싹에
대한 배양을 벗어나지 않습니다. 바로 유자有子가 효를 '인을 행하
는 근본(爲仁之本)'이라고 한 것이 그것입니다. 따라서 공자의 효는
유가의 모든 도덕행위의 출발이고, 또한 일체 도덕 덕목의 기초라
는 것입니다.

쉬푸관은 《논어》의 효가 덕행德行의 초보, 즉 덕행 중의 한 부분
이라면 맹자의 효는 덕성의 최고 표현이라고 주장합니다. 그는 이

러한 맹자의 효를 두 측면에서 해석합니다. 첫째는 효가 개인의 내재적 덕성에서 드러난다는 것입니다. 이 내재적 덕성은 개인의 인격에서 말하면 덕성과 무관한 일체의 외재 세계를 초월하여 인격의 무한한 존엄을 드러냅니다. 둘째는 개인의 덕성이 모두 하나의 구체적 행위를 통하여 철저한 자각과 전체적인 인격 세계로 드러난다는 것입니다. 즉, 맹자의 효제孝悌와 인의예지仁義禮智의 합일에 대한 강조가 그것입니다.(《이루離婁》상, "仁之實, 事親是也.") 이는 '효제' 안에 있는 도덕 이성의 자각을 강조하여 일체의 것을 통과하고, 아울러 도덕의 인격 세계를 완성하는 것에 대한 강조입니다.

여기서 주의 깊게 볼 것은 쉬푸관이 맹자의 양지양능良知良能을 덕성의 기초로 간주하고, 이 '양지양능'이란 바로 "어린아이가 자기의 어버이를 친애할 줄 알고, 장성해서는 자기의 형을 공경할 줄 아는"(《진심盡心》상) 사실에 근거한다고 주장한 것입니다. 즉, 성선설의 입장에서 양지양능은 본성이라 할 수 있는 동시에 일체의 도덕 가치를 함축한다는 것입니다. 바로 맹자의 "어버이를 친애함은 인仁이고, 어른을 공경함은 의義이다. 이는 다름이 아니라 온 천하에 공통되기 때문이다"(《진심》상)가 그것입니다. 그런데 여기서 쉬푸관은 한 가지 중요한 문제를 제출합니다. 맹자의 그러한 말로 인하여 효를 지극히 정밀하고 지극히 치밀한 곳에까지 이르게 하는 관점은 한 가지 폐단을 발생시키기 쉽다는 것입니다. 이 폐단은 맹자를 전제주의의 옹호자, 즉 효치파孝治派(행위를 지나치게 강조함)로 규정하는 것입니다. 하지만 그는 맹자에 대한 그러한 규정은 큰 착오이고, 맹자야말로 엄연히 인치파仁治派(어진 정치를 중시함)라고 주장합니다. 왜냐하면 맹자는 정치상에 있어서 전제와 독재를 반대하고 백성의 이익을 정치의 최고 준거로 삼았으며, 정식으로 백성의 혁명할 권리를 선포했기 때문입니다.

결국 쉬푸관은 효가 역사상 법가(《한비자韓非子》〈충효〉)나 《효경孝經》에 의해서 전제정치에 이용되거나 전제정치를 조장한 적이 있었음을 인정합니다. 또한 그는 한나라 시대에 '효'와 '충'이 하나로 묶여져서(忠孝) 전제정치를 옹호한 면이 있었음을 인정합니다. 하지만 그는 유가에 의해서 제출된 효의 사회적 작용에서 보면 효는 전제정치와 무관하며 긍정적 의의가 부정적 의의보다 훨씬 크다고 강조합니다. 왜냐하면 효제는 공과 사, 의무와 권리 사이에서 이루어지는 행위로서 군체群體 생활의 기본적 요구를 만족시킬 뿐만 아니라 개체의 이익과도 합치되기 때문입니다.

인과 예

쉬푸관은 "한 개인이 실현하는 인仁은 내적 실천을 통하지 결코 외적 조건에 기대서는 안 된다"(《중국사상사논집 속편》)는 입장을 견지하고, 내재적 인격세계는 객관적 인문세계의 표준으로 판단하거나 제한할 수 없다고 주장합니다. 왜냐하면 그에게서 내재적 인격세계는 '질質적 세계, 입체적 세계'이고, 객관적 인문세계는 '양量적 세계, 평면적 세계'이기 때문입니다. 그런데 그는 내재적 인격세계를 대표하는 것이 '인'이고, 춘추시대의 객관적 인문세계를 대표하는 것이 '예禮'라면 공자는 '예'의 근거를 '인'에 두었다고 강조합니다. 이는 바로 객관적 인문세계를 내재적 인격세계로 전환한 큰 지표라는 것입니다.(《중국인성론사》)

쉬푸관에게서 자각적 정신 상태로서의 '인'은 성기成己("자기 인격
의 건립 및 지식 추구에 대하여 무한한 요구를 드러내는 것")와 성물成物("타
인에 대하여 무조건적으로 마땅히 다해야 하는 무한한 책임을 느끼는")의 정
신 상태이고, 동시에 '인'은 구체적인 생활 행위의 실현이자 공부와
방법인데, '인'을 체현하는 공부와 방법은 '예'입니다. 이 '예'는 그것
이 성립할 수 있는 역사 조건의 구속을 벗어나 사람의 보편 이성이
표현된 형식을 가리킵니다. 그리하여 그는 공자의 '예'가 직접적으
로 봉건 정치의 속박을 타파하였기 때문에 그 '예'를 봉건으로 몰
고 가는 것은 결코 옳지 않다고 주장합니다.

　쉬푸관의 '인'과 '예'에 대한 관점은 "공자 사상 안에서 그 둘이
상호 분리되지 않는다"는 데에 집중됩니다. 이러한 관점은《논어》
〈안연〉편의 '안연이 인을 묻는 장〔顏淵問仁章〕'의 '극기복례위인克己復
禮爲仁'에 대한 그의 해석에서 잘 드러납니다.

기己는 사람의 생리적인 성질의 존재이고, 즉 송명유학에서 말하는 형
기形氣입니다. …… 이른바 인욕人欲과 사욕私欲 …… 이것은 '인'의 정
신을 가로막은 …… 가장 근본적인 원인입니다. 극기克己는 이런 사욕
을 제거하고 자신 형기의 제한을 돌파하여 자기의 생활을 완전히 '예'
와 서로 합하는 것입니다. …… 근원상에서 전반적으로 제기한 공부와
방법은 현실 중에 있는 '인'의 단계적인 제한을 초월하였고, 인체仁體는
즉각 드러납니다. 따라서 공자는 "날마다 극기복례하면 천하가 인에 돌
아간다"라고 말했습니다. …… 극기공부에는 반드시 구체적으로 착수
하는 곳이 있습니다. …… 공자가 말하는 "예가 아니면 보지를 말라"라
는 네 구절이 극기공부의 절목입니다.《중국인성론사》

즉, '극기복례'의 '예'는 사람에게 본래 있는 덕성 및 덕성의 표징表徵이고, 복례復禮는 반복적으로 예를 간직하고 지키는 경敬의 정신으로서 사람에게 본래 있는 덕성을 회복하여 사람이 사람 되는 가치를 드러내는 것입니다. 그렇기 때문에 인仁이 실천 과정 중에서 비록 많은 제한이 있다고 하더라도 인의 정신을 가로막는 자연적·생리적인 생명의 제약을 돌파하여 자신의 덕성을 회복하고("자신의 생활을 완전히 '예'와 서로 합하는 것"), 또한 '인'을 회복한 이후에 ("인체仁體는 즉각 드러나고") 천하는 동시에 나의 '인' 가운데에 포함된다("천하가 인에 돌아간다")는 것입니다. 이는 혼연히 사물과 동체가 되는 경계인데, 이것이 가능한 것은 사람의 생명 안에 본래 내재적 인격세계가 갖추어져 있기 때문입니다. 따라서 쉬푸관은 "공자에 대해서 말하면 인仁 이외에 천도天道가 없다"는 관점을 제출하면서 공자가 '인체仁體'가 드러나는 경험 중에서 '인'의 선천성과 무한 초월성(天道)을 증험하였고, 아울러 하늘의 요구에서 주체성의 요구로 바꾸었으며, '인'에 대한 결정권을 '하늘'이 아닌 '나' 자신에게 두었다고 주장합니다.

결국 쉬푸관은 공자의 학문을 '인학仁學'으로 규정합니다. 왜냐하면 '인'은 주공周公의 외재적 인문주의(쉬푸관은 주공이 지은 예악禮樂을 외재적 인문주의로 규정합니다. 즉, 그것은 당시의 계급적 제한으로 인하여 귀족에게 한정되어 서민들에게 미치지 못했고, 귀족 자신들에 대해 말하더라도 예악은 생활상에서도 분별, 절제, 조화의 작용만이 있다는 이유에서입니다.《중국사상사논집 속편》)에서 내재적 도덕 인문주의로의 전환을 가능하게 만든 근본 동력으로, 밖으로는 사회계급의 한계를 돌파하였고, 안으로는 개인 생리의 제약을 돌파하여 인류 자신을 위하여 무한한 생기와 무한한 경계를 열었기 때문입니다.

심성의 함의와 형이상학 비판

쉬푸관은 "중국 문화의 특색이 천도天道, 천명天命으로부터 구체적
인 생명과 행위로 한 걸음 한 걸음 내려오는 것"《중국인성론사》)이
라는 관점을 견지하고, 다른 현대 신유학자들이 하늘의 형이상적
의미를 추구한 것과 다르게 마음과 본성(性)을 결코 천명과 천도에
연결하지 않습니다. 그래서 그는 사람의 생명 안에서 사람의 가치
근원을 찾아야 한다는 입장을 견지하고, 〈마음의 문화心的文化〉에
서 마음이 인생 가치 근원이고, 이 마음에서 세워진 '마음의 문화'
를 중국 문화의 특성으로 규정합니다.

> 중국 문화는 인생 가치 근원이 사람 자신에게 있는 마음이라고 봅니다.
> …… 중국 문화에서 말하는 마음은 사람의 생리 구조 중의 한 부분, 즉
> 오관 백해(눈, 귀, 코, 혀, 피부와 온 몸을 이루는 모든 뼈) 중의 한 부분을 가
> 리켜서 말합니다. 《중국사상사논집》

여기서 쉬푸관이 마음을 사람의 생리 구조의 한 부분으로 본다
는 것은 바로 마음을 순수 생물학에서 말하는 혈기의 마음이 아
니라 맹자가 제출한 사단四端의 마음과 같이 마음의 주재와 작용
으로 본다는 것을 말합니다. 즉, 마음은 생리작용을 주재할 수 있
지만 생리작용을 떠나지 않는다는 것입니다. 이러한 마음의 구체

적인 주재와 작용은 사람의 구체적인 실천 활동 가운데에 존재한다는 점에서 마음은 결코 수양 공부를 떠날 수가 없습니다. 이 수양 공부에서 드러난 마음(쉬푸관은 이 마음이 맹자, 순자, 선종에서 말하는 본심本心을 가리킨다고 한다)은 하늘이 아니라 사람의 생리 구조, 인생 가치의 근원에서 체인體認해야 합니다. 왜냐하면 마음은 현실 생활 중의 사람의 마음이지 형이상학적인 하늘의 마음이 아니기 때문입니다. 따라서 그는 "중국사상이 비록 형이상학의 의미를 항상 가지고 있다 하더라도 그 근저에서 보면 그것은 현실세계에 안주하여 현실세계에 대해 책임을 지는 것이지 관념세계에 안주하여 관념세계 중에서 관상觀想하는 것이 아니다"(《양한사상사兩漢思想史》〈자서自序〉)라고 강조합니다.

쉬푸관은 〈마음의 문화〉에서 그러한 자신의 입장을 더욱 강화하기 위하여 사람을 중심으로 하여 《주역》〈역전易傳〉의 '형이상자위지도形而上者謂之道'(쉬푸관의 해석: "사람의 위에 있는 것은 천도이다.")를 사람의 위에 두고, '형이하자위지기形而下者謂之器'(쉬푸관의 해석: "사람의 아래에 있는 것은 (사람들이 사용하는) 기물器物이다.")를 사람의 아래에 두며, 사람의 생리 구조의 한 부분으로써의 마음을 사람의 가운데에 둡니다. 그의 '형이중자위지심形而中者謂之心'("사람의 가운데 있는 것은 마음이다.")이 그것입니다. 왜냐하면 형形이라는 단어는 전국戰國 중기에 '사람의 몸'(=사람)을 가리켰는데, 중국 문화의 핵심인 사람의 마음은 사람 몸 안에 있기 때문입니다. 따라서 그가 주장하는 핵심은 마음의 문화를 '형이중학形而中學'(사람의 마음에 대한 공부)으로 불러야지 사변이나 신앙을 통해 이론화한 형이상학적인 것으로 규정해서는 안 된다는 것입니다.

비록 쉬푸관의 그러한 '형이중학'의 주장이 독립된 이론 체계로 발전하지도 못했고, 그것이 다른 연구자들에 의해 수용되지도 못했다고 하더라도 여기서 중요한 것은 바로 그것이 사람의 가치 의식에서 마음을 해석한다는 것입니다. 즉 그것은 생활 세계의 모든 것을 중시하고 형이상학적이고 선험적인 사고를 받아들이지 않음을 함축한다는 것입니다. 바로 그가 육상산의 '심즉리心即理'에서 '리理'가 다만 윤리의 리理일 뿐이지 형이상학의 이념이 아니라고 강력하게 주장하는 이유도 여기에 있습니다.

쉬푸관은 그러한 '형이중학'의 관점에 근거하여 그의 스승인 슝스리와 그의 친구인 탕쥔이의 학문세계를 비판합니다. 그 비판의 핵심 내용은 그들이 모두 유학을 서양 형이상학의 구조에 억지로 밀어 넣어 중국 문화의 발전에 역행했다는 것입니다. 즉, 그들은 "구체적인 생명과 행위에서 형이상학의 천명과 천도까지 추론하여 그것에서 중국 문화의 근거를 찾고서 그렇게 하지 않으면 근거가 안정되지 않는다고 생각했습니다. 그들은 형이상학적 이론들이 중국사상사에서 주마등走馬燈처럼 지금까지 안정된 적이 없었다는 것을 깨닫지 못했다는 것입니다."《중국사상논집 속편》)

쉬푸관이 강조하는 '마음'과 긴밀하게 연결된 것은 바로 '본성'입니다. 왜냐하면 "본성은 사람의 생명 안에서 뿌리를 내리는 것이기 때문에" 그것은 반드시 사람의 생명을 주재하는 사람의 마음에 귀결되어야 한다는 것입니다. 그래서 그는 비록 《중용》의 '천명지위성天命之謂性'이 하나의 형이상적 명제라고 하더라도 이것은 사람의 몸에서 사람의 본질(性)을 이루는 것을 의미한다고 주장합니다. 왜냐하면 그에게서 《중용》은 본성의 문제를 중시하였지 결코 하늘의 문제를 중시하지 않았기 때문입니다. 다만,《중용》은 '도덕의 근원이 마음'이라는 관점을 제출하지 않았다는 것입니다.

쉬푸관은 맹자에 와서야 비로소 그러한 관점이 제출되었다고 보고, 맹자의 "인의예지는 마음에 근본한다"는 말에 근거하여 "마음이 선하다〔心善〕"는 것이 "본성이 선하다〔性善〕"는 것의 근거라는 중요한 관점을 제출합니다. 그에 의하면 '마음'이라는 글자가 매우 일찍 출현하였는데, 맹자 이전에는 마음과 감각기관의 욕망이 구분되지 않았습니다. 이때의 마음은 감정, 인식, 의욕의 마음을 가리킵니다. 바로 마음의 활동과 감각기관의 욕망의 활동을 철저하게 구분하여 마음을 도덕적 근거로 삼은 것은 맹자라는 것입니다.

쉬푸관에 의하면 맹자가 제출한 "본성은 선하다"의 본성은 바로 사람이 태어나면서 가지는 모든 내용이 아니라 일부 내용, 즉 마음의 작용(공부로부터 나온 내적 경험)이라는 것입니다. 이러한 마음의 작용은 생리작용에서 완성되는데, 이것이 바로 맹자의 '천형踐形'입니다. 이 '천형'은 도덕주체에서 말하면 "집의양기集義養氣의 공부를 통하여 생리적 기를 이성적 호연지기浩然之氣로 바꾸는 것이고, 도덕 실천에서 말하면 도덕심이 감각기관의 본래 작용과 능력을 통과하여 객관세계에서 마음의 덕을 실현하는 것입니다." 이렇듯이 마음이 욕망의 영향을 받지 않는다면 우리는 선한 행위를 완성할 수 있다는 점에서 맹자의 "본성이 선하다"는 것은 실제로 "마음이 선하다"는 것입니다. 따라서 그는 맹자가 생활 체험에서〔踐形〕 마음의 독립적이고 자주적인 활동을 발현한 것이야말로 사람의 도덕 주체의 소재이고, 궁극적으로 성선설의 근거라고 주장합니다.(《중국 인성론사》)

결국 쉬푸관이 본성을 논한 것 역시 마음을 논한 것과 마찬가지로 형이상적 하늘에서 논의해나간 것이 아니라 '형이중자'로 규정한 사람의 마음에서 논의한 것입니다. 즉, 마음은 사람의 생명 가운데에 존재하고, 본성은 사람 생명 가운데에 있는 마음의 표현이기 때문에 마음과 본성을 논함에는 하늘과 연결하여 그 형이상의 의의를 구해서는 안 되고, 오직 사람의 마음과 본성에서만 그 의의를 구해야 한다는 것입니다.

유가의 덕치와 민본, 그리고 민주

쉬푸관에 의하면 과거 중국의 정치사상은 통치자의 입장에서 정치 문제를 고려하였고, 역사상의 포악한 군주와 관리에 대해서는 대부분 속수무책이었는데, 이러한 폐단이 발생한 것은 유가의 잘못이 아니라 중국 자체가 민주정치를 출현시킬 수 없었기 때문입니다. 엄밀하게 말해, 그러한 폐단의 발생은 다름 아닌 장기간의 전제 정치의 압박 아래에서 반민주反民主의 성분이 유가사상에 끊임없이 스며들어갔기 때문입니다. 그래서 그는 유가사상 중에서 본래 가지고 있던 민주정신을 파악하여 다시 새롭게 들어내고, 아울러 이 사상으로 민주정치를 지지하려면 사상사를 연구하는 사람은 반드시 구체적인 지표를 바탕으로 유가사상의 내부에 들어가서 그 본래 면목("하늘 아래 모든 것은 누구나 할 것 없이 공평하다〔天下爲公〕", "백성은 귀하고 임금은 가볍다〔民貴君輕〕")을 잘 파악해야 한다고 강조합니다. 그가 인성론을 연구한 이유도 여기에 있습니다. 즉, 그가 문화의 근본에서 정치에 대한 반성을 진행하고, 인성의 깊은 곳에서 정치의 문제를 해결하기를 희망한 것이 그것입니다.

그러한 입장에서 쉬푸관은 공자의 덕치德治와 맹자의 민본民本에 근거하여 자신의 정치적 관점을 명확하게 제출합니다. 즉, 유가사상을 주류로 하는 중국 문화는 인생 가치 근원이 사람의 생명 중에 근원함을 긍정하는데, 그 정치사상의 최고 원칙은 덕치주의이고, 그 노력 대상은 민본주의이며, 그 발전 방향은 자유민주라는 것입니다. 이는 유가가 강압적 권력과 폭력을 반대하는 가장 합리적인 정치사상임을 전제하는 것입니다. 왜냐하면 그에게서 덕치의 출발점은 개인의 내재된 덕을 통하여 서로 간의 내적 관계를 융합해나가는 '사람에 대한 존중이자 인성에 대한 신뢰'에 있기 때문입니다. 이것이 바로 정치상 자유민주의 근원이라는 것입니다. 이러한 인식 아래 그는 유가 정치사상의 덕치주의와 민본주의에 대한 그 자신의 관점을 보다 분명하게 제출합니다.

먼저 쉬푸관은 〈공자 덕치사상의 발미孔子德治思想之發微〉《중국사상사논집》에서 덕치주의를 다음과 같이 말합니다. 즉,《논어》에서 말하는 덕치는 당시의 통치자가 먼저 솔선수범하는 정치를 요구하는데, 덕치란 바로 덕치자가 자신의 권력을 제한하는 것입니다. 이 덕치는 세 가지 측면에서 이해됩니다.

첫째, 덕치는 '무위이치無爲而治'입니다. 이 '무위'는 일을 전혀 하지 않는 것이 아니라 사사로운 뜻이나 강제적 수단으로 사람들을 다스리지 않는 것입니다. 왜냐하면 덕치는 사람에 대한 신뢰이자 인성에 대한 신뢰에서 나오기 때문입니다. 즉, 임금과 백성들의 관계를 고려해볼 때에 임금이 자신의 덕을 실현하는 것은 바로 백성들에게 모두 잠재해 있는 덕을 실현하는 것과 같습니다. 이것은 '인성에 대한 신뢰'가 발현되어 덕치에 대한 신뢰가 됨을 의미합니다. 따라서 '무위이치'로서의 덕치는 '정치권력 자체의 해소'로서 임금이 실제로 백성의 일에 관여하여 그들을 돕고 계발하는 것을 자기의 일로 삼는 동시에 백성들의 자율적 행위를 고취하는 것입니다.

둘째, 덕치는 '자신을 닦아서 백성을 편안하게 하는 것(修己以安百姓)'입니다. 임금에게 가장 중요한 일 중의 하나는 인재 등용인데, 인재 등용이 올바르면 이것은 임금의 덕이고, 올바르지 않으면 이것은 임금의 부덕不德입니다. 임금에게서 인재 등용과 '수기'는 직접적 관계가 있기 때문에 임금에게 있어서 '수기'와 '인재 등용'은 나눌 수 없는 것입니다. 이렇게 본다면 덕치는 임금이 자신의 몸으로 법칙을 삼는 '신교身敎'입니다. 이는 "백성에게 통치자 자신의 믿음을 보여주지 않으면 설 수 없다"는 그의 '민무신불립民無信不立'에 대한 해석에서 잘 드러납니다.(《중국사상사논집 속편》) 이 '민신民信'의 믿음은 통치자가 자신을 믿음의 조건으로 삼아서 직접 백성들에게 자신의 믿음을 보여주는 것이기 때문에 이것은 백성들에 대한 요구가 아니라 통치자 자신에 대한 요구입니다. 이러한 '민신'의 믿음은 공자가 '백성들을 가르치는 것'보다 '백성들을 부유하게 하는 것'을 우선시한 핵심 내용입니다.

셋째, 덕치는 '백성들을 부유하게 한 뒤에 가르치는 것'입니다. 전자보다 후자를 우선하는 것은 그 교육의 내용에 관계없이 자연히 정치의 강제 역량에 흘러가서 억지로 백성을 자기가 승인하는 진리나 가치에 복종하도록 하는 것입니다. 이때에 백성은 표면적으로 그 진리나 가치를 위해서 희생되는 것처럼 보이지만 실제로는 임금의 권력 의지를 위해서 희생되는 것에 불과합니다.

하지만 공자는 분명히 백성의 자연 생명 자체를 정치의 출발점으로 삼았고, 교육을 백성의 자연 생명을 위해서 존재하는 것으로 보았습니다. 그래서 쉬푸관은 백성의 자연 생명에 우선하여 교육을 제일로 삼는 정부는 반드시 전제주의 정부로 흘러가며, 또한 그러한 정교政敎합일은 우두머리〔酋長〕정치의 유풍이라고 강력하게 비판합니다.《중국사상사논집 속편》 따라서 그는 공자의 덕치사상이 전제정치의 역사 중에서 사회의 많은 폐단을 구하는 책임을 다하였기 때문에 그것은 실로 민주정치에 통하고, 또한 철저한 민주정치에서 그 이상이 실현될 수 있다고 강조합니다.

다음으로 쉬푸관은 〈유가 정치사상의 구조 및 그 전진儒家政治思想的構造及其轉進〉《학술과 정치의 사이》에서 민본주의를 다음과 같이 말합니다. 민본은 덕치와 상호 표리관계입니다. 중국 전통의 정치사상은 국가 관념의 건립보다도 백성을 정치의 유일한 대상으로 확립하는 데에 치중했습니다. 그래서 그것은 "하늘이 백성을 낳은 것은 임금을 위한 것이 아니고 하늘이 임금을 세운 것은 백성을 위한 것"《순자荀子》〈대략大略〉이라고 생각했을 뿐만 아니라 원시종교의 하늘 관념을 백성의 몸 위에서 구체적으로 실현하였기 때문에 백성을 신의 지위에까지 끌어올렸습니다. 즉, "하늘이 보는 것은 우리 백성을 통해서 보고, 하늘이 듣는 것은 우리 백성을 통해서 듣는다"《서경書經》〈태서泰誓〉, "天視自我民視, 天聽自我民聽.")와 "백성이 하고자 하는 것은 하늘이 반드시 그것을 따른다"《국어國語》〈주어周語〉, "民之所欲, 天必從之.")가 그것입니다. 이러한 사실은 백성이 현실적으로 임금의 아래에 있지만 실제로는 하늘과 신을 대표하는 자격으로 임금의 위에 있음을 의미합니다.

그런데 쉬푸관이 가장 중시한 것은 맹자의 민본사상입니다. 특히, 맹자의 '민귀군경民貴君輕'은 신, 국가, 임금이 모두 백성을 위해서 존재함을 잘 보여준다는 것입니다. 물론 이것은 맹자가 주나라 초기의 백성을 중시하는 전통을 계승하고, 아울러 백성이 정치의 주체임을 연구하고, 백성의 좋아하고 싫어하는 것이 정치의 최고 준칙임을 확정한 결과입니다. 그렇기 때문에 '민귀군경'은 정치 방면에서 근대 민주정치의 철학적 기초라고 할 수 있는 '성선론의 운용'이라는 것입니다. 따라서 그는 비록 맹자가 민주제도의 구체적 구상을 결여하고 있다고 하더라도 그가 주장하는 것은 실제로 백성을 위주로 하는 정치이고, 중국 정치사상사 중 최고의 민주정치의 정신을 대표한다고 주장합니다. 왜냐하면 맹자는 사람 본성의 선함을 증명하였고, 인격의 존엄을 실증하였기 때문입니다.

쉬푸관이 덕치사상과 민본사상을 강조한 이유는 다음과 같습니다. 덕치사상 때문에 정치가 일종의 권력이라는 관념과 국가가 순전히 백성을 억압하는 도구라는 근거 없는 말이 부정되었으며, 민본사상 때문에 통치자 자신에게 어떤 특수한 권익이 있다는 관점과 통치자와 피통치자가 엄격한 계급 대립이라는 근거 없는 말이 부정되었다는 것입니다.《학술과 정치의 사이》 이러한 관점은 장기간 진행된 전제정치의 압박 아래에서 공자와 맹자의 '백성을 위한 정치'라는 이상이 좌절되었지만 유가사상은 끝내 그것에 의해 변질되지 않았고, 또한 그것과 타협하지 않았으며, 그리고 그것에 끊임없이 항거해왔음을 기본적으로 전제합니다. 그렇기 때문에 그가 볼 때에 유가사상의 정상적인 발전을 저해한 것은 다름 아닌 전

제정치입니다. 그렇다면 그에게서 전제주의에 대한 비판과 전통문
화에 대한 비판을 특별히 유가사상에 대한 비판과 연관시켜 이 둘
을 나눌 수 없다고 하는 주장은 그 자체로 많은 문제를 가질 수밖
에 없습니다. 그가 이 둘을 반드시 구분해야 한다고 주장한 이유가
바로 여기에 있습니다.

결국 쉬푸관이 유가사상에서 민주정신을 찾으려고 한 것은 다
름 아닌 유가의 전통으로부터 도덕의식을 버리고 통치자들의 무한
한 정치적 책무를 받아들이며, 기본적인 개인의 권리에 대한 승인
을 버리고 권력을 향하는 정치를 비판하면서 민주주의를 유학의
도덕적 전통에 통합시키는 데에 있습니다. 그리하여 그는 〈유가 정
치사상의 구조 및 그 전진〉에서 다음과 같이 말합니다.

민주정치는 유가 정신의 부활로부터 보다 궁극적인 근거를 획득할 수
있으며, 유가사상은 민주적 정치 형태의 건립을 통해 실제적인 객관적
구조를 완성할 수 있습니다.

인생 가치의 문제에서 심미와 예술의 문제로

쉬푸관은 그 이전의 미학 연구자들(왕궈웨이王國維(1877~1927), 차이
위안페이, 덩이저鄧以蟄(1892~1973), 쫑바이화, 주광첸朱光潛(1897~1986), 팡
동메이 등)과 달리 중국 사상사, 특히 중국 전통 인성론의 관점에서
중국 전통 예술과 미학 이론을 연구하였습니다. 그의 철학은 대부
분 인생 가치의 문제에 대한 연구를 중시하는데, 예술의 문제는 분

명히 인생 가치의 문제를 소홀히 할 수 없는 중요한 방면입니다. 이 인생 가치의 문제에 대한 연구는 그로 하여금 예술 문제에 대한 연구로 나아가게 하였고, 그것에 대한 하나의 견실한 기초를 세우게 하였습니다. 그 결과물이 다름 아닌 그의《중국예술정신中國藝術精神》(1966)입니다.

쉬푸관이 '중국예술정신'이라는 개념을 제출한 목적은 바로 중국 예술전통에 대한 근원적 반성에 있습니다. 왜냐하면 이 개념은 중국 예술전통의 가치 근원이며, 그 근원은 사람의 내재적·경험적 심성心性에 있기 때문입니다. 이러한 심성 중에서 중국 전통문화는 예술의 근원뿐만 아니라 정신의 자유해방까지 발굴해내어 예술화 하였습니다. 이러한 중국 예술정신에 대한 그의 관점은 크게 세 가지로 나누어 설명할 수 있습니다.

첫째, 쉬푸관은 중국 예술정신을 공자와 장자가 보여주는 두 가지 전형으로 개괄합니다. 먼저 그는 공자가 중국 역사에서 가장 두드러지고 위대한 예술정신의 발견자로서, 도덕을 예술정신의 내적 근거로 삼았다고 주장합니다. 왜냐하면 그는 공자가 '음악'을 '인류 행위의 예술화·규범화의 통일물'인 '예'의 위에 둔 것이야말로 음악이 개인의 인격완성의 경지임을 인정한 것이라고 보기 때문입니다. 이러한 관점에서 그는 공자 사상에서 '예와 음악의 내재 관계', '음악에서의 선과 미의 통일', '인仁과 음악의 통일에 대한 사상적 내포 및 그 중요한 가치'를 분석합니다. 특히 그는 공자가 말한 "인과 음악의 융합과 통일은 도덕과 예술의 통일이 가장 깊은 근원과 가장 높은 경계 속에서 자연스러운 융합과 통일에 도달할 수 있다"고 주장합니다. 왜냐하면 그가 볼 때 공자에게 도덕은 예술의 내용을 충실하게 해주며, 예술은 도덕의 역량을 조장하고 안정시켜주기 때문입니다. 따라서 그는 공자가 음악을 통하여 표현해낸 인생을 위한 예술의 최고 경계야말로 선과 미의 철저한 조화 통일의 최고 경계라고 주장합니다.

다음으로 쉬푸관은 그의 '장자의 재발견'이라는 말처럼 다른 학자들의 장자 이해와 차별화된 독창적인 관점을 보여줍니다. 그 핵심 내용은 바로 장자가 제출한 도道의 본질을 최고의 예술정신으로 이해한 것입니다. 그런데 문제는 그도 인정하듯이 도가가 본래 예술과 전혀 관련이 없다는 것입니다. 왜냐하면 장자의 도가 본래 형이상학의 위치에서 사변을 통해 전개되는 것이라면, 예술은 인생 체험의 위치에 놓이는 것이기 때문입니다. 이것은 그들이 제출한 도가 오늘날에 말하는 일반적인 예술정신으로 볼 수 없음을 의미합니다.

그런데 쉬푸관은 장자의 예술정신이 중국의 예술정신을 대표한다고 주장합니다. 왜냐하면 그는 장자의 도를 추상적으로 파악할 때에는 철학적이며 사변적이지만 구체적으로 파악할 때에는 예술적이고 생활적이라고 보기 때문입니다. 즉, "노장 사상이 그 당시에 성취하였던 인생은 사실 예술적 인생이었으며", "장자의 도는 그 본질이 예술성이고, 장자가 파악한 마음은 바로 예술정신의 주체라는 것입니다." 따라서 그의 주장은 만일 우리가 부단히 노력하여 삶 속에서 노자와 장자의 도를 체득할 수 있다면 우리는 그들이 말하고 있는 도가 실제로 최고의 예술정신임을 발견할 수 있다는 것입니다.

여기서 쉬푸관은 다음과 같은 아주 중요한 주장을 합니다. 즉,

"노자와 장자가 본래 예술에 무심했기 때문에 그들이 말하는 도의 본질을 가장 진실한 예술정신이라고 말할 때에는 반드시 두 가지 경계를 전제해야 한다"는 것입니다. 첫째는 도에 예술정신을 포함시킬 수 있지 예술정신에 도를 포함시킬 수 없다는 것입니다. 왜냐하면 그들은 인생을 직시하면서 도를 말했지 예술작품을 마주하고서 도를 말하지 않았기 때문입니다. 둘째는 도의 본질이 예술정신이라고 한다면 이것은 바로 예술정신의 최고 의경意境(실제로 사물을 보고 그리는 것이 아닌 마음에서 일어나는 감성과 경치를 그리는 것)에 대하여 말한다는 것입니다. 왜냐하면 노자와 장자의 도는 그들의 현실적이고 완전히 갖추어진 인생이라는 점에서 예술작품의 창작에로 귀결시킬 필요가 없기 때문입니다.

그래서 쉬푸관은 장자의 예술정신을 논의함에 있어서 아주 중요한 관점을 제출합니다. 즉, 장자가 말하는 도道는 구체적인 예술활동으로부터 승화된 것이기 때문에 그 공부는 구체적 예술활동이나 예술적 의미가 있는 활동을 가리킨다는 것입니다. 간단하게 말해 구체적인 예술활동이 도에로의 승화를 가능케 했다는 것입니다. 이것은 중국 예술정신의 핵심 관념으로서 장자가 제출한 '포정이 소를 해체하는 일(庖丁解牛)'에 대한 그의 독특한 해석에 근거합니다.

포정은 자신이 좋아하는 것은 도이며 도는 기술에 비해서 한 차원 더 나아간 것입니다. 그 이야기로부터 도와 기술이 밀접하게 관련되어 있다는 것을 알 수 있습니다. 포정은 결코 기술의 밖에서 도를 본 것이 아니라 기술 안에서 도를 보았습니다. …… "제가 처음 소를 잡기 시작했을 때" 이하의 문장 내용은 곧 포정이 그가 어떻게 기술로부터 도의 경지에로 나아갈 수 있었는가 하는 노력의 과정을 설명하고 있는데, 이는 실제로 기술로부터 예술창조에로 나아가는 과정과 같은 것입니다. (《중국예술정신》)

여기서 쉬푸관이 주시한 것은 두 가지입니다. 하나는 포정과 소의 대립, 즉 마음과 사물의 대립을 해소하는 것입니다.(《장자》〈양생주養生主〉, "소가 전혀 보이지 않게 되었다.") 또 하나는 손과 마음의 거리를 해소하는 것, 즉 기술에 대한 마음의 제약을 해소하는 것입니다.(〈양생주〉, "감각과 지각이 멈춰진 채 정신이 행하고자 하는 바를 따른다.") 바로 포정이 소를 해체하는 행위는 어떠한 속박도 없는 "기술을 넘어선 정신적 유희"(유遊, 쉬푸관의 해석: "유의 의미는 결코 구체적인 유희가 아니며 오히려 구체적인 유희 속에서 정현되어지는 자유 활동을 취하여 그것을 승화시켜나감으로써 정신상태가 자유로운 해방에까지 도달할 수 있게 된다는 것의 상징")가 되고, 그의 정신은 기술의 해방에서 오는 자유감과 충실감을 누리게 된다는 것입니다. 따라서 그에게서 포정이 소를 해체하는 모습은 도가 현실 인생에서 실현된 모습이며, 동시에 예술정신이 현실 인생 중에서 표현되었을 때의 모습이기도 합니다.

둘째, 쉬푸관은 자신의 유가와 도가의 예술에 대한 분석을 역대 중국 문예이론, 특히 중국 화론의 분석에 응용하여 참신한 예술적 관점을 제출합니다. 즉, 중국 예술활동 중에서 사람과 자연의 화합은 언제나 그 매개체가 장자 사상이라는 것입니다. 이러한 장자 사상이 심원한 영향을 미친 것은 중국의 산수화이며, 이 산수화야말로 장자 사상을 체현한 것입니다. 왜냐하면 산수화는 "장기간의 전제정치의 압박 및 일반 사대부의 사리사욕이 만연한 현실에서 이를 초월하여 자연으로 들어가 정신적 자유를 얻고 정신적 순결을 유지하여 생명을 회복하고자 하여 성립된 것"이기 때문입니다. 이렇게 본다면 자연 산수는 장자 사상이 자연스럽게 귀결된 곳이며, 위진 시대에서 시작된 산수화는 "현학玄學 속에 있는 장자 사상의 산물"이자 정수입니다. 이것은 바로 중국의 예술이 오직 자연으로 향하고 산수로 귀결될 때에만 장자 사상의 순수하고 정결한 모습이 나타날 수 있음을 의미합니다. 따라서 그는 산수화의 출현이 바로 "장자 사상의 인생 속에서의, 그리고 예술상에서의 결실"이라고 주장합니다.

셋째, 쉬푸관은 서양의 현대화와 달리 중국의 산수화가 표현해 내는 것은 의연하고 담담한 안정된 모습이고, 사물과 내가 모두 하나가 되는 평화의 경지라고 봅니다. 그래서 그는 서양 현대 예술에 있는 문제와 약점에 대하여 적지 않는 비평을 하면서 중국의 예술 전통이 왜 그것보다 더 위대한가를 논증합니다. 즉, 중국 문화와 서양 문화의 가장 큰 차이 가운데 하나가 중국 전통의 근원에는 주관과 대상, 그리고 개인과 사회 사이의 구분이 없다는 것입니다.

그래서 쉬푸관은 서양의 예술적 특징을 '순응적 반영'으로 규정하고, 중국의 예술적 특징을 '반성적 반영'으로 규정합니다. 전자는 예술이 반영한 현실을 추진하고 도와주는 작용을 발생시키는 것인 까닭에 그 의의는 반영된 현실의 의의에 의해 결정되는 것입니다. 후자는 산수화와 같이 예술이 반영한 현실을 비판함과 동시에 초월하여 자연으로 나아가 정신의 자유해방을 얻는 것입니다.

예컨대, 전자가 현실에 대해 마치 불이나 기름을 부어버리는 것과 같다면, 후자는 마치 폭염이 내리쬐는 무더위 속에서 시원한 청량음료를 한 잔 마시는 것과 같다는 것입니다. 그리하여 그는 장자의 예술정신에 깊은 영향을 받은 산수화의 현대적 가치에 주목하면서 다음과 같이 말합니다. 즉, "내 생각으로는 만약 현대인이 중국의 산수화를 감상할 수 있다면 지나친 긴장에서 오는 정신질환에 대하여 어쩌면 좋은 효과가 생길 수도 있으리라고 봅니다." 왜냐하면 그에게서 산수화는 현대의 급속한 공업화로 초래된 정신 자유의 상실, 생활의 메마름과 단조로움, 경쟁과 변화의 극렬함으로 인해서 불안한 삶을 살아가는 현대인들에게 마음의 안정, 정신의 자유와 해방, 타인과의 조화를 가져다주기 때문입니다.

결국 쉬푸관이 말하려고 한 것은 "중국의 문화 정신은 현실을 벗어나서 본체를 말하지 않으며, 중국의 회화는 자연을 떠나 기운氣韻을 말하지 않는다"는 것입니다. 그래서 그는 진정한 예술 행위란 사람과 자연 간의 접촉 위에서 이루어지며, 위대한 예술품이란 항상 물아일체와 주객합일의 경지를 표현한다고 강조합니다. 이것이 바로 서양 예술세계와 차별화된 오직 중국 예술세계만의 특성입니다.

나가는 글

쉬푸관은 현대 신유학의 대표 인물로서 자신의 독특한 관점으로 중국사상사를 연구하여 학문 연구상에서 다른 학자들과 차별화된 자신만의 학문적 영역을 구축하였습니다. 그는 현대 신유학이 20세기 하반기에 홍기하는 데에 있어서 아주 중요한 공헌을 하였는데, 특히 1958년에 그가 탕쥔이, 모우쫑산, 장쥔마이와 함께 서명한 〈문화선언文化宣言〉의 발표는 신유학이 홍콩과 타이완에서 부상하는 중요한 지표가 되었습니다.

쉬푸관은 도덕 실천(주체)을 통한 인문 세계의 건설을 위해서 유가의 내재적 인문정신을 사상적 주축으로 삼고, 인성론을 그 정신의 근간으로 봅니다. 그래서 그는 문화란 현실을 떠날 수 없다는 관점을 견지하고, 여러 개념들에 대한 갈래와 변천에 대한 연구 작업을 진행하는 동시에 그 이면에 담긴 사상의 맥락을 밝혀냄으로써("개념들이 어떠한 발생되었고 어떠한 변화 과정을 거쳐갔으며, 더 나아가 어떠한 의미를 함축하면서 발전되어 나갔는가") 중국 사상사의 연구 작업을 철저하게 현실의 문제에 귀착시킵니다.

쉬푸관의 학문 역정에서 결코 빼놓을 수 없는 인물은 그의 스승인 슝스리입니다. 그는 항전抗戰 시기에 슝스리의 "나라와 민족을 잃은 자는 늘 자기 문화를 먼저 잃는다"와 "중국을 구하고자 하면 반드시 먼저 학술을 구해야 한다"는 사상을 접수하고 정치를 버리고 학문에 종사할 것을 힘써 결심합니다. 이러한 결심 이후에 그는 학문 연구에서 사변적 형이상학을 철저히 배제하고, 중국 문화의 연구란 구체적인 현실 세계, 즉 역사의 시공간에서 전개된 구체적 세계에 중점을 두어야 한다고 강조합니다. 이러한 강조는 그의 선진先秦과 양한兩漢 사상사의 연구 방면에서 보다 분명하게 전개됩니다. 즉, 중국 문화 중에서 민주와 연결될 수 있는 내용을 찾아서 역사상 개인주의와 전제주의, 도덕과 정치의 대립과 충돌을 힘써 명시하려고 한 그의 노력이 그것입니다. 이런 속에서 그는 중국 봉건적 전제주의와 전통 사상 문화의 구분을 강조하고, 유가사상이 장기간의 전제주의의 압박 아래에서 왜곡되고 변형되었다고 생각합니다. 그 결과 그는 전제주의가 유가사상의 정당한 발전을 압박하고 왜곡하였지 유학이 전제주의를 보호해주는 부신符信이라고 말할 수 없다고 강조합니다.

쉬푸관은 중국 전통사상이 은나라와 주나라의 교체기에 시작되었고, 인성론이 그 근간이며, 공자, 맹자, 노자, 장자 및 송명 이학가의 인성론이 중국 인성론의 주류라고 봅니다. 그래서 그는 종교의 공포와 절망 의식과 다른 '우환의식' 개념을 제출하는데, 바로 이러한 '우환의식'의 약동 아래 중국의 도덕 사명감과 문화 정신이 생산되었고, 이는 중국 전통문화의 주류가 되었다고 생각합니다. 더 나아가 그는 도덕, 예술, 과학을 인류 문화의 삼대 지주로 삼고, 중국 문화야말로 역사가 유구한 도덕 정신과 예술 정신의 방면에서 중국의 독특한 인문정신을 체현했다고 봅니다. 그래서 그는 이러한 인문정신이 서양 문화에 결여된 것으로서 현대 인류의 위기를 해결해주는 역사적 의의뿐만 아니라 현대적 미래적 의미를 지니고 있다고 주장합니다.《중국예술정신》) 그리하여 현대 인류의 앞에 놓인 여러 문제들을 해결하려면 우리는 반드시 중국의 인문정신을 발굴하고 넓혀나가야 한다는 것입니다. 결국 그는 그 자신만의 중국 전통문화에 대한 독자적인 관점을 형성하였고, 그것의 문제에 대한 가치 있는 연구를 이끌어냈습니다.

더 읽어보면
좋은 책

쉬푸관 지음, 유일환 옮김, 《중국인성론사(선진편)》, 을유출판사, 1995. (도가와 법가 부분만 번역됨)

이 책은 인성론의 주 내용인 도道, 덕德, 심心, 성性 등의 연구에 귀납적 연구 방법과 추체험推體驗의 방법을 사용하여 그것들의 내재적 관련을 밝혔고, 인성론이 중국 전통사상의 근본이며 중국 인문정신의 가치 근원임을 역설했다.

쉬푸관 지음, 권덕주 옮김, 《중국예술정신》, 동문선, 1990.

이 책은 중국 사상사, 특히 중국 전통의 인성론의 관점에서 중국 전통의 예술과 미학 이론을 연구하고, 중국 예술전통에 대한 근원적 반성을 통하여 가치 문제에 대한 연구에서 심미와 예술 문제에 대한 연구로 나아가 중국 예술정신에 대한 하나의 견실한 기초를 세웠다.

쉬푸관 지음, 고재욱·김철운·유성선 옮김, 《중국경학사의 기초》, 강원대출판부, 2007.

이 책은 전통적인 문헌학적 해석에서 벗어나 경전의 사상적 연원과 갈래에 대한 연구를 통하여 기존의 경학 관련 저서들과는 전혀 다른 구조 체계와 사상 체계를 보여주고 있으며, 중국 철학에서 경학의 사상사적 위치를 재정립했다.

8장

평유란과 중국 철학의 법고창신

중국 철학의 세계시민권 획득

—

이원석

평유란
馮友蘭(1895~1990)

펑유란은 20세기 중국이 낳은 대철학자 중 한 명으로, 동양
의 전통철학을 신실재론과 실용주의라는 서양 근대철학의 관
점에서 재해석하고 한 걸음 더 나아가 동양 전통철학의 관점
에서 서양 근대철학의 중요 문제를 해결하려고 시도했던 사
람이었다. 그에 의해 중국 철학은 세계 철학의 시민권을 획득
할 가능성을 갖게 되었다. 그는 진사 합격자이자 관료였던 부
친에 의해 충실한 한학漢學 교육을 받았고 이후 베이징대학과
컬럼비아대학에서 서양 철학적 방법론을 익혔기 때문에, 중
국 철학과 서양 철학에 동시에 정통한 인물이었다. 이런 능력
을 바탕으로 20대 때부터《인생철학人生哲學》이라는 굵직한 저
술을 발표했고, 30대에는 불후의 고전인《중국철학사》(1934)
를 발간했다. 중일전쟁의 격동에 휘말렸던 40대에도 이른바
'정원육서貞元六書'를 저술하여 철학을 통한 중국의 신생新生을
염원하였다. 중국의 공산화 이후 그는 곤경의 세월을 보낸다.
특히 문화대혁명 당시에는 이루 말할 수 없는 모욕을 겪으면
서 건강도 크게 악화되고 부인과 사별하기도 한다. 그럼에도
불구하고 그는 특유의 낙관적 정신과 사명감으로 세월을 인
고했고, 1980년대에는《중국철학사 신편新編》(1989)을 저술하
는 데 목숨을 바친다. 그의 철학적 문제의식은 오늘날에도 중
국 철학계의 주요 논제로 남아, 중국 철학의 미래적 가능성을
실현하기 위한 디딤돌이 되고 있다.

펑유란의 초년

펑유란은 20세기 중국이 낳은 대철학자 중 한 명입니다. 그를 '대철학자'로 칭할 수 있는 까닭은 동양의 전통철학을 신실재론과 실용주의라는 서양 근대철학의 관점에서 재해석하고, 한 걸음 더 나아가 전통철학의 관점에서 서양 근대철학의 문제를 해결하려 시도했기 때문입니다. 동양 철학을 한갓 과거의 유물로 치부하거나, 아니면 그것을 위대한 정신적 전통으로서 과도하게 칭송하던 양극단을 지양하고, 그는 철학의 전체 스펙트럼 내에서 동양 철학이 차지하는 위치를 명료하게 밝혀주었고, 이로써 동양 철학은 세계적 시민권을 부여받게 됩니다.

    펑유란은 결코 순탄한 인생을 산 사람이 아니었습니다. 10대 시절 청 왕조의 몰락과 중화민국의 탄생을 목도했고, 20대에는 신문화운동이라는 질풍노도와 같은 사건을 겪었습니다. 30대에는 중국 군벌들의 분열상과 투쟁을 지켜봐야 했고, 40대에는 중일전쟁으로 인해 중국 최남단인 윈난성까지 피난을 가야 했습니다. 50대 이후에는 공산화된 중국에서 자신을 비판하는 교조적 마르크스주의자들과 지난한 논쟁을 벌여야 했으며, 급기야 60년대 중후반부터 전개된 문화대혁명으로 인해 자신의 과거를 모조리 부정당해야 했습니다. 그의 철학사상은 이런 시대의 격동과 무관한 것이 아니라, 정반대로 그런 파도와 정면으로 맞서며 그것을 뛰어넘으려는 과정에서 형성되었습니다. 이 점에서 펑유란은 단지 철학사 연구자에 그치지 않고 온몸으로 철학을 한 진정한 철학자였다 하겠습니다.

1895년 허난성河南省 탕허현唐河縣에서 태어난 펑유란은, 진사과 급제자로서 우창武昌의 방언학당方言學堂 회계서무위원, 충양현崇陽縣 현령 등을 역임했던 부친 펑타이이馮台異로부터 한학과 신학문을 직접 배우기 시작합니다. 방언학당은 개혁인사인 장즈동張芝洞 (1837~1909)에 의해 세워졌고 양딩펀梁鼎芬(1859~1919)이 교장을 맡았던 외국어학교였기 때문에, 그곳에서 근무하던 펑유란의 부친은 비록 전통학문을 했음에도 불구하고 신학문의 사정에 익숙했을 것입니다. 한학과 신학문을 동시에 배웠던 것은 이후 펑유란의 크나큰 자산이 됩니다.

펑유란은 열일곱 살에 대학 예과에 해당되는 상하이의 중국공학中國公學에서 '신학新學' 또는 '서학西學'이라 불리는 신학문을 익혔고, 여기서 윌리엄 제번스의《논리학 입문》을 원어로 배우고서 논리학에 흥미를 느낀 나머지 서양 철학을 전공하고자 결심하여 마침내 1915년 베이징대학 철학과에 입학합니다. 제번스의 책은 이후 옌푸에 의해《명학천설名學淺說》로 요약·번역됩니다.

당시 베이징대학 철학과에는 서양 철학 전공교수가 없었기 때문에 그는 부득이 중국 철학을 공부할 수밖에 없었습니다. 근대적 방법론에 의거한 중국철학사 수업은 1~2학년 때는 들을 수 없었고 3학년 때 후스 교수가 부임하고 나서야 그로부터 '중국철학사 대강'이라는 제대로 된 철학사 수업을 들을 수 있었습니다. 한편으로 펑유란은 량수밍의 '동서 문화와 철학' 강연에 지대한 관심을 갖습니다.

펑유란은 1919년 국비유학시험에 합격하여 미국으로 건너가 컬럼비아대학 철학과 대학원생이 됩니다. 여기서 그는 동서 문화의 비교를 연구하기로 마음먹습니다. 펑유란이 미국에 가지고 간 문제는 서양은 왜 부강하고 중국은 왜 빈약한가, 다시 말해 서양은 중국에 비하여 어떤 점이 우월한가였습니다. 그는 서양에는 근대 자연과학이 있었고 중국에는 그것이 없었기 때문이라는 답을 일단 제시합니다.

그렇다면 다시 왜 중국에서는 근대 자연과학이 발달하지 않았는지를 물어야 합니다. 펑유란은 이에 대해, 중국 철학이 행복을 마음속에서만 추구하려 한 결과, 외적 세계에 대한 명료한 인식과 그에 힘입은 자연의 통제를 결여하게 되었다고 대답합니다. 그는 이상의 내용을 〈중국에는 왜 과학이 없나?: 중국 철학의 역사와 그 결과에 대한 하나의 해석爲什麼中國沒有哲學: 對中國哲學的歷史及其後果的一種解釋〉이라는 논문에 담아《국제윤리학 잡지》(32권 3호, 1922년 4월)에 기고합니다.

펑유란은 이상의 문제의식을 발전시켜 〈천인손익론天人損益論〉(1923)이라는 제하의 박사학위 논문을 컬럼비아대학 대학원에 제출하고 박사학위를 취득합니다. 이 논문의 논지는 그 제목이 잘 표현하고 있습니다. 펑유란은 먼저 사람의 경험 대상에 천연적天然的인 것과 인위적人爲的인 것이 있다고 전제합니다. 천연적인 것은 사람의 힘에 의존치 않고 스스로 생겨나고 없어지는 것입니다. 반대로 인위적인 것은 반드시 사람의 힘에 의존해 존재합니다.

어떤 철학자들은 세계가 본래 좋은 것인데 사람에 의해 나빠지게 된다고 보는 반면, 어떤 철학자들은 세계가 본래 좋지 않은 것인데 인간의 노력에 의해 좋게 된다고 봅니다. 전자의 입장을 취하면 인위적인 것을 가급적 '손損'하는 것, 곧 덜어나가는 것이 좋다고 할 것이며, 후자의 입장을 취하면 인위를 '익益'하는 것, 곧 보태는 것이 좋다고 할 것입니다. 천연적인 것의 보존과 인위적인 것의 제거를 주장하는 쪽에는 세계 대부분의 종교적 철학이나 중국의 경우 노자老子의 철학이 포함되고, 인위에 의해 천연을 개선시켜 나가야 한다는 쪽은 서양 대부분의 근대철학과 중국의 경우 순자荀子의 철학이 포함됩니다.

평유란은 손도와 익도 이외에도 중도中道를 제시합니다. 중도는 천연과 인위가 상호 모순이 아니고 오히려 인위가 천연을 돕는다고 봅니다. 중도에 해당되는 것으로는 유가 철학과 아리스토텔레스의 철학이 있다고 합니다. 유가 철학은 천연적인 것의 실제 내용이 인의예지신仁義禮智信이라는 인간적인 이상적 덕목이라고 합니다. 유가 철학, 특히 성리학에 따르면, 사람은 하늘로부터 선한 본성을 부여받아 태어나지만, 그의 형기形氣(구체적 형체를 띤 기)로 인해 그 본성을 온전히 실현시키지 못합니다. 그래서 인간은 형기로 인한 사욕을 제거하는 '인위'적 노력을 통해 천연을 회복해야 합니다. 한편 아리스토텔레스는 만물 내에 이데아(각 사물의 이상적 모습)가 편재하고, 사람은 '인위'인 실천에 의해 '천연'인 이데아가 실현되게 해야 한다고 말합니다. 유가와 아리스토텔레스 모두 인위적 실천이 천연에 도움이 된다는 구도를 취하는 것입니다. 평유란이 심중에 두고 있던 것은 바로 중도의 철학이었습니다. 그래서 그는 이렇게 말합니다.

지금 이른바 중도의 여러 철학의 관점에 의거하고 아울러 실용주의 및 신실재론의 견해를 두루 채택하여 거기에 내 생각을 섞어 한 편의 인생론을 엮어냈으니 그것이 내가 생각하는 비교적 바람직한 인생론이다. (《평유란 자서전馮友蘭自述》, 2012)

평유란의 《중국철학사》

평유란이 현대 중국철학계에서 오늘날과 같은 위상을 갖게 된 이유의 8할은 그의 《중국철학사中國哲學史》 때문입니다. 따라서 우리는 그의 철학을 본격 소개하기에 앞서 이 책이 지닌 특징을 일별할 필요가 있습니다.

평유란의 《중국철학사》가 나오기 이전에도 셰우량謝無量(1883~1964)이 1916년에 출간한 《중국철학사》, 후스가 1919년에 출간한 《중국철학사 대강》, 루마오더陸懋德(1888~?)가 1923년에 출간한 《중국철학사》, 그리고 종타이鍾泰(1888~1979)가 1929년에 출간한 《중국철학사》가 있었다고 합니다.

이 가운데서도 당시 학계에 큰 바람을 일으켰던 것은 후스의 《중국철학사 대강》이었습니다. 당시 베이징대학 총장이던 차이위안페이蔡元培에 따르면, 그 책은 중국 고대철학의 전적이 진서眞書인지 위서僞書인지 증명하고, 공자와 노자 이전 삼황오제의 전설적 인물을 철학사에서 제외시켰으며, 유가만을 정통으로 보지 않고 제자백가를 그와 동등하게 다루었고, 각 철학 유파의 발생과 발전을 체계적으로 서술하였다는 것입니다. 덧붙여, 인용하는 경전 원문을 작은 글자로 쓰고 자신의 해석을 큰 글자로 쓴 것 역시 획기적이었다고 평유란은 덧붙입니다.

평유란은 1927년 옌징대학에서 중국철학사를 강의하면서 그 강의안을 바탕으로 《중국철학사》를 쓰는데, 이것은 주로 후스의 《중국철학사 대강》에 대한 반성 위에서 저술됩니다. 첫째, 후스는 고전의 위작 가능성을 일단 의심한다는 의고疑古의 관점을 채택하여 위서로 판명된 글은 철학사에서 제외시킴에 비해, 평유란은 이른바 고전에 담긴 내용의 진실성을 더 중시해야 한다는 석고釋古의 관점을 택해, 위서일지라도 내용이 좋기만 하다면 그 성립 연대를 고증하여 철학사의 자료로 택해야 한다고 보았습니다.

둘째, 후스의 《중국철학사 대강》이 실질적으로 선진先秦시기 철학사인데다가 해당 시대의 사회·경제적 변화를 고려하지 않았음에 비해, 평유란은 중국의 전 시대에 걸친 철학사를 썼고, 게다가 어느 정도 사회·경제적 변화를 반영하여 중국철학사를 자학子學 시대와 경학經學 시대로 구분했습니다. 자학 시대는 제자백가가 활약했던 춘추전국시대를 가리키고, 경학 시대는 그 이후부터 청나라 말기에 이르는 유가경전 독존의 시대를 가리킵니다.

셋째, 후스의 《중국철학사 대강》은 노자老子를 중국 철학의 시점으로 보지만, 평유란은 공자를 시점으로 보았습니다. 어떤 철학사의 시점에 해당하는 인물을 누구로 볼지에 따라 그 철학사의 기조가 결정되기 마련인데 후스는 노자를 시점으로 설정함으로써 전통 유학의 독존적 지위를 부정하려고 했던 것입니다. 당시 후스와 량치차오 사이에 이 문제에 관한 논쟁이 있었고 평유란은 량치차오의 손을 들어주면서, 공자를 개인 자격으로 강학講學한 최초의 인물, 개인 자격으로 이론을 세운 최초의 인물, 그리고 개인 자격으로 학파를 세운 최초의 인물이라고 보아 공자를 중국철학사 최초의 인물로 내세웠습니다.

여기까지는 후스의 《중국철학사 대강》과 비교해 보았을 때 펑유란의 《중국철학사》가 갖는 특징일 뿐입니다. 펑유란은 이것과 별도로 자신의 책이 학계에 공헌한 바를 두 가지 꼽습니다. 첫째는 선진의 철학 분파 중 하나인 명가名家의 체계를 정리한 것입니다. 명가는 중국 고대의 논리학파와 그 학자들을 가리키는 용어입니다. 중국 철학에도 논리학이 있느냐는 의심이 들 테지만, 지금은 사라진 명가의 문제의식을 알아야 그 이후에 전개된 중국 철학의 존재론을 잘 이해할 수 있습니다. 그는 혜시惠施 계열의 유명론적唯名論的 논리학과 공손룡公孫龍 계열의 실재론적 논리학을 구분해냅니다. 혜시는, 하나로 연결되어 있는 비분절적非分節的 연속체가 세계의 실상인데, 인간은 자신들이 지어낸 상대적 개념으로 세계를 분절하면서 그 개념들을 절대시한다고 비판합니다. 한편 공손룡은 각 개념들의 실재성을 극단적으로 주장합니다. 혜시는 세계의 본질을 비분절적 연속체로 보는 반면, 공손룡은 세계의 본질을 제반 개념으로 본 것입니다.

둘째, 펑유란은 성리학의 시조인 정호·정이 형제의 철학을 각각 심학心學과 이학理學으로 구분합니다. 이전에는 둘을 합하여 '이정二程' 또는 '정자程子'로 칭하면서 구분하지 않았는데, 실상은 심대한 철학적 차이가 두 형제 사이에 있었다는 것입니다. 세계의 본질을 근원적 마음으로 보는 심학은 이후 육구연陸九淵을 거쳐 왕수인王守仁의 양명학陽明學으로 이어지고, 세계의 본질을 리理로 여기는 이학은 주지하다시피 주희朱熹에 의해 집대성이 됩니다.

새로운 이학〔新理學〕

신이학의 방법론: 이어서 설명하다〔接着講〕

평유란의 '새로운 이학'은 중일전쟁 중에 성립되었습니다. 그는 이리저리 피난을 다니는 가운데에도 《신이학新理學》(1937), 《신사론新事論》(1940), 《신세훈新世訓》(1940), 《신원인新原人》(1942), 《신원도新原道》(1945), 《신지언新知言》(1946)을 저술합니다. 이들 여섯 권은 오늘날 '정원육서貞元六書'라는 이름으로 불리고 있습니다. '정원'은 《주역》에서 따온 어휘로, '정貞'은 겨울, 곧 고난의 세월을 상징하고, '원元'은 봄, 곧 희망을 상징합니다. 전쟁이라는 고난의 세월 속에서도 희망이 싹트리라는 기대를 담고 있습니다.

이들 여섯 권 중에서 철학적으로 가장 중요한 책은 《신이학》입니다. '신이학'은 '새로운 이학'으로 번역되는데, 과거의 성리학을 옛 이학으로 놓고 그것을 새로운 이학으로서 발전시키겠다는 의지가 그 제목에 들어 있습니다. 이 책 서문에서 평유란은 먼저 '비추어서 설명하는 것〔照着講〕'과 '이어서 설명하는 것〔接着講〕'의 차이를 밝힙니다. '비추어서 설명하는 것'은 옛 철학자들의 관점에 입각하여 제반 철학적 문제들에 대해 서술하는 태도를 가리킵니다. '이어서 설명하는 것'은 옛 철학자들의 관점을 수용하면서도 그것을 비판적이고 창조적으로 계승하는 태도를 가리킵니다. 평유란은 '이어서 설명하는 것'을 자신의 방법으로 삼겠다고 공언합니다. 그것이 '이학' 앞에 '새로운'이라는 수식어를 붙인 까닭입니다.

평유란이 '새로운 이학'에서 갖고 있던 기본 문제의식은 "보편과 특수가 어떻게 구별되고 어떻게 연계되는가?"하는 것이었습니다. 쉽게 말해 보편은 일반적 개념이고 특수는 그것의 구체적 실현체입니다. 예를 들어, '사과'라는 말은 보편이고, 우리가 현실에서 직접 접하는 구체적 사과는 특수입니다. 서양 철학에서 최초로 이 문제를 제기하고 또 상세하게 논한 이는 플라톤이었다고 합니다. 그렇다면 펑유란은 플라톤의 문제의식을 갖고서 중국 철학을 분석한 것 아니냐는 의문이 있을 수 있습니다. 하지만 중국에도 그러한 문제의식을 가진 이가 있었으니 고대에는 공손룡이 있었고, 근세에는 주희가 있었다고 합니다. 그러므로 펑유란은 서양의 문제의식을 가지고 와서 중국 철학을 분석했다기보다, 서양과 중국 철학이 공유하는 보편적 문제를 발굴하여 중국 철학을 새로운 시각에서 조망했다고 보아야 할 것입니다.

리理, 기氣 그리고 기器

펑유란은 위와 같은 방법에 따라 과거의 이학理學을 현대적으로 재해석합니다. 그런데 현대적 재해석이라고 해서 과거의 이학을 그대로 받아들이는 것이 아니라, 현대 철학의 일반적 원리에 비추어 잘못되었다고 여겨지는 부분은 과감하게 비판하고 또 수정을 합니다. 또 하나 알아두어야 할 것은, 펑유란의 신이학이 한 번 정립된 다음에 변하지 않고 그대로 유지되었던 것은 아닙니다. 그 대체적 체계는 30~40대에 갖추어지지만, 그 핵심 문제 특히 '실재'의 문제에 관한 사색은 노년까지 이어져 과거의 신이학 체계가 수정되기도 했던 것입니다.

이제 그의 신이학을 본격적으로 살펴봅시다. 평유란은 특히 정주이학程朱理學의 리理와 기氣 개념에 주목합니다. 그것은 정주이학이 보편과 특수 문제에 대해 가장 깊이 있는 논의를 보여주었기 때문이라고 합니다. 평유란이 보편과 특수 문제에 천착한 이유는 무엇일까요? 그것은 이 문제가 동과 서를 막론한 철학에서 가장 중요한 것 중 하나이기 때문입니다. 평유란은 보편과 특수의 문제가 중국철학사 내에서도 끊임없이 제기되고 응답된 문제라는 것을 입증하고, 바로 그렇기 때문에 중국에도 '철학'이 있었다는 것을 주장하고 싶어했습니다. 설명을 계속하겠습니다. 평유란에 따르면, 각 종류의 사물이 그렇게 있을 수 있는 까닭이 리이고, 이것이 바로 그 사물의 보편입니다. 어떤 하나의 사물 가운데에는 그와 동일한 종류의 사물들에 공통으로 들어 있는 동일한 규정이 포함되어 있습니다. 그 사물이 이 규정을 갖게 되면 그것은 다른 종류의 사물로부터 '질'적으로 구분됩니다. 그런데 그 규정, 곧 보편이 있다고 해서 그러한 규정을 갖는 사물이 구체적 세계 안에 반드시 존재하는 것은 아닙니다. 왜냐하면 그것이 놓일 물질적 기초가 있어야만 하기 때문입니다. 평유란은 이러한 물질적 기초를 기氣라고 부릅니다.

평유란은 이렇게 리를 보편으로 규정합니다. 그렇다면 기氣는 특수일까요? 그렇지 않습니다. 왜냐하면 기는 구체적 사물의 물질적 기초일 뿐, 구체적 사물 그 자체는 아니기 때문입니다. 그는 구체적 사물을 지칭하는 용어는 기器라고 합니다. 평유란의 새로운 이학에서 기氣와 기器의 구별은 중요합니다. 이러한 구별이 평유란만의 독창인지 여부는 송대 이래 이학사를 세밀히 조사해보아야 하겠지만, 적어도 그것을 근대철학적 관점에서 새로이 구별해냈다는 것은 그의 중요한 공헌이라고 보아야 할 것 같습니다. 송대 이학자들은 기氣에 맑은 것淸과 탁한 것濁이 있다고 합니다. 그런데 그렇게 말하면 기氣는 기器로 오인될 수 있습니다. 기器란 한정적이고 구체적인 개별 사물을 가리키는 용어이기 때문입니다. 평유란이 보기에 기氣는 어디까지나 아직 한정되지 않았고 그래서 개별적 사물이라고 할 수 없는 원초적 질료입니다. 그런 기氣에 맑은 것이 있고 탁한 것이 있다고 말한다면, 그 기氣는 이제 '한정'이 되어버린 구체적인 것이 되고 맙니다. 한정이 되어버린 구체적인 것이 바로 기器입니다. 따라서 평유란은 "기氣에 맑은 것이 있고 탁한 것이 있다"는 식으로 말하는 송대 이학자들을 비판합니다. 이렇게 함으로써 평유란은 기氣를 플라톤 철학의 '질료' 개념에 가까운 것으로 재해석했던 것입니다. 플라톤 철학에서 질료란 아직 규정되지 않은 그 무엇을 가리키고 있습니다. 이상과 같은 방식이 그가 말한 '이어서 설명하는 것'의 전형적 사례입니다.

기器가 철학용어로 쓰였던 것은 저 유명한 "형체를 넘어선 것을 도道라고 하고, 형체를 갖춘 것을 기器라고 한다〔形而上者謂之道, 形而下者謂之器〕"라는 《주역》의 구절이었습니다. 평유란은 도道는 리理와 같은 것으로서 보편이고, 기器는 구체적 사물로서 특수라고 간주합니다. 구체적 사물은 보거나 듣거나 맛볼 수 있는 감각적 대상이지만 추상적 존재(도道, 리理)는 감각적 대상이 아니라 사유의 대상이라고 합니다.

하지만 엄밀히 말해 추상적 존재는 사유의 대상이라고 할 수도 없습니다. 예컨대 삼각형의 이데아를 생각해봅시다. 삼각형의 이데아란 삼각형 그 자체로서 모든 삼각형의 대표자이며 삼각형의 정의definition를 담고 있습니다. 가령 우리가 머릿속에 어떤 삼각형을 이데아로서 떠올렸다고 합시다. 그렇게 떠올리는 순간 이미 그것은 삼각형의 이데아가 아닙니다. 왜냐하면 그것은 여러 삼각형 중 하나일 뿐 삼각형 그 자체는 아니기 때문입니다. 그렇다면 '세 직선이 만나 이루어진 도형으로서 내각의 합이 180도인 것'을 떠올렸다고 합시다. 이것은 삼각형의 정의로서 보편적인 것이기는 하지만, 역시 삼각형 그 자체라고 할 수는 없습니다. 왜냐하면 삼각형의 이미지가 결여되어 있기 때문입니다. 이렇게 보면 삼각형의 이데아는 사유의 대상이라기보다 사유의 근거인 것처럼 보입니다.

여하튼 펑유란은 감각적 대상이 될 수 없는 추상적 존재는 현실에 없는 것 같지만 실제로는 있는 것이며, 그것도 무수히 많다고 합니다. 삼각형의 이데아가 있다면 사각형의 이데아도 있고, 오각형의 이데아도 있습니다. 비행기의 이데아가 있다면 자동차의 이데아도 있고 잠수함의 이데아도 있습니다. 그는 정이의 "고요하고 아무런 형체가 없되 모든 형상이 빽빽하다(冲漠無胅, 萬象森然)"라는 말이 추상적 세계를 잘 나타낸다고 합니다.

펑유란에 따르면 보편은 모두 형체가 없기 때문에 "고요하고 아무런 형체가 없다"라고 합니다. 하지만 모든 보편이 그 속에 있기 때문에 "모든 형상이 빽빽하다"라고 표현했다고 합니다. 정이가 과연 그런 의도로 위와 같이 말했는지 여부는 여기에서 중요하지 않습니다. 우리는 펑유란이 그 구절을 '이어서 설명한(接着講)' 방식에 주목해야겠습니다. 다시 말해, "모든 형상이 빽빽하다"라는 표현이 이데아의 세계를 묘사한 것이라고 하는 그의 전통적이면서도 창조적인 해석 방식에 눈길을 주어야 합니다.

리理와 사事: 리는 어디에 있는가

이와 같은 보편과 특수의 관계에 대한 논의는 리理와 사事의 관계에 대한 논의로 전환될 수 있습니다. 펑유란이 새로운 이학을 정립할 당시 그에 대해 세 가지 견해가 있었다고 합니다. 첫째는 "리가 사물에 앞서 있다〔理在事先〕"이고, 둘째는 "리가 사물 위에 있다〔理在事上〕"이며, 셋째는 "리가 사물 속에 있다〔理在事中〕"였습니다. 하지만 이 세 가지는 실제로는 두 가지로 압축됩니다. 왜냐하면 "리가 사물에 앞서 있다"와 "리가 사물 위에 있다"는 실제로 같은 얘기이기 때문입니다. 펑유란의 새로운 이학은 정주이학과 마찬가지로 "리가 사물에 앞서 있다"와 "리가 사물 위에 있다"를 주장합니다.

이 의미를 좀더 부연설명해 보겠습니다. 펑유란은 비행기의 리와 실제 비행기 중 무엇이 먼저 있냐고 묻습니다. 당연히 비행기의 리가 먼저 있어야지 그에 따라 실제 비행기를 만들 수 있습니다. 그렇다면 고대 중국에도 비행기의 리가 있었느냐고 물어볼 수 있습니다. 펑유란은 그렇다고 대답합니다. 다만 당시의 인간이 그 리를 발견하지 못했을 뿐이라는 겁니다. 앞에서 이데아의 세계에는 무한히 많은 종류의 이데아가 있다고 했습니다. 거기에는 비행기의 이데아는 물론 인간과 똑같은 로봇의 이데아도 있을 것입니다. 이러한 이데아는 언제 나타났다가 언제 사라지는 것이 아니라 영원히 변화되지 않는 영원불변의 존재입니다.

하지만 만년의 펑유란은 입장을 바꾸어 "리가 사물 속에 있다"를 취하게 됩니다. 어째서 그는 생각을 바꾸게 된 것일까요? 그는 묻습니다. 비행기가 있기 전에 비행기의 리가 있다고 한다면 그 리는 대체 어떻게, 그리고 어디에 존재하는가? 리는 감각의 대상이 아니므로 우리는 그것을 없는 것으로 여깁니다. 하지만 그렇다고 해서 그것은 없는 것은 아닙니다. 이처럼 리는 있기도 하고 없기도 한 존재, 규정하기 힘든 존재(무규정자)로 간주됩니다. 그래서 신실재론자들은 'subsist', 곧 '잠재적 존재'라는 용어를 만들어냈다고 그는 말합니다. 하지만 그런 용어를 만들어낸다고 해서 문제가 해결되는 것은 아니라고 펑유란은 지적합니다. 왜냐하면 어떤 사람이 "무엇이 잠재적 존재요?"라고 묻는다면 "그것은 있는 것도 아니요, 없는 것도 아니다"라고 대답할 수밖에 없는데, 이것은 다시 문제의 시작점으로 되돌아간 것에 불과하기 때문입니다.

그래서 펑유란은 "리가 어디에 있느냐?"라는 질문에 대해 "리가 사물 속에 있다"라고 대답할 수밖에 없다고 합니다. 어떤 종種의 보편과 그 종의 사물은 있으면 같이 있고 없으면 같이 없는 것이라고 그는 말합니다. 사람은 구체적 사물로부터 보편을 뽑아내 추상화합니다. 그런 추상화의 과정은 사람의 사유 속에서 일어납니다. 그러므로 리는 사실상 사람의 사유 속에 있는 것입니다. 정리를 해보면, 사물이 먼저 있고, 사람의 추상화 과정에 의해 그 사물의 리가 사유 속에 있게 됩니다. 이때 사람은 "사물 속에 리가 있다"라고 느끼게 됩니다. 이러한 펑유란의 후기 입장은 아무래도 마르크시즘의 영향을 보여주지 않나 조심스레 추측해봅니다. 왜냐하면 마르크시즘의 영향을 받은 중국철학사가들은 리를 단순한 관념적 존재로 보고 사물의 실재성을 중시하기 때문입니다.

하지만 우리는 펑유란에게 이러한 질문을 던질 수 있습니다. "리가 어디에 존재하느냐"라는 그의 질문이 과연 성립할 수 있는가 하고 말입니다. 리는 보편이라고 했습니다. 보편은 영원불변한 것으

처음 읽는 중국 현대철학

로서 시간을 넘어서고, 무소부재無所不在한 것으로서 공간을 넘어서는 것입니다. 이처럼 공간을 넘어서는 것에게 "어디에 존재하느냐?"라는 질문은 아무 의미가 없습니다. 왜냐하면 "어디에 존재하느냐?" 하는 물음은, 암묵적으로 리를 공간 내 존재로 가정하는 것이기 때문입니다. 이런 가정은 당연히 잘못입니다. 따라서 보편에게 "어디에 있는가?"라고 묻는 것은 적절하지 않습니다.

그렇다면 다시 이렇게 질문할 수 있겠습니다. "대체 리는 있기는 있는 거요?" 여기에 우리는 이렇게 대답할 수 있습니다. "물론입니다. 사실 리야말로 참으로 있는 것입니다." 참으로 있는 것, 곧 실재實在입니다. 이에 비해 눈으로 보거나 손으로 만질 수 있는 구체적 사물들은 있다가 없어지는 변화의 존재이기 때문에, 있기는 있되 참으로 있는 것은 아닙니다. 펑유란도 타계하기 직전에는 이와 유사한 답을 제시합니다. 그는 《현대중국철학사現代中國哲學史》(2006)에서 자신의 '새로운 이학'을 반성하면서, 리는 '존재하지 않지만 있는 것〔無存在而有〕'이라고 합니다.

'존재하지 않지만 있는 것'이라는 표현은 그의 동료였던 진웨린金岳霖(1895~1984)으로부터 빌려온 것으로, "존재하지 않는다"라는 것은 시·공간 내의 현실 속에 존재하지 않는다는 것을 가리키고, '있는 것'은 참으로 있다는 것, 곧 실재를 가리킵니다. 그러면서 신실재론의 '잠재적 존재'라는 표현은 적합하지 않다고 지적합니다. 펑유란에 따르면, 보편에 대해 '존재하지 않지만 있는 것'이라는 진웨린의 설명은 실재론을 한층 설득력 있는 것으로 만들어주었다고 합니다.

하지만 근본적으로, 리를 이데아와 같은 것으로 여겨도 괜찮은가 하는 의문이 있을 수 있습니다. 이 의문에 답하려면 먼저 기氣에 대해 간략히 설명할 필요가 있습니다. 적어도 유가적 전통에 국한해서 말한다면 송대의 이학理學이 정립하기 이전까지 주류는 기학氣學이었다고 할 수 있습니다. 다시 말해 존재론적 차원에서 세계를 설명하는 근본 원리는 기氣였습니다. 그렇다면 기란 어떤 것일까요? 마치 가스와 같은 어떤 이미지를 떠올리면 됩니다. 단, 기라는 것은 입자로 구성되어 있는 것이 아닙니다. 그러므로 그런 가스 같은 것을 아무리 쪼개어봐도 최소 입자는 나타나지 않습니다. 그런 입자가 없기 때문에 기라는 것은 하나로 이어져 있습니다.

본래의 기, 곧 원기元氣에는 '끝'이 없습니다. 끝, 곧 한정이 없기 때문에 그것은 무한정자無限定者 또는 무규정자無規定者의 성격을 띱니다. 이러한 기는 마냥 고요한 물처럼 가만히 있는 것은 아닙니다. 기는 마치 물결이 일렁이듯이 움직이기도 하고 고요히 있기도 합니다. 전 우주를 채우고 있는 기는 여기저기에서 움직임과 고요함이 무수히 반복됩니다. 이런 움직임과 고요함을 각각 양과 음이라 할 수 있습니다. 이런 움직임과 고요함의 과정을 통해 만물이 태어나고 또 죽어갑니다.

이학理學 정립 직전의 유학자들은 이러한 기학을 통해 유가의 핵심 가치인 어짊(仁)을 설명하려고 했습니다. 무한정자인 기는 스스로 움직임과 고요함을 통해 그 속에서 만물을 낳습니다. 이처럼 만물을 낳는 기는 마치 어머니처럼 여겨집니다. 어머니로서의 기는 만물을 대가 없이 낳아주었다는 점에서 어진 존재입니다. 그러한 어머니로부터 태어난 만물 역시 어진 속성을 갖는 존재로 여겨집니다. 그러므로 세계의 본질은 어짊이고, 만물의 본질 역시 어짊입니다. 이렇게 유가의 어짊을 기氣의 존재론으로 뒷받침하고자 했던 대표적 인물이 바로 장재張載(1020~1077)였습니다. 장재는 이학의 시조인 정호·정이 형제의 외삼촌뻘이었다고 합니다.

정호·정이 형제는 장재보다 한 걸음 더 나아가려고 했습니다. 그들 역시 기의 존재를 인정하기는 합니다. 다만 기가 음양陰陽의 규칙적 운동을 한다는 데 주목합니다. 그렇다면 기의 규칙성을 야기하는 어떤 법칙적 존재가 있으리라 충분히 생각할 수 있을 것입니다. 그들은 그 법칙적 존재를 천리天理 또는 리理라고 명명합니다. 기가 있는 곳 어디에나 음양의 규칙적 운동이 일어나므로, 기가 있는 곳 어디에나 리가 존재합니다. 이런 의미에서 리는 공간을 넘어서는 무소부재無所不在한 존재입니다. 또한 리는 시간을 넘어서는 영원불변한 것입니다.

정호·정이 형제 이후 이제 사물을 낳는 궁극적 근원은 기가 아니라 리가 됩니다. 왜냐하면 리가 있음으로 해서 비로소 기가 음양의 움직임을 보이고 그로부터 만물이 생겨나기 때문입니다. 그러므로 리야말로 만물을 낳은 어진 존재라고 할 수 있습니다. 그리고 리는 무소부재하므로 어디에든 편재할 수 있습니다. 개개 사물에다 내재하는 것입니다. 개개 사물에 내재한 리를 '본성(性)'이라고 합니다. 그런데 앞서 리야말로 어진 것이라고 했으므로 본성 역시 어진 것입니다. 이리하여 인간 본성은 어진 것이다, 달리 말해 인간 본성은 선하다는 성선설性善說이 존재론적으로 증명됩니다. 다만 인간의 몸은 리만 아니라 기로 이루어져 있기 때문에 기가 본성을 가려서 악한 존재가 될 수도 있습니다. 이상에서 보다시피 리는 법칙이자 생명의 근원으로서 어진 존재입니다. 그리고 기는 리가 없다면 음양의 운동을 할 수 없는 무규정적 존재입니다. 앞서 우리는 평유란이 리를 이데아와 같은 것으로 보았다고 했습니다. 하지만 이상과 같은 이해에 근거한다면, 리는 오히려 법칙이자 생명 근원이라고 여겨져야 할 것입니다.

경계론

'새로운 이학'에 포함된 여러 가지 내용 중 후대 철학자들에 의해 주목되는 또 하나의 내용은 그의 '경계境界'론입니다. 경계는 경지境地로 번역하면 좋을 듯합니다. 그가 이처럼 인격 도야와 관련된 논의를 하는 까닭은 근현대의 서양 철학에 그런 면이 부족하여 대중으로부터 소외되고 있다고 판단했기 때문입니다. 사람들은 철학으로부터 인생에 도움이 될 만한 교훈을 요구하고 있는데, 근현대의 서양 철학은 그런 인생교훈을 제공하는 대신 인식의 가능 근거나 과학의 성립 조건과 같은 문제에 지나치게 치중하고 있었습니다. 따라서 평유란은 서양 철학에 결여된 수양론적 전통을 내세워 현대 사회의 문제를 해결해보고자 한 것으로, 그의 시도는 오늘날에도 매우 중대한 시사점을 갖습니다.

평유란에 따르면, 첫 번째는 자연自然의 경지이고, 두 번째는 공리功利의 경지이며, 세 번째는 도덕道德의 경지이고, 네 번째는 천지天地의 경지입니다. 자연의 경지에 있는 인간들은 자의식이 없고 순박한 생활을 영위하며 주로 원시사회에 살았습니다. 이들은 아직 사회를 구성하지도 않습니다. 공리의 경지에 들어서면 인간은 자의식을 가지고 사회를 구성하기 시작합니다. 다만 이 경지에서는 자기 개인의 이익, 곧 사私를 위해서만 일을 합니다. 도덕의 경지에 있는 인간 역시 자의식을 가지고 사회를 구성하지만, 공리의 경지에 있는 인간들과는 달리 공公을 위해서 일합니다.

마지막으로 천지의 경지에 있는 인간은 자연에 대한 심층적 인식을 추구합니다. 다시 말해 경험 가능한 특수로부터 그에 깃든 보편을 인식해냅니다. 보편을 인식하려면 감각기관이 아니라 사유가 필요합니다. 순수 사유를 통해 보편을 인식할 수 있을 때 천지의 경지에 도달할 수 있으며, 이때 사람은 안심입명安心立命할 곳을 찾게 된다고 펑유란은 말합니다. 이렇듯 펑유란은 중국의 전통적 수양론과 서양의 이성적 사유를 결합한 독특한 이론을 제시합니다.

펑유란은 천지의 경지에 도달한 사람은 '대전大全'의 관점에서 조망한다고 말합니다. 대전은 곧 우주이고 모든 사물에 대한 총칭입니다. 모든 사물들은 '있는 것'입니다. 따라서 대전은 '군집해 있음'으로 규정되기도 합니다. 그렇다면 '군집해 있음'의 관점에서 세상을 바라본다는 것은 대체 어떤 의미일까요? 펑유란의 설명을 보면, 그것은 천지를 분절된 개체들의 집합이 아니라 비분절의 연속체로서 바라보는 것입니다. 그럴 때 자신의 도덕 행위는 단지 자의식적이고 사회적인 행위가 아니라 그 양자를 넘어선 우주적 행위가 되며, 더 나아가 초도덕적 행위가 된다고 펑유란은 말합니다. 왜냐하면 나와 천지만물들 사이에도 구분이 사라져서, 나와 천지만물이 하나가 될 수 있는데, 그렇다면 나와 천지만물의 관계는 나와 '나의 일부' 사이의 관계로 바뀔 수 있어, 근본적으로 '자의식'적 행위가 불가능해지기 때문입니다.

아무래도 여러분들은 도덕의 경지와 천지의 경지 사이에 무슨 차이가 있느냐 하는 의문을 가질 법합니다. 그것은 이렇게 이해하시면 되겠습니다. 도덕의 경지란, 인간이 의식적으로 도덕을 행하는 경지입니다. 그렇기 때문에 인간은 자신의 도덕적 행위와 그것이 야기할 결과에 대해 스스로 관심을 가질 수밖에 없습니다. "내가 저 사람을 예우禮遇했는데 저 사람은 나를 어떻게 대접할까?" 혹은 "내가 저 사람에게 이런 선물을 주었는데 저 사람은 나에게 답례를 하지 않을까?" 같은 의식을 가질 것입니다.

반면, 천지의 경지란 순수한 본성으로부터 비롯한 도덕적 행위가 이루어지는 경지입니다. 상대방을 예우하고서도 그에 대한 답례를 전혀 기대하지 않는 경지, 선물을 주고서도 전혀 대가를 바라지 않는 경지일 것입니다. 이것은 인류학자들이 말하는 '절대증여'의 경지라고 할 수 있겠습니다. 인류학자들에 따르면 사람이 절대증여의 경지를 접할 때 초월적 체험을 한다고 합니다. 왜냐하면 사람들은 인간 차원에서는 자신이 주는 선물에 대한 대가를 전혀 바라지 않는 것이 불가능하고, 오로지 신의 차원에서만 그것이 가능하다고 느끼기 때문입니다.

하지만 위와 같은 펑유란의 당시 논지 전개에는 검토해야 할 점이 하나 있습니다. 그는 '군집해 있음'과 비분절적 연속체를 동일한 것으로 보지만, 사실 그것은 그렇지 않습니다. 왜냐하면 '군집해 있음'은 존재론의 측면에서 유有에 가까운 반면, 무분절적 연속체는 그것이 무규정적이라는 점에서 무無에 가깝기 때문입니다.

중국 철학과 미래 세계 철학

1949년 중화인민공화국이 성립하기 직전, 평유란은 교환교수로 미국에 있었는데 자기 철학의 핵심을 요약하는 글 〈중국 철학과 미래 세계 철학Chinese Philosophy and a Future World Philosophy〉을 영문으로 《필로소피컬 리뷰The Philosophical Review》에 발표합니다. 이 글에 따르면 서양 근대철학자들은 물物 자체를 인식할 수 없다고 여깁니다. 물 자체는 어떤 규정도 갖지 않는 것인데, 사람은 어떤 것을 접할 때마다 그것을 규정하기 때문입니다. 그렇게 규정하는 주체는 다름 아닌 이성입니다.

평유란은 중국의 도가道家 철학은 이성적으로 사유하면서도 물 자체를 파악하는 방법을 알고 있었다고 합니다. 그 방법이란 이성에 의한 이성의 부정이었습니다. 이성에 의한 이성의 부정을 통해 물 자체와 하나가 될 수 있다는 것입니다. 이성이 부정된다는 것은 물 자체를 규정하려는 주체가 사라진다는 말입니다. 규정한다는 것의 가장 기본적 모습은 나와 대상을 가르고 구획 짓는 것입니다. 그렇게 가르고 구획 짓는 작용이 사라지므로 나와 대상 사이의 구별도 사라지고 더 나아가 세계 내의 모든 구별이 사라집니다. 그렇게 세계는 구별 없고 규정 없는 것으로 화합니다. 그리하여 물 자체와 내가 하나가 되는 것입니다.

여기서 주의할 것은 물 자체와 내가 하나가 되는 것이 결국은 이성에 의해서 가능하게 되었다는 점입니다. 그러므로 평유란의 설명에 따르면, 이성의 활동에 의해 물 자체와 하나가 되는 것이 논리적으로는 가능한 것처럼 보입니다. 이것은 물 자체는 이성에 의해 온전히 파악될 수 없다는 칸트의 결론과 상반되는 것입니다.

이상의 해결책은 결국 신실재론과 실용주의를 종합하려는 시도 끝에 나온 것입니다. 왜냐하면 신실재론은 이성적 전통을 중시하고 실용주의는 이성보다 물 자체를 중시하는 쪽이라고 대략 말할 수 있기 때문입니다. 특히 평유란의 미국 유학 시절 스승인 존 듀이의 실용주의는 유기체를 근본에 두면서 환경과 그것 사이의 자극과 반응을 중시하고, 이성적 사유란 유기체의 반응 양태 중 하나라고 봄으로써 이성보다 유기체를 근본에 놓습니다. 이런 유기체는 물 자체와 가까운 것이라고 일단 볼 수 있겠습니다.

하지만 우리는 평유란에게 다음과 같은 질문을 던질 수 있습니다. 이성이 스스로를 부정할 수 있다고 한다면 이성이 자기 부정을 본질로 갖는다는 것인데, 그것이 과연 가능한 얘기일까요? 또한 설사 그것이 가능하다 하더라도, 이성이 스스로를 부정하는 활동 속에서도 이성은 주체로서 계속해서 남아 있게 됩니다. 다시 말하면, 이성이 스스로를 부정하는 그 활동이야말로 이성적인 것일 터이므로, 이성은 여전히 존속하게 됩니다. 그렇다면 그로 인해 이성은 어떤 식으로든 물 자체를 규정하려고 하지 않을까요? 다시 말해 이성은 물 자체와 영원히 하나가 될 수 없는 것 아닐까요? 평유란은 미래의 세계 철학이 이성주의와 신비주의 종합이 되리라고 보았는데, 이성이 그와 같이 계속해서 작동한다면 과연 진정한 의미의 신비주의가 성립할 수 있을지도 의문입니다.

펑유란, 전통과 현대의 가교

이렇게 해서 펑유란의 40대의 철학 여정도 끝을 맺습니다. 그리고 크게 보아 그의 철학적 여정의 전반기도 여기서 끝이 납니다. 전반기의 여정은 신실재론과 실용주의의 종합화 시도에서 시작하여 그 것으로 마무리되었다는 점에서 수미일관합니다.

중국이 공산화된 이후 펑유란은 마르크시즘의 철학을 이해하는 데 전력을 기울입니다. 하지만 신실재론적 입장을 갖는 철학자가 당국에 의해 환영받을 리는 없습니다. 왜냐하면 관념론의 일종인 신실재론은 마르크시즘적 유물론과 대립하기 때문입니다. 그는 '추상적 계승법'에 의거해 전통의 추상적 의미를 계승해야 한다고 주장하는데, 이것이 문제가 되어 비판을 받았습니다. 마오쩌둥 정권은 성립 초기 대내적 안정을 위해 과거의 자산가 계급이나 지식인 계급 출신자들에 대해 비교적 관대한 태도를 취했습니다. 그래서 1950년대에는 백가쟁명百家爭鳴을 구호로 내세워 다양한 사상의 토론을 유도하기도 하였습니다. 하지만 소련과의 관계가 악화되는 등 대외적 환경이 악화일로를 걷자 내부 결속을 위해 사회주의적 경향을 강화하는데, 이 과정에서 과거 자산가 계급과 지식인 계급이 배척을 당하게 되며, 바로 60년대에 시작된 문화대혁명이 그 결정적 표현이었던 것입니다. 문화대혁명은 사회주의적 사상을 강조하는 만큼 봉건적 사상의 대변자인 유교에 대해 비판적일 수밖에 없었습니다. 그런 경향이 이미 50년대부터 싹트기 시작했던 것입니다.

펑유란은 이러한 50년대의 흐름에 대응하여 추상적 계승법을 제시합니다. 무릇 유가 경전 내 대부분의 구절은 추상적 의미와 구체적 의미를 가지며 현대의 우리는 그 중 추상적 의미를 추출하여 계승하면 된다고 그는 주장합니다. 예를 들어《논어》의 가장 첫 머리에 나오는 "배워서 때때로 익히면 즐겁지 않은가?"라는 구절을 봅시다. 과거 배움의 대상은 예禮, 악樂, 사射, 어御, 서書, 수數로서 모두 봉건 귀족의 커리큘럼에 해당되는 것이었습니다. 그러므로 '예, 악, 사, 어, 서, 수를 배워서 때때로 익히면 즐겁지 않은가?'라는 것이 그 구절의 구체적 의미입니다.

그러나 이 구절의 추상적 의미는 그런 구체적 커리큘럼이 아니라 배움을 향한 열정을 지시합니다. 실제로 현대인들은 봉건 귀족의 커리큘럼을 염두에 두지 않더라도 그 구절을 그대로 이해하면서 자신의 상황에 적용시킬 수 있습니다. 그렇다면《논어》를 반드시 봉건사상의 대표자로 간주하면서 배척할 이유는 없다고 펑유란은 말합니다. 물론 이러한 추상적 계승법은 그의 신실재론에 바탕을 둔 것이었습니다. 왜냐하면 신실재론은 어떤 것의 특수와 보편 혹은 구체와 추상을 나누어 보면서 후자의 실재성을 긍정하기 때문입니다. 곧, 과거 경전으로부터 그 추상적 의미를 추출하면 추상적 의미는 속성상 시대를 초월할 수 있어, 후대에도 그것을 아무 문제없이 계승할 수 있게 된다는 것입니다.

평유란의 추상적 계승법은 결국 비판을 당하고 맙니다. 그리고 60년대에 문화대혁명이 시작되자 반동분자로 분류되어, 노구의 몸으로 대학 내 수용소에서 모욕적 생활을 하였습니다. 문화대혁명이 끝나고서는 노령의 몸으로《중국철학사 신편》이라는 대저의 저술에 착수하였습니다. 이 책은 마르크시즘의 관점에서 중국철학사를 새로 쓰는 것이었습니다. 그는 이 책의 완성에 즈음하여 영면에 듭니다.

　최근 중국에서는 매우 흥미로운 논쟁이 이루어지고 있습니다. 그것은 과연 중국 철학이 미래 세계의 대안적 철학이 될 수 있는 지, 그리고 그때의 중국 철학은 무엇을 핵심 내용으로 삼아야 될지 에 대한 것입니다. 중국의 최고 사상가 중 한 명으로 꼽히는 리쩌 허우는 지난 2010~2011년의 담화를 모아《중국 철학이 등장할 때 가 되었는가?該中國哲學登場了?》(2011),《중국 철학은 어떻게 등장할 것 인가?中國哲學如何登場?》(2012)라는 두 권의 대담집을 펴내서, 향후 중국 철학이 세계의 주류 철학으로서 등장할 가능성을 타진했습 니다. 그에 따르면, 니체-하이데거-데리다를 거치면서 서양의 이성 중심주의가 이미 힘을 잃는 대신 감정(정감) 중심주의가 새로운 주 류로 떠올랐으며, 역사적으로 정감을 중시했던 중국 철학이 그러 한 새로운 조류에 부합할 수 있다는 견해를 피력했습니다. 그는 한 발 더 나아가 정감 중시의 중국 철학을 '정감본체론情感本體論'이라 고 부릅니다.

　리쩌허우의 이런 주장에 대해 일부 지식인들은 이의를 제기하고 나섰습니다. 그 중 천라이陳來(1952~)라는 철학자는 '정감본체론'에 맞서 '인학仁學본체론'을 제기합니다. 그는 감정이 본체, 곧 실체가 될 수 없다고 보고 인仁이야말로 실체라고 반박합니다. 이러한 천 라이의 반론 이면에는 성리학 연구자로서 갖는 철학적 입장이 놓 여 있습니다. 성리학에 따르면 인仁은 인간 본성(性)의 실제 내용이 고 본성은 리理와 동일하며, 리는 실체적인 것인 반면 감정은 기氣 적 현상으로 여겨집니다. 그리고 성리학은 거의 700여 년간 중국의 주류 철학이었습니다. 그렇다면 중국의 전통철학은 정감본체론이 아니라 인학본체론이 되어야 한다는 것입니다.

홍미로운 점은 리쩌허우와 천라이 모두 펑유란의 제자라는 사실입니다. 리쩌허우는 펑유란의 수제자이고 천라이는 마지막 제자라고 합니다. 이 세 사람의 관계는 단지 인적人的인 것에 머물지 않습니다. 제가 보기에 리쩌허우와 천라이는 펑유란이 1948년 이전에 종합하려고 했던 두 가지 철학 노선 중 각각 하나씩을 강조하는 것 같습니다. 그 두 가지는 실용주의와 신실재론이고, 리쩌허우는 전자를 천라이는 후자를 지지하는 것으로 보입니다. 과연 펑유란이 만년에 어떤 입장을 갖고 있었는지는 그가 남긴 글을 통해 정확히 파악해보아야 하겠지만, 여기서 중요한 것은 펑유란이 젊은 시절 해결하려 했던 철학적 과제가 21세기의 현대 중국에서 여전히 생명력을 띠고 새로운 과제로서 현대 중국인들의 두뇌를 움직이고 있다는 점입니다.

이렇게 중국에서는 전통과 현대가 나름의 방식으로 이어지고 있습니다. 한국의 철학자들도 이런 면에서 고민이 필요합니다. 19세기 말 20세기 초의 전통철학자들이 갖고 있던 문제의식을 보편적 관점에서 재해석하고 이것을 현대의 철학적 언어로 논의함으로써, 한국이라는 특수 속에서 세계라는 보편을 파악하고, 세계라는 보편에 한국적 특수가 기여할 수 있는 방안을 찾아야 할 것입니다.

***

더 읽어보면
좋은 책

펑유란 지음, 김시천·송종서·이원석·황종원 옮김, 《펑유란 자서전》, 웅진지식하우스, 2011.

이 책은《馮友蘭自述》을 국역한 것으로 펑유란의 이력과 그의 철학 사상을 일별하려는 사람들에게 적합하다. 총 3부로 이루어져 있고, 제1부 제목은 사회, 제2부는 철학, 제3부는 대학이다. 이 중 제1부와 제3부는 펑유란의 구술을 받아 적은 것이고, 제2부는 펑유란이 직접 쓴 것이다. 제2부를 통해 그의 철학에 직접 입문할 수 있고, 제1부와 제3부는 우리로 하여금 펑유란뿐만 아니라 그가 살았던 시대와 주변의 유명학자들에 대해 생생하게 이해할 수 있게끔 한다.

펑유란 지음, 박성규 옮김, 《중국철학사》, 까치, 1999.

《중국철학사》는 펑유란의 출세작이자 대표작으로서, 오늘날에도 전 세계의 중국 철학 강의에서 으뜸가는 교과서로 통용되고 있는 고전이다. 이 책은 원전을 풍부하게 이용할 뿐더러 이에 대해 명료하게 분석하고 설명하여, 중국 철학을 본격적으로 공부하고 싶은 사람들이 이 책을 꼼꼼하게 읽는다면 큰 성과가 있을 것이다. 더구나 국역본은 초기작인 이 책과 후기작인《중국철학사 신편》을 일일이 대조하고 도움이 될 만한 내용을 추기追記하여, 어떻게 보면 원전보다 더 나은 번역본이라 할 수 있다. 또한 후반부에 펑유란의 주요 논문 몇

***

편을 번역하여 부가함으로써 펑유란의 핵심 사상을 알기 쉽게 하였다. 이 책이 너무 두꺼워 부담되면, 요약판인 《간명한 중국철학사》(정인재 옮김, 형설출판사, 2007)를 읽어도 좋다.

펑종푸馮宗璞 지음, 은미영 옮김, 《나의 아버지 펑유란: 소설가 딸이 그려낸 한 철인의 인간적 초상》, 글항아리, 2011.

펑유란의 딸이자 소설가인 펑종푸가 펑유란의 만년을 담담한 필치로 담아낸 아름다운 책이다. 문화대혁명이 끝나자 펑유란은 해금되어 다시 활발한 학문연구를 시작하지만, 이때 이미 그는 80세가 넘는 고령이었다. 그럼에도 불구하고 펑유란은 《중국철학사 신편》을 죽기 전에 완성하기 위해 실로 초인적 힘을 발휘한다. 이 사정은 《삼송당자서三松堂自序》의 '연보'에 소상히 기록되어 있다. 펑종푸는 이런 부친을 지켜보면서 과연 전통철학을 한다는 것이 한 개인에게 어떤 의미인지를 깊이 묻고 있다.

9장

천두슈와 리다자오
중국 마르크스주의철학의 선구자

—

이철승

천두슈
陳獨秀(1879~1942)

리다자오
李大釗(1889~1927)

천두슈는 어린 시절에 전통철학과 서양의 과학사상을 공부하고, 청년 시절에 마르크스주의철학을 공부하였다. 그는 일본으로 유학하여 부르주아 민주주의 사상을 공부하고, 신문화운동 기간에《청년》(1915)을 비롯한 여러 학술지를 창간하여 민중을 계몽했으며, 봉건주의와 군벌 정부를 비판하였다. 러시아의 볼셰비키혁명을 목도한 후, 그는 마르크스주의철학을 적극적으로 수용하고, 제국주의와 자본주의를 비판하였다. 그는 리다자오와 함께 1920년에 중국공산당소조를 결성하고 중국공산당의 주요 창립멤버 가운데 한 사람이 되었으며, 1921년에 중국공산당이 창립된 후 중국공산당 중앙집행위원회 위원장과 총서기로 활동했다. 그는 이 기간에 유물사관의 관점에서 각종 관념론과 아나키즘을 비판하며 사상투쟁을 전개했다. 그러나 1920년대 후반에 그가 마르크스 · 레닌주의에서 일탈하자 중국공산당 중앙정치국은 1929년에 그를 출당시켰다. 그는 1932년에 국민당에 의해 체포되어 감옥생활을 하다가 1937년에 석방되었고, 1942년에 병으로 사망했다. 주요 글로 〈애국심과 자각심愛國心與自覺心〉(1914), 〈프랑스인과 근세문명〉(1915), 〈러시아혁명과 우리 국민의 깨달음俄羅斯革命與我國民之覺悟〉(1917), 〈인생의 참된 뜻人生眞義〉(1918), 《《신청년》 선언》(1919), 〈마르크스학설馬克思學說〉(1922), 〈공자와 중국孔子與中國〉(1937) 등이 있다.

리다자오는 청년 시절에 봉건주의의 잔재인 미신과 복종의 태도를 비판하고, 민주주의와 과학사상을 전파하였다. 그가 마르크스주의사상을 종합적으로 정리하여 1919년에 발표한 〈나의 마르크스주의관〉은 중국의 사상계에 커다란 파장을 불러일으켰다. 신문화운동 기간에 그는 제국주의와 봉건주의를 반대하는 태도로 일관하면서 민중을 계몽하고, 신문화운동의 발전에 기여했다. 그는 천두슈와 함께 1921년에 중국공산당을 창립하는 데 중요한 역할을 하고, 1922년에 상하이에서 쑨원과 국공합작에 대해 담판을 하여 1924년의 '제1차 국공합작'을 실현시키는 산파 역할을 했다. 그는 지속적으로 제국주의와 군벌을 반대하다가, 제국주의의 비호를 받은 장쭤린에 의해 1927년 4월에 교수형에 처해졌다. 리다자오는 역사의 주체를 깨어 있는 민중으로 생각하고, 봉건주의와 제국주의의 허위의식을 비판하며 현대 중국에 새로운 이념의 디딤돌을 놓았다. 주요 글로 〈염세심과 자각심厭世心與自覺心〉(1915), 〈공자와 헌법孔子與憲法〉(1917), 〈신중화민족주의新中華民族主義〉(1917), 〈대아시아주의大亞細亞主義〉(1917), 〈동서문명의 근본적인 차이東西文明根本之異点〉(1918), 〈나의 마르크스주의관〉(1919), 〈10월 혁명과 중국 인민〉(1922), 〈사학과 철학〉(1923) 등이 있다.

생애

격변의 시대를 살다 간 천두슈와 리다자오는 낡은 사유 방식에 의한 삶의 태도를 전환하기 위해 노력했습니다. 그들은 당면한 중국의 위기를 극복하기 위해 마르크스주의철학을 적극적으로 소개하고 전파했습니다. 그들에 의해 1921년에 창당된 중국공산당은 1949년에 중화인민공화국을 성립시켰고, 중화인민공화국은 현재 세계의 중심 역할을 하고 있습니다. 그들의 철학사상은 현대 중국의 이념적 토대가 되고 있습니다.

과학과 민주의 눈으로 현실을 진단한 천두슈

천두슈는 모순의 시대에 그 모순을 방치하지 않고 해결하기 위해 부단히 노력한 사람입니다. 특히 1840년에 발생한 영국과의 아편전쟁에 패배한 후부터 20세기 전반기까지의 중국은 외세의 침탈로 인한 민족모순과 1911년의 신해혁명辛亥革命을 전후로 한 봉건제도의 타파와 부활 등 계급모순이 팽배하던 시대였습니다. 천두슈는 과학과 민주의 시각으로 시대 문제를 진단하고, 사회적 실천을 통해 이러한 문제를 극복하고자 했습니다.

천두슈는 1879년에 안후이성安徽省 후아닝현懷寧縣에서 태어났습니다. 그가 태어난 지 얼마 안 되어 아버지가 사망하자, 할아버지와 큰형으로부터 사서四書와 오경五經을 비롯한 다양한 분야의 전통사상을 배웠습니다. 그는 1897년에 난징南京에서 과거시험에 응시했으나 낙방했습니다. 이때 그는 청나라 정부의 과거시험장에 팽배한 부패와 민중의 고통을 목격하고, 청나라에 대해 불만과 회의를 품었습니다. 그해에 그는 신식 학교인 항저우杭州의 중서구시서원中西求是書院에서 서양 학문을 새롭게 공부했습니다. 그는 여기에서 옌푸嚴復가 번역한 《천연론天演論》과 변법유신파의 《시무보時務報》를 읽었을 뿐만 아니라, 물리학, 화학, 천문학, 조선학 등을 배웠습니다. 그리고 캉유웨이康有爲와 량치차오梁啓超 등의 변법유신과 애국사상을 배웠습니다.

그는 1897년에 제국주의의 침략에 반대하고 민족의 독립과 애국주의를 선양하는 〈양자강의 형세를 간략하게 논함揚子江形勢論略〉을 썼습니다. 그는 1899년에 반정부 운동에 앞장선다는 죄목으로 청나라 정부에 의해 중서구시서원에서 축출되었지만, 정부정책을 비판하는 《안후이백화보安徽白話報》를 출판하였습니다.

1901년에 천두슈는 정부의 지명수배를 피해 일본으로 유학하여 부르주아 민주주의 사상을 배운 이후로, 여러 차례 중국과 일본을 왕래하며 제국주의와 봉건주의를 반대하는 운동에 앞장섰습니다. 그는 신문화운동 이전까지 많은 단체를 창설하고 여러 학술지를 창간하여 민중을 계몽하는 일에 매진하였습니다.

특히 1915년에 위안스카이袁世凱가 일본이 제시한 '21개 조항'의 불평등한 조건을 수용하자, 그해 9월에 상하이에서 《청년青年》(1916년 9월에 《신청년》으로 개명)을 창간하고, 황제 제도의 부활과 봉건주의 사상을 반대함과 아울러 서양의 부르주아 민주주의 사상을 추구하였습니다. 그의 이러한 활동은 '신문화운동'의 서막을 알리는 역할을 하였습니다.

그는 신문화운동 이전의 문화 운동 기간에 한편으로 공자와 전통적인 봉건주의 사상을 비판하는 데 주력하였고, 다른 한편으로 어려운 문어체文語體 문장을 지양하고 쉬운 구어체의 백화문白話文을 사용할 것을 강조하였습니다. 그리고 제국주의와 봉건주의를 반대하는 1919년의 신문화운동에 적극적으로 참여했습니다. 특히 그는 일본의 침략과 신문화운동을 진압하는 베이양군벌北洋軍閥 정부를 강하게 비판했습니다. 그가 그해 6월 11일에 베이징의 거리 시위에 참여하여 〈베이징 시민 선언北京市民宣言〉을 배포하다가 경찰에 체포된 사건은 많은 시민들의 분노를 자아내어 시위 확산의 기폭제가 되었습니다. 신문화운동을 경험한 후, 천두슈는 점점 마르크스주의자로 변해갔습니다.

천두슈는 러시아의 볼셰비키혁명을 인류의 획기적인 진보의 사건으로 여기고, 제국주의를 세계평화의 장애 요인으로 생각했습니다. 그는 19세기의 민주는 부르주아의 민주이고 20세기의 민주는 프롤레타리아의 민주라고 주장하며,《신청년》선언《新靑年》宣言）(1919)에서 군국주의와 자본주의를 폐기하고, 민중운동을 통한 사회변혁의 길을 제안했습니다.

그는 1920년 5월에 상하이에서 리다자오와 함께 중국공산당소조를 결성하고, 중국공산당의 주요 창립멤버 가운데 한 사람이 되었습니다. 1921년에 중국공산당이 창립된 후, 그는 중국공산당의 제1차 대표대회부터 제5차 대표대회까지 중앙집행위원회 위원장과 총서기로 활동했습니다. 그는 이 기간에 유물사관의 관점에서 각종 관념론과 아나키즘을 비판하며 사상투쟁을 전개했습니다.

그러나 1920년대 후반에 그가 마르크스·레닌주의에서 일탈하자 중국공산당 중앙정치국은 1929년 11월에 그를 출당시켰습니다.

그는 1932년 10월에 상하이에서 '중화민국을 해롭게 한다'는 죄목으로 국민당에 의해 체포되어 감옥생활을 하다가, 1937년에 중일전쟁이 일어나자 석방되었습니다. 1938년에 그는 거주지를 쓰촨성四川省 장진현江津縣으로 옮겼는데, 1942년에 그곳에서 병으로 사망했습니다.

천두슈는 리다자오와 함께 마르크스주의철학을 중국에 전파하며 중국의 모순을 해결하기 위해 노력한 실천가이며 이론가입니다. 그러나 그는 인생의 후반기에 그가 주도하여 창당한 중국공산당으로부터 '우경기회주의자'로 몰리기도 했습니다. 이것은 모순의 시대에 그의 삶 역시 순탄하지 않았음을 의미합니다.

현대 중국의 이념적 디딤돌이 된 리다자오

리다자오는 격동의 시대에 불꽃처럼 살다 간 사상가입니다. 중국은 1840년의 아편전쟁을 계기로 과학기술과 민주주의로 무장한 서양의 힘을 절감하였습니다. 많은 중국인들은 '세계의 중심은 중국'이라는 지난 세월의 자존감을 잃고 방황하였습니다.

그러나 20세기 초반의 지식인들은 제국주의의 침입과 외래 사상의 유입으로 인한 중국의 아이덴티티의 문제에 직면하여 중국의 미래를 바르게 안내하기 위한 방안을 찾기 위해 고뇌했습니다. 그들은 특히 전통과 현대 및 동양과 서양에 관해 다양한 관점을 제시하며, 중국의 위기를 극복하고자 했습니다.

리다자오는 이러한 시기에 시대 문제를 해결하기 위해 온 힘을 기울였습니다. 그는 1889년에 허베이성河北省 러팅현樂亭縣에서 태어났습니다. 그는 어릴 때 아버지와 어머니가 잇따라 사망하자, 조부모의 보호 아래 고향의 서당에서 전통 사상을 공부하고, 10대 후반에 톈진天津의 베이양법정전문학교北洋法政專門學校에 입학하였습니다. 이때 그는 서양의 부르주아 민주주의 사상을 공부하고, 민족의 위기와 민중의 고통을 목도하며, 조국의 위기를 구하겠다는 다짐을 하였습니다.

그는 민주공화의 상징인 신해혁명(1911)의 정신이 1913년 겨울 위안스카이와 군벌의 황제 제도 부활 시도에 의해 훼손되자, 조국을 구원하는 새로운 길을 찾기 위해 일본 유학을 결정했습니다. 그는 와세다대학 정치학과에서 공부하는 동안 위안스카이를 반대하는 비밀스러운 정치 조직인 '신주학회神州學會'를 조직하여 적극적인 반정부 활동을 했습니다. 1915년에 일본이 중국에 '21개 조항'의 불평등한 조건을 제시하자, 그는 일본의 곳곳을 다니면서 이것의 부당성을 알리고 위안스카이를 타도하는 운동을 전개했습니다. 그는 1916년에 귀국한 후에 베이징에서 신문화운동을 선도하는《신청년》이 제기한 봉건주의의 반대, 미신 반대, 황제 제도 부활 비판, 민주주의와 과학사상의 선양 등의 활동에 적극적으로 참여하였습니다.

이후 1917년 10월에 러시아에서 진행된 볼셰비키혁명의 성공은 리다자오에게 크게 영향을 미쳤습니다. 이 사건을 계기로 그는 부르주아 민주주의를 중시하는 태도에서 벗어나 점점 마르크스주의 이념을 신봉하는 마르크스주의자로 변해갔습니다. 1919년《신청년》에 발표한 〈나의 마르크스주의관我的馬克思主義觀〉은 마르크스주의에 대한 그의 관점을 종합적으로 정리한 것입니다. 그는 1918

년에 베이징대학의 교수와 도서관장이 되었습니다. 그리고 러시아 볼셰비키혁명 이후에 중국의 당면한 문제를 실제적으로 해결하기 위해, "문제를 많이 연구하고 주의를 적게 말하라"라며 실용주의적으로 접근한 자유주의자인 후스와, 문제와 주의의 이분법적 분리를 반대하고 마르크스주의의 관점에서 후스를 비판하며 당시의 사상계에 큰 반향을 불러일으킨 '문제와 주의'에 관한 논쟁을 전개하였습니다.

신문화운동 기간에 그는 반제反帝와 반봉건反封建의 태도로 일관하며, 여러 학술지의 창간을 돕고 민중을 계몽하여 신문화운동의 발전에 크게 기여했습니다. 리다자오는 1920년 3월에 베이징대학에서 '마르크스학설 연구회'를 창립시키고, 중국을 방문한 국제공산당 대표와 베이징에서 회의했으며, 그를 상하이에서 천두슈와 회견하도록 안내했습니다. 리다자오의 이러한 역할은 1920년 5월에 상하이를 시작으로 하여 베이징, 우한, 창사, 지난, 광저우 등 중국 전역에서 결성된 공산주의소조라는 결실로 나타났습니다. 이처럼 리다자오는 베이징 공산주의소조의 창립자이자 지도자였고, 중국공산당의 주요 창립멤버 가운데 한 사람이었습니다.

1921년에 상하이에서 중국공산당이 창립된 후, 그는 중앙당의 핵심 역할을 하였습니다. 그는 1922년에 중국공산당의 위임을 받아 상하이에서 중국국민당 대표인 쑨원과 국공합작國共合作에 대해 담판을 하고, 1924년 광저우에서 거행된 국민당 제1차 전국대표대회에 참가하여 부르주아 민주주의를 주요 이념으로 하는 국민당과 인민민주주의를 중시하는 공산당의 평화적인 우호 관계를 상징하는 '제1차 국공합작'을 실현시키는 산파 역할을 했습니다.

그는 1926년 3월 18일에 베이징의 톈안먼에서 거행된, 군부 중심의 정치 세력인 돤치루이段祺瑞 군벌 정부와 제국주의를 비판하는 모임에 참여하여 많은 지도력을 발휘했습니다. 1927년 4월 6일에 군벌인 장쭤린張作霖은 제국주의의 비호 아래 리다자오를 체포하고, 4월 28일에 그를 사형시켰습니다. 리다자오의 나이 만 38세 때입니다.

리다자오는 격변의 시대에 역동적인 삶을 살았습니다. 그는 역사의 주체를 깨어 있는 민중으로 생각하고, 봉건주의와 제국주의를 반대하며 현대 중국에 새로운 이념의 디딤돌을 놓았습니다.

과학적 사유와 진화론

천두슈와 리다자오는 모호한 사유 방식이나 신비주의를 비판하고 과학적이고 합리적인 사유를 중시합니다. 그들에 의하면 현대사회는 미신의 시대에서 과학의 시대로 진입했으며, 주관적이고 직관적이며 두루뭉술한 태도에서 객관적이고 논리적이며 분석적인 사유를 중시하는 태도로 변화하는 시대입니다. 천두슈와 리다자오는 진화론의 관점에서 세계를 해석합니다.

천두슈의 문명관과 진화론

천두슈는 문명을 미개와 구별되는 개화와 교화의 의미로 여깁니다. 그는 〈프랑스인과 근세문명法蘭西人與近世文明〉(1915)에서 인도와 중국 등 동아시아문명을 고대문명의 낡은 범주에서 벗어나지 못한 것으로 보고, 1789년에 프랑스에서 발생한 시민 혁명을 근대문명의 상징으로 여깁니다. 그는 근대문명의 특징을 인권존중설과 생물진화론과 사회주의로 여깁니다. 특히 그는 생물진화론을 신권神權이나 중국 전통의 천명天命사상과 구별되는 과학적 사유의 중요한 영역으로 여깁니다.

천두슈는 항저우의 중서구시서원에서 서학西學과 신학新學을 공부할 때 옌푸가 번역한 헉슬리의 《천연론》을 통해 진화론을 수용했습니다. 그는 다윈의 생물학적인 진화론과 스펜서의 사회진화론을 수용합니다. 그는 적자생존適者生存의 논리를 기반으로 하는 다윈의 진화론에 의거하여, 하늘의 원리와 인간의 도덕적 근거의 유기적인 결합을 의미하는 중국 전통의 천인합일天人合一사상과 삶을 신의 뜻에 부합해야 하는 것으로 여기는 서양 전통의 신학목적론神學目的論을 비판했습니다. 그에 의하면 하늘은 도덕의 상징이 아니라, 물리적인 자연일 뿐입니다. 물리적인 자연은 적자생존의 법칙이 적용되는 진화의 원리가 적용되는 공간입니다. 그리고 신은 존재하지 않고 인간의 관념이 빚어낸 허상입니다.

그는 또한 스펜서의 사회진화론에 입각하여 인간의 사회 역시 자연계의 원리와 같이 적자생존의 법칙과 자연도태설이 적용될 수 있을 것으로 생각했습니다. 그에 따르면 우주에 존재하는 물질과 정신은 모두 진화의 과정에 있습니다. 그리고 인간의 사회 역시 이러한 진화의 원리에서 벗어날 수 없습니다. 도덕의식도 신이나 하늘이 준 선물이 아니고, 인간의 진화 과정에서 필요에 의해 형성된 사회적 산물입니다.

그는 선험적인 도덕성을 주장하는 이론을 허위로 여깁니다. 그는 〈공자의 도와 현대생활孔子之道與現代生活〉(1916)에서 우주 사이의 정신과 물질 역시 항상 진화의 과정에 있음을 주장했습니다. 이것은 그가 자연계와 마찬가지로 인간의 사회 역시 우승열패優勝劣敗와 적자생존의 법칙이 끊임없이 적용되고 있는 것으로 생각하는 내용입니다. 이 때문에 그는 전통 유가철학에서 태어날 때부터 배우지 않고도 도덕성을 알 수 있다는 '생이지지生而知之'를 인정하는 공자와 생각하지 않아도 알고 배우지 않고도 할 수 있다는 '양지양능良知良能'을 중시하는 맹자의 관점을 비실제적인 윤리관으로 평가하고, 이러한 도덕관에 대해 계승의 대상이 아니라 폐기의 대상으로 생각합니다. 그에 의하면 인간의 몸은 항상 신진대사의 원리에 의해 낡은 것이 새로운 것으로 대체되듯이, 전통의 도덕관도 새로운 시대에 맞는 내용으로 전화되어야 합니다.

이처럼 천두슈는 관념적인 전통의 도덕관을 비판하고, 객관적인 사실과 그 사실을 증명하는 과학을 중시합니다. 그에 의하면 우주의 원리와 삶의 문제를 본질적으로 해결하기 위해 필요한 것은 종교가 아니라 과학이고, 형이상학이 아니라 변증법입니다. 곧 그는 관찰과 연구와 증명을 중시하는 자연과학과 경험주의 철학을 중시하고, 미신과 망상을 타파하는 것이야말로 사회 진화의 중요한 역할이라고 생각합니다.

그에 의하면 인류는 미신시대로부터 과학시대로 진보하였는데, 과학에는 자연과학과 인문사회과학이 있습니다. 인문사회과학 중에서 가장 중요한 것은 정치학, 경제학, 사회학, 역사학, 심리학, 철학 등입니다. 그러나 여기에서 말하는 철학은 유물론에 근거하는 과학적인 철학이지, 관념적인 형이상학이 아닙니다.

그는 성인聖人의 말을 무비판적으로 따르는 태도가 중국의 학문 수준을 발전시키지 못하게 한 원인 가운데 하나라고 생각하고, 귀납적인 논리와 실증을 중시하는 과학적인 방법으로 학문을 탐구해야 한다고 했습니다. 이와 같이 그는 우주의 원리와 삶의 문제를 본질적으로 해결하기 위해 종교가 아니라 과학의 필요성을 제기합니다. 그는 이러한 관점을 관철시키기 위해 〈후스에게 답함答適之〉(1923)과 〈장쥔마이와 량치차오에게 답함答張君勵及梁任公〉(1924)에서 후스와 장쥔마이와 량치차오 등 관념론 계열의 철학자들을 비판했습니다.

리다자오의 과학관과 진화론

리다자오는 인간을 시간과 공간을 초월하는 초역사적인 존재가 아니라, 시간과 공간의 영향을 받는 역사적인 존재로 생각합니다. 그에 따르면 윤리 역시 시공을 초월하는 절대 불변의 형이상학적인 것이 아니고, 역사 속에서 그 시대를 사는 사람들의 필요에 의해 형성된 공통의 가치이기 때문에 시간과 장소에 따라 변할 수 있습니다.

그는 〈진리眞理 2〉(1917)에서 진리란 자연적이고 인과적인 것으로 종교에서처럼 초월적이고 신비적인 것이 될 수 없음을 지적하며, 공자와 석가와 예수를 믿는 행위는 진리가 아니라고 주장합니다. 이는 비록 역사의 유산과 교훈을 통해 삶의 의미를 찾을 수 있을지라도, 중요한 가치는 역사를 초월하지 않고 역사 속에서 형성되고 유지되다가 사라진다는 유물론적 관점에 입각한 것입니다.

역사와 가치에 대한 그의 이러한 관점은 그가 왜 현실을 중시하는지를 이해할 수 있는 관건입니다. 그는 〈지금今〉(1918)과 〈현재와 장래現在與將來〉(1919)에서 과거와 미래를 이분법적으로 단절시키지 않고, 끊임없이 흐르는 연속적인 관계의 정점인 현재의 중요성을 강조합니다. 그에 따르면 우주의 변화는 시시각각 달라져 한시도 그 자리에 머물지 않습니다. 인간은 그것을 잘 활용해야 합니다. 현재가 중요한 이유는 무한한 과거도 모두 현재로 귀속되고, 무한한 미래 또한 현재로부터 시작되기 때문입니다. 곧 현재는 과거와 미래를 연결하는 통로로서 시작도 없고 끝도 없이 연속적으로 흐르고 있는 역동적인 생활의 현장입니다.

현재를 중시하는 리다자오의 이러한 관점은 진화론의 영향을 받은 것입니다. 리다자오에 의하면 모든 우주와 자연계는 끊임없는 진화와 신진대사의 과정입니다. 그에 의하면 우주는 자연적인 존재이고, 우주 만물은 모두 자연법칙에 따라 진화합니다. 그는 인간의 역사도 이러한 진화의 관점으로 바라봅니다. 그는 인간의 문명역시 시간의 흐름에 비례하여 이전보다 나아지는 것으로 생각합니다. 사상 역시 이러한 발전의 논리에 따라 현재의 사상이 이전 시대보다 뒤지지 않는 것으로 생각합니다. 따라서 도덕의식 역시 신이나 성인聖人이 창조한 신비주의적인 것이 아니라, 그 시대 주역들의 협의와 합의에 의해 형성된 것입니다.

리다자오에 의하면 중국과 인도와 유럽의 많은 전근대 시기의 관념 철학은 대부분 하늘, 신, 이데아, 리理, 절대정신 등의 초월적 존재를 상정했습니다. 그러나 역사에서 초월적 존재는 없습니다. 그의 〈자연적 윤리관과 공자自然的倫理觀與孔子〉(1917)에 따르면 우주는 시작도 없고 끝도 없이 움직이는 저절로 그러한 존재이고, 진화는 이 우주의 흐름에서 형성되는 자연적인 현상입니다. 도덕도 우주의 현상 가운데 하나이므로 이것은 자연적으로 변화하는 것이며, 옛 성현의 신비스러운 전리품이 아니라 사회적 존재의 풍속과 생활에 편리함을 주는 것입니다.

결국 그에 의하면 인간의 사회에서 형성된 윤리 도덕은 모두 자연의 법칙을 자각하고, 그것을 인간의 삶과 유기적으로 결합시킨 지혜의 산물입니다. 역사 또한 신흥 세력이 낡은 세력을 대체하여 새로운 강자로 부상하고, 정치 역시 민주주의가 봉건주의를 극복하여 새로운 시대의 주요 이념이 됩니다. 그는 이러한 논리를 기초로 하여 위안스카이가 추진했던 봉건 시대의 황제 부활 운동이 민주주의로 발전해야 하는 시대적 흐름과 배치되는 것으로 생각하여 타파해야 할 대상으로 여깁니다.

그는 전통의 천명론이나 봉건주의가 아닌, 과학적인 관점에 입각한 진화론이나 민주주의 사상을 새로운 시대에 추구해야 할 중요한 가치로 생각합니다. 이러한 관점에 기초하여 그는 정치사상의 방면에서 입헌군주제를 비판하고, 민중의 이성과 의지를 이치의 분별 기준으로 여기며, 민중이 중심이 되고 주체가 되는 민주주의 이념을 중시합니다.

리다자오는 이러한 발전사관과 민주주의 사상의 관점에서 공자의 도와 봉건적인 윤리도덕을 비판했습니다. 그의 〈자연적 윤리관과 공자〉에 따르면 공자의 도와 봉건적인 윤리도덕은 2,000여 년 전에 형성되어 중국의 전통사회에서 권위주의적인 군주제도를 강화하는 이론으로 작용했기 때문에 민주주의를 추구해야 하는 20세기 초의 중국 사회에 적합하지 않습니다.

또한 그는 이러한 발전사관에 입각하여 〈청춘靑春〉(1916)에서 개인과 가정과 중화민족의 미래와 운명을 취급하고, 중국 민중의 치열한 노력을 통해 '낡은 중화'를 '청춘의 중화'로 전환할 것을 촉구했습니다.

그는 〈중국 민족 혁명사에서 쑨원의 위치孫中山先生在中國民族革命史上之位置〉(1926)에서 쑨원을 이러한 일을 먼저 실천한 사람으로 여기며 긍정적으로 평가합니다. 그에 따르면 쑨원을 중심으로 하는 혁명파가 혁명과 진화를 하나로 융합하는 사상을 계승하고 발전시켰습니다. 이처럼 인간은 단지 환경에 수동적으로 순응해서는 안 되고, 환경을 변혁하여 새로운 문명을 건설해야 합니다. 곧 그는 인간의 노력을 통해 옛 생활과 도덕을 반드시 새로운 생활과 도덕으로 전화시켜야 할 것으로 생각합니다.

그리고 리다자오는 미국과 프랑스와 러시아의 혁명을 발전사관의 관점에서 분석하고, 중국의 청년들에게 시대 상황의 어려움을 극복하여 새로운 역사를 창조할 것을 주문했습니다.

그는 또한 사회의 진화와 신진대사도 신구新舊의 모순 투쟁으로부터 야기된 것으로 생각합니다. 그는 "한 번은 음陰하고 한 번은 양陽하는 것을 도라고 한다"(《주역》〈계사〉상)라는 전통사상을 현대적으로 재해석하여 진화의 논리를 전개하였습니다. 곧 그는 중국 고대의 《주역》,《도덕경》, 장재, 왕부지 사상 등에 풍부하게 담긴 소박한 유물론과 변증법 사상, 서양의 민주주의 사상, 다윈의 진화론, 마르크스주의철학 등의 영향을 받아 자신의 관점을 정립하고

자 했습니다.

전통철학과 유물론

천두슈와 리다자오는 전통철학의 관념적이고 비실제적인 부분에 대해 비판적입니다. 그들은 전통철학의 내용 가운데 봉건적인 요소, 신비주의, 모호함 등을 철저히 비판합니다. 그들은 세계의 기원을 정신이 아니라 물질이라고 생각합니다. 그들에 의하면 정신은 처음부터 존재하는 것이 아니라, 물질이 최고로 발전한 단계입니다. 그들은 이러한 유물론의 관점에서 전통철학을 분석하고 비판합니다.

천두슈의 전통철학 비판과 유물론

천두슈는 인류 사회의 각종 불행한 현상은 대부분 도덕이 진보하지 않기 때문이라고 생각합니다. 중국의 전통철학사에서 인간의 본성론은 도덕관의 중요한 지렛대 역할을 합니다. 천두슈는 이 문제에 대해 〈자살론-사상 변동과 청년 자살自殺論-思想變動與靑年自殺〉(1920)에서 선善도 있고 악惡도 있다는 '성유선유악性有善有惡'설을 주장합니다. 그에 의하면 인간의 본성은 본래 선과 악이 공존합니다. 진화의 측면에서 볼 때 인간 또한 동물인데, 본성상 악의 측면에서 동물과 같습니다. 그러나 인간은 문화적인 존재이므로 악의 측면이 점점 감소하고 선의 측면이 점점 발달하므로 품격이 더욱 진화하여 높은 단계에 이를 수 있습니다. 또한 인간의 본성에는 본래 자기를 위하는 측면과 타인을 위하는 측면이 있는데, 개인의 본성이 발휘되는 기회는 주어진 환경과 받아들인 역사적이고 사회적인 명암의 다름으로 말미암아 달라질 수 있습니다.

이 때문에 악한 측면은 지양하고 선한 측면을 지향해야 합니다. 그는 지향해야 할 선한 측면을 우리가 추구해야 할 윤리도덕으로 생각합니다. 그런데 그 윤리도덕은 시대를 초월하여 불변하는 절대적인 것이 아니라, 시대의 영향을 받으며 변화할 수 있는 상대적인 것입니다. 이러한 관점에서 그는 삼강오륜三綱五倫의 윤리관에 대해, 봉건시대의 가족주의를 근거로 하는 권위주의의 도덕의식으로 평가합니다. 그는 이러한 도덕의식을 폐기하고, 새로운 시대에 맞는 새로운 윤리의식이 구축되어야 한다고 생각합니다.

이러한 관점에 입각하여 그는 도덕의식을 국민성과 밀접하게 관계된 것으로 생각합니다. 그는 중국인들에게 진취적이고 적극적인 태도가 부족한 것으로 평가하고, 그 원인으로 〈저항력抵抗力〉(1915)에서 유儒·불佛·도道 학설의 관념성과 군주제도의 획일성을 짚습니다. 그에 따르면 국민성의 개조를 통해 당면한 중국의 위기를 극복해야 하는데, 그것은 이러한 비실제적인 관념성과 획일성과 천박한 노예근성을 제거하는 것으로부터 시작합니다. 이처럼 그는 유물론에 입각하여 기존의 전통철학을 비판합니다.

그에 의하면 중국의 위기는 현상적으로 제국주의와 국내 군벌의 독재정치에 의해서이지만, 본질적으로는 민족의 주체성과 자긍심의 저하로 인한 윤리의식의 타락 때문입니다. 예컨대 이기심의 확대, 잘못에 대해 부끄러워할 줄 모름, 많은 탐관오리, 황금만능주의, 속임과 편법, 맹목적으로 권력에 복종함, 방종, 비열한 태도 등입니다. 천두슈는 민중의 도덕의식을 주체적으로 향상시키고, 민중의 힘을 확대하여 이러한 낡은 국민성을 개조해야 할 것으로 생각합니다. 그는 〈정중히 청년에게 알림敬告靑年〉(1915)에서 노예적이고 보수적이며 수동적이고 폐쇄적임과 아울러 허구적인 국민성을, 자주적이고 진보적이며 능동적이고 개방적인 국민성으로 개조할 것을 강조합니다. 그는 이러한 국민성의 개조를 애국의 지름길로 여기고, 애국의 기준을 부지런함, 검소함, 청렴함, 깨끗함, 성실함, 진실함 등 도덕의식의 확충으로 생각합니다.

이것은 그가 민중들이 주체의식의 제고와 균등하고 합리적인 의사결정을 통해 민주주의 사회를 구축할 수 있을 것으로 생각하는 것입니다. 특히 그는 전통적인 삼강오륜 사상을 수직적이고 권위주의적인 봉건 윤리의 상징으로 여기고, 이것을 자유와 평등의 민주주의 사상으로 전환할 것을 강하게 주장합니다.

또한 그는 캉유웨이, 량치차오, 량수밍 등 공자 사상의 부활을 중시하는 사람들을 비판합니다. 왜냐하면 천두슈는 공자의 사상을 권위주의적인 군주제도를 지탱하는 이데올로기로 여기기 때문입니다. 그에 의하면 공자의 정신으로 국가를 운영하려면 군주제가 기본입니다. 그의 〈복벽과 존공復辟與尊孔〉(1917)에 따르면 공자는 위와 아래, 존귀함과 비천함의 질서의식을 중시하는데, 그것은 천지에 근본을 둔 우주의 대법이므로 정치의 원칙과 민생의 떳떳한 인륜이 됩니다. 그는 이러한 군주 중심의 논리가 맹자, 순자, 동중서를 지나면서 더욱 견고해진 것으로 생각합니다.

따라서 천두슈는 새로운 시대에 맞는 윤리의식을 갖기 위해 먼

저 과학적인 세계관을 정립해야 할 것으로 생각합니다. 그가 생각
하는 과학적인 세계관은 마르크스주의철학의 기본적인 세계관인
유물론입니다.

이러한 유물론의 관점에서 그는 전통적인 유·불·도 사상의 관
념론적인 경향을 비판했습니다. 그에 따르면 불교의 이론은 공허
하고, 도가의 이론은 원시사회로의 회귀이며, 유가의 천명론은 인
간의 의지를 약화시켜 투쟁심과 저항심을 저하시키는 역할을 합니
다. 그에 의하면 현재의 삶이 실제적이며, 인간은 자연에 순응해야
하는 존재가 아니라 자연을 변형하고 가공할 수 있는 존재입니다.

또한 그는 신의 존재를 부정하고 사후 세계를 부정합니다. 그는
영혼을 중시하는 온갖 이론과 기독교의 신관을 비판합니다. 그는
창조설과 영혼설을 허위로 생각하고, 인간을 자연계의 일부로 여
기며, 살아 있을 때의 모든 고락苦樂과 선악을 물질계인 자연법칙이
지배하는 것으로 생각합니다. 이처럼 그는 정신을, 물질을 떠나 독
립적으로 존재하는 것이 아니라 물질과 함께 있으며, 물질이 1차적
이고 정신은 2차적이라는 유물론적 관점을 유지합니다.

리다자오의 도덕관과 유물사관

리다자오는 다윈의 진화론과 마르크스주의의 유물론의 관점에서
도덕관을 펼칩니다. 그의 〈물질 변동과 도덕 변동物質變動與道德變動〉
(1919)에 의하면 도덕은 초자연적인 것도 아니고, 물질을 초월하는
이상적인 것도 아니며, 하늘에서 떨어진 것도 아닙니다. 그것의 본
원은 하늘이나 신의 은총이 아니고 성현의 경전에 있는 것이 아닙

니다. 그것은 인간이 땅에서 생활하는 가운데 형성됩니다. 그것의 기초는 자연이고, 물질이며, 생활의 요구입니다. 곧 도덕은 사회생활의 요구에 부응하는 사회적 본성입니다.

이것은 그가 전통철학에서 중시하는 도덕을 시간과 공간을 초월하는 절대 불변의 선험적인 것이 아니라, 역사 과정에서 사회적 필요에 의해 형성된 것으로 생각하는 것입니다. 그에 의하면 도덕은 사회적 본성이며 사회적 수요로 인해 때와 장소에 따라 변화하는 것이기 때문에 성현의 말씀이 영원히 불변하는 것은 아닙니다. 어떠한 성현의 도와 윤리도 생활의 변화와 사회의 요구에 따라 변혁할 수 있어야 합니다. 왜냐하면 생활의 상태와 사회 요구가 이미 변화하면 인류 사회의 본성은 자연스럽게 변화해야 하기 때문입니다. 죽은 사람의 교훈으로 산 사람의 사회적 본성을 모두 제어하는 것은 불가능한 일입니다. 따라서 도덕에는 신구新舊의 문제가 발생합니다. 이전의 생활과 사회로부터 발생한 도덕에 적응하는 것은 그러한 생활과 사회에 변화가 있을 때에 자연스럽게 그것의 가치를 잃어버리니, 그것은 구도덕이 됩니다. 이렇게 새로 발생한 생활과 새로운 사회는 필연적으로 그것의 새로운 도덕의 출현을 요구합니다. 그리고 새로운 도덕은 이미 생활의 상태와 사회의 요구에 따라 형성되기 때문에 물질의 변화에 따라 변화합니다. 그러한 물질이 새로운 것이라면 도덕 또한 반드시 새로운 것이고, 물질이 옛것이라면 도덕 또한 반드시 옛것입니다. 왜냐하면 정신의 근원은 물질이기 때문입니다. 그러나 우주 진화의 길은 쉼이 없는 긴 흐름이니, 다만 나아감은 있지만 물러남은 없고, 새로움이 있지만 낡음은 없으며, 낡음이 사라질 때 새로움이 다시 일어납니다. 이것은 생기고 다시 짓는 것이니, 옛것이라고 말할 수 없습니다. 물질적인 면이나 도덕적인 면에서 모두 참다운 옛 도리는 없습니다.

리다자오가 이러한 도덕관을 갖게 된 직접적인 계기는 1917년에 일어난 러시아의 '볼셰비키혁명'입니다. 리다자오는 볼셰비키혁명을 인류의 새로운 희망이며, 중국 민중을 해방시키는 방향타로 여겼습니다. 왜냐하면 마르크스주의에서 중시하는 민중이 역사의 주인이라는 사실을 볼셰비키혁명이 입증했기 때문입니다. 이때부터 그는 볼셰비키혁명과 제1차 세계대전의 원인을 연구하고, 마르크스주의철학의 연구에 관심을 집중시켰습니다. 특히 그는 베이징대학에 재직하면서 마르크스·레닌주의를 체계적으로 연구하고 중국을 변혁시키기 위해 노력하였습니다. 그는 〈나의 마르크스주의관〉을 통해 마르크스주의철학의 전반적인 내용을 체계적으로 정리하였습니다. 그는 또한 이 글에서 역사의 주역을 민중으로 생각하는 민중사관의 관점에서 영웅을 역사의 주역으로 생각하는 전통적인 영웅사관을 비판하고, 물질을 세계의 근거로 생각하는 유물사관의 관점에서 정신을 세계의 근거로 생각하는 전통적인 유심사관을 비판했습니다.

리다자오는 철학, 사상, 종교, 정치, 도덕, 법 등의 상부구조가 물질, 경제 등의 토대를 결정하는 것이 아니라, 토대가 상부구조를 결정하는 것이라는 마르크스주의의 관점을 수용하여, 육체노동을 경시하는 풍토를 개선하기 위해 노력했습니다. 그는 사용자와 노동자 사이의 차별이 존재하는 계급사회에서 생산방식과 경제생활의 발전이 계급투쟁과 밀접하게 관계하는 것으로 생각하고, 계급투쟁을 통해 불평등한 사회 구조의 문제를 해결하고자 했습니다. 이것은 그가 생산 수단을 소유하지 못한 사람들의 혁명을 통해야 비로소 계급 모순이 해결될 수 있을 것으로 생각하는 것입니다.

또한 그는 유물사관을 활용하여 역사를 연구하면서, 역사와 사료를 구분했습니다. 그에 의하면 역사는 생명이 있는 것이고 활동적인 것이며 진보하는 것이지, 죽은 것이거나 고정된 것이 아닙니다. 그리고 기록과 책과 유물 등은 역사 연구의 자료이지, 역사가 아닙니다. 따라서 역사를 연구할 때에는 사실을 정리하고 그것의 정확한 증거를 찾아야 할 뿐만 아니라, 사실을 이해하고 그것의 발전적인 진리도 찾아야 합니다. 이때 전자는 역사의 사실과 자료에 관한 수집과 정리와 고증이고, 후자는 역사의 이론과 역사 발전의 규율에 관한 연구입니다. 이것은 그가 역사를 연구할 때에 역사 자료의 고증과 역사에 면면히 흐르고 있는 보편적인 법칙의 규명이 모두 중요함을 지적하는 것입니다.

이러한 논리는 그가 〈사학과 철학史學與哲學〉(1923)에서 역사학과 철학의 긴밀한 관계와 차이점을 규명하면서 구체화됩니다. 그에 의하면 역사학은 반드시 철학의 지도를 받아야 하고, 철학은 반드시 역사학이 연구한 결과를 기초로 해야 합니다. 그리고 그는 사상, 문화, 정치, 법률, 제도 등을 경제 기초의 반영으로 여깁니다. 그에 의하면 중국의 대가족제도는 농경사회의 산물이고, 수천 년 동안 유지되어온 중국 사회의 기초적인 구조입니다. 모든 정치, 법, 윤리, 도덕, 학술, 사상 등은 대가족제도에서 구축된 상부구조입니다.

그는 경제가 필연적으로 사회의 변화를 발생시키고, 사상 또한 필연적으로 사회의 변화를 발생시킬 것으로 생각합니다. 그에 의하면 자본주의를 기반으로 하는 외국의 제국주의가 무차별적으로 중국을 침입함에 따라 중국의 사회 경제가 크게 변화하고 전통적인 주요 사상의 영향력도 변하고 있습니다. 따라서 공자 학설의 근본이 동요되고, 공자를 존경하는 학파 또한 경제 변동과 사회 변동의 추세로 인해 '영원한 스승'의 권위를 유지할 수 없습니다. 따라서 중국에서는 공자와 봉건주의와 전통적인 가족제도를 반대하는 여러 사상운동과 해방운동이 나타날 것입니다. 그에 의하면 사람들은 새로운 경제 상황과 새로운 사회생활의 요구에 부응하여 새로운 사상을 수립하기를 요구합니다. 그는 당시의 경제와 생산 수단이 없는 노동자들의 각성으로 말미암아 중국에서 노동을 신성시하는 새로운 가치가 출현할 것이라고 했습니다.

이처럼 리다자오는 인간답게 살고자 하면 먼저 정확한 역사관을 가져야 할 것으로 생각합니다. 그는 유물사관이 관념론에 기초한 전통의 인생관과 구별되는 새로운 인생관을 수립하는 데 도움을 줄 수 있을 것으로 생각합니다. 왜냐하면 첫째, 역사의 발전에 비례하여 새롭게 형성되는 보편적인 가치관이 나의 삶에 직접적인 영향을 주고 있기 때문입니다. 둘째, 민중은 역사의 주인이며 역사의 발전을 추동시키는 역량이 있으므로 역사인식이 형성되면 자신의 권위와 위치를 자각하기 때문입니다. 셋째, 역사를 끊임없이 진보하는 것으로 보는 유물사관은 발전적인 세계관과 가치관의 수립에 도움이 되기 때문입니다. 넷째, 과학적인 태도를 중시하는 유물사관은 실사구시實事求是적인 인생관을 정립하는 데 도움이 되기 때문입니다.

사회변혁과 현대 중국의 방향

천두슈와 리다자오는 계급모순과 민족모순이 팽배하던 당시의 중국을 위기의 상황으로 진단하고, 노동자와 농민을 중심으로 하는 민중들이 단합하여 위기를 극복해야 할 것으로 생각했습니다. 그들은 이전과 다른 새로운 중국을 건설하기 위해 혁명의 필요성을 주장했습니다. 곧 그들은 생산력과 생산관계의 모순을 해결하기 위해 계급투쟁의 필요성을 중시하고, 하부구조인 경제의 발전에 비례해 상부구조인 정치, 사상, 문화가 발전한다는 마르크스주의에 기초한 사회혁명론을 주장했습니다. 그들은 중국의 위기를 극복하는 과정에 러시아에서 발생한 볼셰비키혁명의 의의를 적극적으로 활용해야 할 것으로 생각했습니다.

천두슈의 사회변혁관

천두슈는 인류의 역사를 계급투쟁의 역사로 인식하고, 인간의 의식이 인간의 생활을 결정하는 것이 아니라 인간의 생활이 인간의 의식을 결정하며, 생산력의 발전에 비례하여 사회제도 역시 발전하는 것으로 생각합니다. 이 때문에 그는 정치, 철학, 사상, 언론, 지식 등도 모두 사회를 발전시키는 중요한 도구이지만, 그러한 것들이 경제의 발전에 기초하지 않는다면 사회를 변혁하거나 역사를 바르게 해석하거나 인생관을 제대로 정립할 수 없을 것으로 생각합니다.

그는 또한 자연에 대한 인간의 능동적인 참여와 자연을 변형하고 가공하는 노동을 통하여 획득하는 물질에 대해 적극적인 의미를 부여합니다. 그는 이러한 물질을 토대로 하는 경제발전에 비례하여, 정치, 철학, 사상, 가치 등 정신적인 면이 혁명적으로 변화될 수 있을 것으로 생각합니다.

결국 이러한 그의 관점은 계급사회의 모순을 해결하기 위해 무산계급 중심의 투쟁을 중시하는 마르크스·레닌주의의 혁명관을 적극적으로 반영한 것입니다.

천두슈는 〈10월 혁명과 동양十月革命與東方〉(1926)에서 사회변혁에 대한 관점을 적극적으로 피력합니다. 그에 따르면 국제 자본에 의한 제국주의 국가들 사이의 전쟁 속에서 유럽의 제국주의는 모두 조국을 보위하는 것이었는데, 미국의 윌슨이 각국에 내재한 불평등한 계급의 문제를 외면한 상태에서 '민족자결'이라는 기치를 내걸자 많은 식민지와 반식민지의 민족주의자들이 윌슨의 주장을 환영하였습니다. 그러나 생산 수단이 없는 노동계급의 지도자인 러시아의 레닌은 윌슨 선언의 비실제성을 지적하고, 각국에 내재한 불평등한 계급의 문제와 제국주의를 모두 해결하지 않은 상태에서 군국주의의 타도와 제국주의의 축출을 완전하게 실현할 수 없기 때문에 진정한 민족의 자결을 구현할 수 없을 것이라고 했습니다. 곧 그에 의하면 계급모순이 팽배한 자본주의를 극복하지 않은 상태에서 진정한 민족의 해방이 일어날 수 없는데, 윌슨은 계급모순을 해결하기 위한 노력을 생략한 상태에서 민족의 자결을 주장했기에 윌슨의 이론에 한계가 있다는 것입니다. 따라서 그는 레닌의 볼셰비키혁명이야말로 무산계급이 중심이 되는 국내 혁명으로서 러시아 황제의 군국주의와 제국주의 정부를 타도하여 러시아 내부의 민족자결을 실현한 것으로 여깁니다. 그는 이러한 러시아 볼셰비키혁명의 의의가 동아시아 피압박 민족의 계급모순과 민족모순, 특히 중국의 당면한 문제를 해결하는 면에 도움이 될 수 있을 것으로 생각했습니다.

그러나 천두슈가 1927년에 이러한 무산계급투쟁 대신 보통 선거에 의한 국민회의의 소집을 통해 직면한 문제를 해결해야 한다고 주장하자, 중국공산당은 그를 '우경기회주의자'로 규정하고, 당에서 축출하였습니다. 곧 그는 〈중공중앙에 보내는 편지致中共中央的信〉(1929)에서 중국공산당이 나아가야 할 방향을 제시합니다. 그에 따르면 중국공산당은 민중 스스로가 일어나 민중 자신의 이익을 대표하는 국민회의國民會議를 소집하여 싸워야 하며, 무기명 투표의 평등한 보통 선거로부터 생성된 국민회의는 민주적인 조직 운동으로 국민당 정부의 군사 독재에 대항해야 합니다. 그에 따르면 국가 문제를 해결할 때 전국의 인민 대표가 반드시 이와 같이 해야 끊임없는 전쟁의 재앙에서 벗어날 수 있고, 인민의 이익을 보장할 수 있으며, 유산 계급의 군벌과 제국주의의 압박과 착취에서 벗어날 수 있습니다. 그는 이것이 당시의 중국에 당면한 임무라고 주장했습니다.

그의 이러한 관점은 무산계급혁명을 중시하는 마르크스·레닌주의를 중국공산당의 정통으로 생각하는 사람들에 의해 비판의 대상이 되었습니다.

리다자오의 중국이 나아가야 할 길

리다자오는 〈10월 혁명과 중국 인민十月革命與中國人民〉(1922)에서 볼셰비키혁명의 목표가 '세계의 자본주의와 제국주의를 타도하는 것'이라고 하고, 이러한 목표가 중국에서도 유효한 것이라고 했습니다. 그는 이러한 목표를 이루기 위해 세계의 노동자들이 단결하여 혁명의 대열에 동참해야 할 것으로 생각합니다.

리다자오는 이러한 사회적 실천을 위해 역사의 주체를 민중으로 여기고 토대가 상부구조를 결정한다는 유물사관을 활용하여 중국 사회의 실제 상황을 연구하고 분석하였습니다. 특히 그는 노동자보다 농민이 많은 당시 중국의 특수한 상황을 고려하여 토지제도의 문제에 주의를 기울였습니다. 그는 피지배자에 대한 지배자의 착취가 심한 봉건적인 토지소유제의 폐기를 주장하고, 농사짓는 사람이 그 땅을 가지고 있어야 한다는 전통적인 '경자유전耕者有田' 사상을 실현하려고 했습니다. 곧 그는 중국의 토지제도를 철저히 분석한 후, 농민을 노동자계급의 동맹군으로 생각하고, 농민과 노동자들이 단결하여 불합리한 토지제도를 개혁할 것을 주장했습니다.

곧 리다자오는 노동계급의 지도적인 역할과 농민의 연합전선을 매우 중요하게 생각했습니다. 그는 레닌이 노동자를 혁명의 전위대로 여겼듯이, 역사의식이 깨어 있는 노동자와 농민을 중심으로 하는 민중을 혁명정신이 가장 풍부한 선봉대로 여겼습니다.

리다자오는 이러한 역사 인식과 사회적 실천을 당시에 만연한 자본주의를 배경으로 하는 제국주의와 군벌과 봉건사상 등의 병폐가 빚어내는 사회적 갈등과 혼란을 극복할 수 있는 힘으로 생각했습니다. 이 때문에 그는 중국의 방향을 권위주의적인 전통사상의 회복이나 부패한 자본주의 이념이 아니라, 사회주의 이념의 지향으로 설정했습니다. 이를 위해 그는 1921년의 중국공산당 창립에 적극적인 역할을 했을 뿐만 아니라, 이후에도 민중의 관점에서 사회 변혁을 위해 많은 노력을 기울였습니다.

결국 리다자오는 마르크스주의의 보편 원리를 중국혁명의 구체적인 실제와 결합하여, 직면한 대내외적인 모순을 극복하고자 했습니다. 이러한 그의 노력은 이후 마오쩌둥 사상의 형성에 중요한 기여를 했습니다.

의의와 한계

동양과 서양, 전통과 현대의 가치관이 혼재하던 근대전환기의 중국에서 천두슈와 리다자오는 마르크스주의철학을 적극적으로 수용하여 중국의 위기를 극복하고자 했습니다. 그들에 의해 중국에 확장된 마르크스주의철학은 현실의 문제에 대해, 도피하거나 관조하지 않고 직접적으로 개입하여 해결책을 찾고자 하는 사람들에게 의미 있는 역할을 하였습니다.

특히 1917년 러시아의 볼셰비키혁명이 성공을 거둔 후에 마르크스주의철학이 빠른 속도로 중국에 확산될 수 있었던 것은 천두슈와 리다자오의 지대한 역할이 있었기 때문입니다. 그들은 1921년에 중국공산당이 창립될 때에 산파의 역할을 하기도 했습니다.

또한 신비주의나 모호한 사유 방식이 아니라, 과학적 사유를 토대로 하여 객관 사실의 증명을 중시하는 그들의 철학 활동은 철학의 대중화에 크게 기여했습니다. 곧 철학적 내용을 변증법적 논리를 동원하여 명쾌하게 설명하는 그들의 노력은 철학을 어려운 것으로 생각하는 많은 민중들에게 쉽게 이해할 수 있도록 길라잡이 역할을 하였습니다.

민중을 역사의 주변이 아니라 주역으로 여기는 그들은 시대정신에 부응하는 철학을 하기 위해 노력했습니다. 이것은 그들이 철학을 관념의 유희가 아니라 시대 문제를 해결하기 위한 사유체계의 확립과 실천 활동으로 생각하는 태도에 근거한 것입니다.

이러한 그들의 철학 활동은 마오쩌둥을 비롯한 현대 중국의 설계자들에게 직접적인 영향을 주었습니다. 현대 중국은 그들의 철학사상을 적극적으로 계승하여 발전시켜오고 있습니다. 따라서 그들의 철학사상은 현대 중국의 새로운 이념적 디딤돌의 역할을 하고 있습니다.

그러나 그들의 철학 내용 가운데 전통철학에 대한 이해는 제한적입니다. 특히 그들은 유가철학에 대해 경직된 자세로 접근한 면이 있습니다. 곧 그들은 계급투쟁의 관점에서 유가철학의 구조를 바라보았기 때문에 유가철학이 함유한 다양하고 풍부한 내용을 심층적이고 종합적으로 이해하는 면에 한계를 드러냈습니다.

***

더 읽어보면
좋은 책

**천두슈 지음, 《천두슈 저작선陳獨秀著作選》 1~3권, 상해인민출판사上海
人民出版社, 1993.**

이 책은 천두슈가 1903년 5월 26일에 《수바오蘇報》에 발표한 〈양자
강의 형세를 간략하게 논함〉부터 1942년 5월 13일에 보내는 편지
글인 〈Y에게 보내는 편지給Y的信〉까지 수백 편의 글이 담겨 있습니
다. 이 책에 수록된 다양한 내용은 천두슈의 철학사상을 심층적으
로 분석하고 종합적으로 이해하는 데에 도움이 될 뿐만 아니라, 그
의 인간됨을 이해하는 데에도 도움이 됩니다.

**리다자오 지음, 《리다자오 문집李大釗文集》 上·下, 인민출판사人民出版
社, 1984.**

이 문집은 리다자오가 1912년 6월에 발표한 〈깊은 근심편隱憂篇〉부
터 1927년 4월에 감옥에서 기록한 〈옥중수기獄中自述〉까지 수백 편
의 글이 수록되어 있습니다. 이 책에 담겨 있는 다양한 내용은 리다
자오의 철학사상을 심층적으로 분석하고 종합적으로 이해하는 데
에 도움이 될 뿐만 아니라, 그의 삶의 자취를 파악하는 데에도 도움
이 됩니다.

10장

마오쩌둥과 마르크스주의의 중국화

실천과 모순의 철학

—

조봉래

마오쩌둥
毛澤東(1893~1976)

마오쩌둥은 1893년 12월 후난성 샹탄에서 부유한 농민의 아들로 태어났다. 1910년 16세가 되던 해 서양식 근대교육기관인 상향현립동산소학당에, 이듬해인 1911년에는 창사상향중학에 입학하였다. 1913년 창사사범학교에 입학한 후 교사 양창지楊昌濟로부터 많은 가르침을 받았는데 그가 베이징대학 교수가 되자 마오쩌둥 역시 베이징으로 건너간다. 양창지의 추천으로 베이징대학 도서관 사서 보조로 일하게 되는데 이때 당시 사서로 있던 리다자오로부터 많은 영향을 받게 된다.

1920년 11월 중국공산당이 창당되었고 1921년 7월 상하이에서 소집된 제1차 당대회에 마오쩌둥은 후난성 대표로 참가한다. 1923년 6월 제3차 전국대표대회에서 제1차 국공합작을 결정하는데 마오쩌둥은 중앙집행위원으로 선출되어 공산당과 국민당의 각종 당무를 담당하게 된다. 1926년 8월 마오쩌둥은 후난의 농민 세력을 규합해 국민당과 합작으로 창사에 있던 후난 군벌을 몰아내는 등 두각을 나타내고, 1926년 11월에 중국공산당 중앙농민운동위원회 서기를 맡으면서 당내의 농민운동을 총괄한다. 그러나 1927년 국민당의 장제스가 일으킨 반공쿠데타로 인해 제1차 국공합작은 실패로 돌아가고 중국공산당은 궤멸적인 타격을 입게 되는데 이에 1927년 8월 중국공산당 중앙은 긴급회의를 열어 향후 대책을 논의한다. 이 회의에서 마오쩌둥은 "정권은 총구에서 나온다"는 유명한 말로 무장투쟁의 중요성을 강조하고 징강산으로 들어가 첫 번째 농촌혁명 근거지를 마련하여 유격전을 전개한다. 그러나 4차에 걸친 국민당군의 대규모 공세로 공산당은 결국 소비에트를 포기하고 '대장정大長征'을 떠난다. 대장정 도중인 1935년 1월, 쭌이에서 진행된 이른바 '쭌의회의'에서의 격렬한 논쟁을 통해 마오쩌둥은 당권과 군권을 대부분 장악한다. 옌안소비에트 시기와 항일전쟁 시기를 거치며 다시 성장한 중국공산당은 1946년부터 벌어진 국민당과의 내전에서 최종적으로 승리하며 1949년 10월 1일 중화인민공화국 성립을 선포하게 된다.

마오쩌둥과 중국공산당은 새로운 공화국에 이른바 사회주의라는 새로운 시스템을 적용하기 위해 애쓰지만 건국 초기 사회주의로의 순조로운 개조에도 불구하고 대약진운동, 반우파투쟁, 문화대혁명으로 이어지는 20년 가까운 극좌적인 정책들로 인해 크나큰 실패를 경험하게 된다. 1976년 9월 9일 마오쩌둥의 사망과 더불어 문화대혁명도 종결된다.

중국의 혁명사와 마오쩌둥

마오쩌둥毛澤東(1893~1976)은 중국혁명을 승리로 이끌었던 혁명가이자 군사전략가였고 40년 가까이 중국공산당을 이끌었던 정치지도자였습니다. 마오쩌둥의 사상은 중국뿐만 아니라 동남아시아와 인도, 아프리카와 라틴아메리카 등 세계 각지에서 이른바 제국주의 자본에 의해 수탈당한 국가들에서 활동했던 좌파 정치세력들에게 중요한 지침이 되었습니다. 그래서 마오쩌둥의 사상은 '마오이즘Maoism'이라는 이름으로 널리 알려져 있습니다. 그러나 정작 중국 대륙에서는 마오이즘, 즉 마오쩌둥주의毛澤東主義라는 말은 쓰지 않고 주로 '마오쩌둥 사상'이라는 용어를 씁니다. 왜냐하면 마오쩌둥주의라는 이름을 사용하면 또 다른 '이즘'이 붙는 마르크스주의와는 별개의 이데올로기로 인식되기 때문입니다. 1945년 4월부터 열린 중국공산당 제7차 전국대표대회에서는 마오쩌둥 사상을 "마르크스·레닌주의의 보편적인 원리와 중국혁명의 구체적인 실천이 서로 결합된 산물"이라고 규정하고 이 문장을 중국공산당 당장黨章에 삽입시키는데 이는 현재까지도 중국에서 마오쩌둥 사상을 설명하는 정형화되고 공식화된 표현입니다. 이 표현대로라면 마오쩌둥 사상은 비록 중국화 되긴 했지만 여전히 마르크스주의의 일부라는 말입니다. 물론 마오쩌둥이 마르크스주의자냐 아니냐에 많은 논란이 있었고 주로 서양의 좌파 학자들을 중심으로 그를 마르크스주의자가 아니라고 하는 평가가 있습니다. 어떤 사람들은 중국혁명은 겉으로만 마르크스의 계급혁명을 표방할 뿐이지 실제 본질적으로는 중국의 역사에 반복적으로 등장했던 농민반란일 뿐이라고 주장하며 마오쩌둥은 농민혁명가라고 말합니다. 또 어떤 사람들은 마오쩌둥의 철학사상을 분석하면서 마르크스철학보다는 경험주의에 가깝다고 평하기도 합니다. 이러한 평가가 전혀 근거가 없는 것은 아니지만 마오쩌둥 사상을 종합적으로 보았을 때 그것의 전체 구조 속에서 마르크스를 빼버리고 나면 그의 사상 자체가 성립되지 않습니다. 마르크스주의가 중국에 이식되어 뿌리를 내리고 그것이 중국 현실에 맞게 변용되는 과정에서 마오쩌둥이 결정적인 역할을 하게 되지만 그 스스로는 언제나 마르크스주의자를 자임했습니다. 비슷한 이유로 중국 대륙에서는 '마오쩌둥 철학'이라는 말도 잘 쓰지 않습니다. 물론 '마오쩌둥 철학사상'이라는 말은 많이 씁니다만 마오쩌둥만의 철학체계가 따로 있는 것이 아니라 그것은 마르크스의 유물변증법 체계와 본질적으로 차이가 없다는 주장입니다. 이와는 다른 이유로 한국 사회에서 마오쩌둥의 철학에 대해서 말한다면 대부분 생경한 느낌을 받을 것 같습니다. 아마 대부분의 사람들이 철학은 주로 강단이나 서재에서 진행되는 학문적 활동이지 피비린내 나는 전장이나 살벌한 정치투쟁과는 무관하다고 생각하기 때문일 것입니다. 그러나 바로 이렇게 험난했던 중국 현대의 혁명사 속에서 형성되고 발전한 것이 마오쩌둥 특유의 실천철학이라고 할 수 있습니다.

마오쩌둥의 사상적 기초가 형성되는 데 심대한 영향을 끼친 두 가지는 그가 16세가 되던 1910년 서양식 학교에 입학하여 접하게 된 유신파의 개혁사상이나 이듬해인 1911년 창사상향중학長沙湘鄉中學에 입학하여 감화를 받게 되는 쑨원의 혁명사상 등입니다. 유신파의 개혁사상이라는 것이 1894년 청일전쟁에서 패한 후 망해가는 청나라를 구해내기 위해서는 일본의 메이지유신明治維新을 모델로 하여 입헌군주제를 실시하고 서방의 정치사회학설과 자연과학을 적극적으로 도입할 것을 주장했던 캉유웨이나 탄쓰퉁譚嗣同 (1865~1898), 량치차오 등의 사상을 말하는 것이고, 쑨원 등의 혁명사상은 누천년 이어오던 황제 중심의 봉건제도와 이를 근간으로 하는 청나라 정부를 완전히 무너뜨리고 서구식 정치제도를 받아들여 공화정을 실시해야 한다고 주장하는 점에서 유신파의 개혁사상과 그 차이가 있습니다. 1918년 창사사범학교를 졸업하기 직전, 나중에 중국공산당 초기의 대표적인 이론가가 되는 차이허쌴蔡和森(1895~1931) 등이 조직한 혁명단체인 신민학회新民學會에 가입하여 여러 진보적인 사상을 접하게 되었고, 베이징대학 도서관 사서 보조로 일하면서 알게 된 리다자오로부터 영향을 받아 마르크스주의를 받아들이게 되는데 특히 신문화운동을 이끈 잡지《신청년新青年》1918년 11월호에 실린 리다자오의〈볼셰비즘의 승리布爾什維克的勝利〉라는 글은 마오쩌둥이 마르크스주의를 받아들이는 데 결정적인 계기가 되었다고 합니다. 1919년 어머니의 임종을 지키기 위해 고향으로 돌아온 마오쩌둥은 창사에서 역사 교사로 12월까지 재직합니다. 이 기간 동안 마오쩌둥은《상강평론湘江評論》이라는 주간지를 발행했는데 네 번 발행한 후에 지역 군벌에 의해 폐간됩니다. 마오쩌둥은 이 잡지에 실린 대부분의 글을 혼자서 썼고 당시의 글들을 보면 마오쩌둥이 초보적이나마 마르크스주의에 기초한 정치적 견해를 가지고 있음을 알 수 있습니다.

1920년 11월 중국공산당이 창당되었고 1921년 7월 상하이에 있는 프랑스 조계租界에서 비밀리에 중국공산당 제1차 당대회가 열립

니다. 이미 후난공산주의학습그룹을 이끌고 있던 마오쩌둥은 허수
형何叔衡(1876~1935)과 함께 후난성 대표로 참가합니다. 이 대회에서
마오쩌둥은 후난에서 당 조직을 건설하라는 지침을 받고 1921년 8
월 창사로 돌아와 10월에 중국공산당 후난 지부를 건립하고 지부
서기를 맡는 등 마르크스주의 혁명가로서 활발한 활동을 하게 됩
니다.

1923년 6월 마오쩌둥은 광저우에서 소집된 중국공산당 제3차
전국대표대회에 출석합니다. 이 대회에서 중국공산당은 모스크바
에 본부를 두고 전 세계 사회주의혁명을 지휘하고 있던 코민테른
의 지시에 따라 제1차 국공합작에 참가하기로 결정하는데 마오쩌
둥은 이 회의에서 중앙집행위원으로 선출되어 당의 중앙에서 일하
기 시작합니다. 1924년 1월에는 중국국민당 제1차 전국대표대회에
서도 후난 대표 자격으로 출석해 국민당의 중앙후보집행위원으로
선출되는 등 국민당과 공산당의 각종 당무를 담당하게 됩니다. 이
때의 경험은 이후 마오쩌둥이 당을 조직하고 관리하는 데 소중한
경험이 됩니다. 아울러 농민 출신이었던 그는 일찍부터 중국혁명에
서 농민의 역할이 절대적이라는 것을 직감했고 이를 논증하기 위
해 노력합니다. 1926년 11월에 중국공산당 중앙농민운동위원회 서
기를 맡으면서 당내의 농민운동을 총괄했는데 이 시기를 전후해
그는 〈중국사회각계급의 분석中國社會各階級的分析〉(1925), 〈호남농민운
동고찰보고湖南農民運動考察報告〉(1927) 등의 논문을 통해 중국혁명에
인구의 절대 다수를 차지하는 농민의 중요성을 강조합니다.

제1차 국공합작은 쑨원이 죽은 후 1927년 쿠데타를 일으켜 권
력을 잡은 장제스가 급격한 반공노선으로 돌아서면서 결렬되고 맙

니다. 장제스는 수많은 공산당원과 노동조합 간부들을 기습 공격하여 살해하는데 이로 인해 중국공산당은 커다란 타격을 입게 됩니다. 이러한 사태에 대한 책임을 지고 천두슈가 물러난 후 당권을 차지한 취추바이瞿秋白(1899~1935)는 대도시에서 무장투쟁을 일으켜 혁명을 성사시키고자 하나 광저우廣州를 비롯한 대도시에서의 무장투쟁이 번번이 실패하자 마오쩌둥은 패잔병 천여 명을 이끌고 후난성과 광둥성 그리고 장시성의 경계에 위치한 징강산井岡山으로 들어가 유격전을 전개하는데 이를 '징강산 투쟁'이라 합니다. 바로 이때부터 마오쩌둥은 출중한 군사전략가로서의 면모를 보여주게 되는데 "적이 전진하면 우리는 후퇴한다. 적이 주둔하면 우리는 적을 교란한다. 적이 피로해지면 우리는 공격한다. 적이 후퇴하면 우리는 추격한다.〔敵進我退 敵駐我擾 敵疲我打 敵退我追〕"는 소위 16자 전법은 소수의 병력으로 다수의 정규군에게 승리하기 위한 게릴라전의 교범이 되었고 마오쩌둥은 이러한 전술을 이후에 벌어지는 중일전쟁 때와 국민당과의 내전 때에도 활용하게 됩니다. 1928년 주더朱德(1886~1976)와 함께 농공혁명군農工革命軍 (곧 홍군紅軍으로 개칭되는) 제4군을 설립하여 이끕니다. 이 시기에 국민당의 통치가 비교적 느슨한 농촌으로부터 무장투쟁을 발전시켜 농촌이 도시를 포위하고 종국에는 도시와 전국의 정권을 탈취하는 노선을 구상하게 됩니다.

장제스가 이끄는 국민당은 1927년부터 중국공산당의 농촌 근거지에 대한 대대적인 토벌을 시작하지만 마오쩌둥과 주더가 이끄는 홍군의 유격전술에 말려 번번이 실패합니다. 그러나 네 번에 걸쳐 토벌에 실패한 국민당군은 무려 100만의 병력을 동원해 장시소비에트를 겹겹이 포위하고 섬멸작전을 펼칩니다. 게다가 당시 당을 장악하고 있던 왕밍王明(1904~1974)을 비롯한 이른바 소련유학파 출신의 당 지도부는 마오쩌둥의 유격전을 비판하면서 국민당군이 소비에트 영내에 들어오지 못하도록 진지전을 수행할 것을 요구합니다. 이러한 국민당군의 대규모 공세와 당 지도부의 비현실적인 전술로 인해 군사적인 패배에 직면한 공산당은 결국 소비에트를 포기하고 이른바 대장정을 시작합니다. 1934년 10월부터 1936년까지 이어진 험난했던 대장정을 통해 중국공산당의 잔여세력은 산시성陝西省 옌안延安에 도착합니다. 대장정 도중인 1935년 1월 꾸이저우성貴州省 쭌이遵義에서 진행된 이른바 '쭌의회의'에서의 격렬한 논쟁을 통해 마오쩌둥은 당권과 군권을 대부분 장악하였고 이는 중국공산당이 향후 코민테른의 지시에서 벗어나 독자적인 혁명전략을 수립하는 중요한 기점이 됩니다.

'옌안 시기' 혹은 '옌안소비에트 시기'는 중일전쟁과 이에 따른 제2차 국공합작의 시기와도 거의 대부분 시기가 일치합니다. 비록 전쟁 중이었지만 옌안은 그나마 상대적으로 전투가 덜 치열한 서부 지역이었고 이는 공산당이 안정적으로 힘을 회복하는 데 유리했습니다. 또한 마오쩌둥이 권력투쟁에서 완전히 승리하여 당과 군의 지도권을 확립한 시기도 옌안 시기였습니다. 이러한 안정적인 지도권을 바탕으로 마오쩌둥의 사상이 보다 체계적으로 확립되었고 중국공산당을 이끄는 지도사상으로 자리 잡습니다.

〈실천론〉과 〈모순론〉

이 옌안 시기는 마오쩌둥이 그의 대표적인 저작들을 집필하는 때이기도 합니다. 그가 저술한 방대한 양의 저작을 통틀어서 철학적인 내용을 가장 많이 농축하고 있는 것이 바로 〈실천론實踐論〉과 〈모순론矛盾論〉입니다. 중국에서는 이 둘을 묶어 '양론兩論'이라고 칭하기도 하는데 이들 두 저작이 그의 다른 저작들과 비교했을 때 본격적으로 철학적인 내용을 다루고 있다는 점, 그리고 그의 가장 대표적인 저작이라는 공통점이 있기 때문에 묶어서 부르는 것입니다.

대장정 이후 중국공산당은 인재양성의 필요성을 깨닫고 옌안에 공산당과 홍군 간부들을 길러내기 위해 항일군정대학抗日軍政大學이라는 학교를 세웠는데 마오쩌둥은 이 학교에서 '변증법유물론'이라는 강의를 직접 맡습니다. 이 두 저작은 바로 이 강의의 교재로 1937년 7월에서 8월 사이에 집필된 것입니다. 강의를 듣는 학생들이 철학이나 마르크스주의에 대한 이해가 그다지 높지 않았기 때문에 이 글들은 매우 쉽고 간결합니다. 또한 철학이나 마르크스·레닌주의의 전문적인 개념이나 용어들도 당시 일반적인 중국인들이 받아들이기에 매우 친숙한 표현들로 바꾸어 썼습니다.

그러면 이 두 편의 글을 왜 마오쩌둥의 대표작이라고 하는지, 먼저 〈실천론〉부터 살펴볼까요? 이 글의 부제는 '지知와 행行의 관계를 논함'입니다. 중국에는 오래전부터 아는 것과 행하는 것을 둘러싸고 '선지후행先知後行', '선행후지先行後知', '지행합일知行合一' 등 여러 주장들이 있었습니다. 여기서 마오쩌둥은 지를 '인식'이라는 말로 행을 '실천'이라는 말로 바꾸어 '인식과 실천의 변증법적인 통일'을 중심으로 이야기를 풀어갑니다. 마오쩌둥은 글 전체를 통해 인식과 실천의 변증법적인 통일을 강조하고는 있으나 사실은 인식보다는 실천에 더 많이 무게를 둡니다. 간단히 말해 "배를 먹어봐야 배맛을 안다[你要知道梨子的滋味, 你就得变革梨子, 亲口吃一吃]"《모택동선집毛泽东选集》제1권, 1944)는 것이지요.

글의 첫 부분은 실천과 그것이 인식과정에서 가지는 지위와 작용을 논술하고 있는데 인류에 있어 생산활동이야말로 가장 기본적인 실천활동이고 따라서 이것은 인류의 다른 모든 활동을 결정한다고 강조합니다. 사회실천에는 계급투쟁, 정치활동, 과학실험, 예술활동 등 다양한 형식이 있지만 그 중에서 계급투쟁이야말로 사람들의 인식을 발전시키는 데 지대한 영향을 준다는 점을 강조합니다. 마오쩌둥은 실천은 인식의 근원이자 인식의 발전을 추동하는 동력이라 생각했고 사람들의 사회적 실천만이 사람들이 바깥 세상의 진리 표준을 인식할 수 있다고 생각합니다. 또한 실천은 인식의 목적이고 무산계급이 세계를 인식하는 목적은 바로 세계를 개조하기 위함이라고 주장합니다. 그리고 마르크스주의철학의 두 가지 선명한 특징은 바로 '계급성'과 '실천성'이라고 말합니다.

〈실천론〉에서는 인식발전의 변증법적인 과정을 보다 구체적으로 서술합니다. 여기서 잠깐 변증법에 대해 간략하게 설명해야겠습니다. 변증법이란 독일의 철학자 헤겔에 의해 정립된 것으로 모든 사물은 정正-반反-합合이라는 3단계를 거쳐서 전개되고 발전된다는 것입니다. 정正의 단계란 어떠한 사물이 그 자신 속에 사실은 모순을 포함하고 있음에도 불구하고 자각하지 못하는 단계이며, 반反의 단계란 그 모순이 자각되어 밖으로 드러나는 단계입니다. 그리

고 모든 사물은 이와 같이 모순에 부딪힘으로써 제3의 합合의 단
계로 전개해 나가는데 이 합의 단계가 바로 정과 반이 변증법적으
로 통일되는 단계라는 것입니다. 이를 인식발전에 적용하면 다음
과 같습니다. 사람의 인식운동은 먼저 보고 듣고 느끼고 하는 주
로 오감을 동원한 간단한 실천에서 출발한다고 합니다. 이러한 감
각을 통해 대상에 대해 인식을 하게 되는데 이렇게 획득한 인식을
감성인식이라고 합니다. 이렇게 감성인식을 통해 인식된 객관 대상
을 정正이라고 해둡시다. 그런데 이렇게 단순히 오감을 통해 인식
된 것이 대상의 객관적이면서도 종합적인 사실에 부합하기는 어려
울 것입니다. 아마도 감성인식을 통해 인지한 사실과 그 대상의 실
제가 다르다는 점이 드러나겠지요? 이를 반反이라고 합시다. 그러
면 대상의 실제와 나의 인식을 일치시키려는, 즉 합合의 단계로 나
아갈 수밖에 없겠지요? 이렇듯 감성인식은 보다 고차원적인 실천
을 통해 이성인식으로 발전하게 되는데 마오쩌둥은 이 발전과정을
첫 번째 능동적인 '비약'이라고 합니다. 사람은 감성인식보다 고차
원적인 이성인식이라는 과정을 통해 사물을 보다 정확하게 파악을
하고 이러한 인식을 바탕으로 다시 새로운 사회적 실천을 하게 되
는데 이를 두 번째 능동적인 비약이라고 설명합니다. 물론 첫 번째
비약보다 훨씬 더 중요한 것이 두 번째 비약입니다. 〈실천론〉에서는
주관과 객관이 서로 분열하고 인식과 실천이 서로 벗어나는 것은
좌우경의 잘못된 인식론 때문이라고 말합니다. 인류의 인식 발전
의 전체 과정은 곧 실천, 인식, 재실천, 재인식이 끊임없이 순환하
는 과정이고, 이 과정이 한 차례 순환할 때마다 사람의 인식은 이
전보다 한 단계 높은 수준에 도달한다는 것입니다. 이를 '인식운동

마오쩌둥

307

의 총규율'이라고 합니다.

〈실천론〉에서 또 하나 주목되는 내용은 절대적 진리와 상대적 진리의 관계를 풀어놓은 것입니다. 우주 전체의 종합적인 발전과정을 절대적이라고 한다면 그 전체 과정 중에서 각각의 구체적인 과정의 발전은 모두 상대적일 수밖에 없다는 것입니다. 절대적 진리를 하나의 큰 강이라고 한다면 사람들은 이를 전체적으로 인식할 수는 없습니다. 단지 사람들마다 각각 일정한 발전단계에 있는 구체적인 과정에 대해서는 인식할 수 있는데 이러한 인식은 단지 상대적인 진리성만 갖는다는 것입니다. 따라서 마오쩌둥에 의하면 무수한 상대적 진리의 총화가 바로 절대적 진리라는 것입니다. 그러므로 객관현실세계의 변화운동은 영원히 완결되지 않으며 사람들은 실천 중에 진리에 대한 인식은 영원히 완결되지 않는다고 말합니다. 이는 이후에 "사회주의 사회에서도 여전히 계급투쟁을 일으켜야 한다"라는 이른바 '계속혁명론'의 바탕이 됩니다. 마오쩌둥은 마르크스·레닌주의조차도 절대로 완결된 진리가 아니며 오로지 실천 중에 부단히 진리를 인식하는 길을 개척해나가야 한다고 주장합니다. 이는 다분히 마르크스·레닌주의를 절대화시켜 중국의 구체적인 사정을 반영하지 않은 채 코민테른의 지시만을 절대화하는 왕밍을 비롯한 소련유학파의 교조주의적인 오류를 비판하는 의도를 가진 것입니다. 아울러 발로 뛰며 직접 농민들을 만나고 그들을 조직하고 선동하여 폭동을 일으키고 토지혁명을 진행했던 자신의 실천의 과정이야말로 책상에 앉아 관념적으로 바라봤던 이전의 당 지도부에 비해 중국혁명이라는 객관대상을 정확하게 인식할 수 있다고 주장하는 것입니다. 이렇듯 실천을 대단히 중시하는 마오쩌둥 특유의 인식론은 "조사 없이는 발언권도 없다〔沒有調査 沒有發言權〕"는 원칙으로 자리 잡게 되고 종종 마오쩌둥이 회의석상에서 상대방을 제압하는 논거가 됩니다.

〈실천론〉을 쓴 후 연달아 쓴 글이 〈모순론〉입니다. 마오쩌둥의 대표적인 철학저작으로 〈실천론〉보다는 〈모순론〉을 꼽는 사람이 많은데 전체적인 분량도 더 많아서 이 글은 '두 개의 세계관', '모순의 보편성', '모순의 특수성', '주요모순과 모순의 주요방면', '모순 제방면의 동일성과 투쟁성', '모순 중에서 적대가 차지하는 지위', '결론' 등 총 7개의 부분으로 나누어져 있습니다. 1937년 8월 처음 인쇄될 때의 제목은 〈모순론 통일법칙〉이었는데 사실 이 글에서 매우 강조되는 것은 '대립물 통일의 법칙'입니다. 이 법칙을 중심으로 사물의 모순관계를 조목조목 설명하고 있으며 대립물 통일의 법칙이야말로 변증법의 실질이자 핵심이라고 주장하고 있습니다.

그럼 〈모순론〉의 중심적인 내용을 간단하게 살펴볼까요?

먼저 첫 번째 부분인 '두 개의 세계관'에서는 변증법적 유물론과 형이상학을 비교하여 설명하면서 동시에 후자를 비판합니다. 고립적이고 고정적이고 편면적인 관점으로 세계를 보는 것이 형이상학의 기본적인 특징이라고 주장하면서, 형이상학은 단순하게 사물의 외부에서부터 그것의 발전의 원인을 찾으려 하지만 변증법적 유물론에서는 사물 내부의 모순이 발전을 일으킨다고 본다는 것입니다. 여기서 변증법적 유물론에 대해 간략한 설명을 덧붙여야겠습니다. 〈실천론〉 부분에서 인식운동에 대한 설명을 할 때 우리는 헤겔의 변증법에 대해 잠시 살펴보았습니다. 그런데 헤겔의 변증법은 방법론적으로 매우 논리적임에도 불구하고 그 목적 자체는 매우 관념적이었습니다. 즉 헤겔은 '절대정신'을 증명하기 위해 변증법이라는 방법을 고안해낸 것이지요. 마르크스와 엥겔스는 헤겔의 관념론을 비판하는 유물론자였습니다. 그래서 그들은 변증법을 유물론과 결합시켜서 헤겔의 변증법이 가진 관념적인 결함과 포이에르바하Ludwig Feuerbach(1804~1872)를 비롯한 기존의 유물론자들이 가지고 있던 기계적 유물론의 결함을 보충하려 했던 것입니다.

또한 모순의 보편성과 모순의 특수성을 나누어 설명한 부분은 기존의 마르크스주의의 모순학설에서는 다룬 적이 없었던 내용입니다. 우선 모순의 보편성은 두 가지 측면에서의 함의를 가지고 있는데 그 첫째는 모순은 모든 사물이 변화 발전하는 과정 중에 반드시 존재한다는 것이고, 둘째는 각각의 사물의 발전과정 중 시종일관 모순운동이 존재한다는 것입니다. 그러나 마오쩌둥은 모순의 보편성보다는 모순의 특수성 부분에 더 많은 지면을 할애하여 공을 들여 논술합니다. 모순의 보편성과 특수성을 각각 모순의 '공성共性'과 '개성個性'이라는 말로 정리하면서 이 모순의 공성과 개성은 서로 구별되지만 또한 서로 연결되어 있고 때에 따라서는 서로 전화轉化되기도 한다는 것입니다. 이 모순의 특수성을 주목해야 하는 이유는 이후 대도시를 중심으로 노동자계급이 주도하는 무산계급혁명이 아니라 인구의 대부분인 농촌을 중심으로 한 농민계급이 주가 되는 혁명처럼 마르크스주의의 원론을 중국이 가지고 있는 모순의 특수성에 맞추어 변용하기 때문입니다. 마오쩌둥은 "공성과 개성, 절대와 상대의 원리야말로 사물의 모순에 관련된 문제의 정수이며 그것을 깨닫지 못하면 변증법을 포기하는 것과 같다"《모택동선집毛泽东选集》 제1권)라는 말까지 합니다.

〈모순론〉에서는 또한 주요모순과 부차적인 모순, 즉 차요모순次要矛盾이라는 개념을 설명합니다. 마오쩌둥은 각각의 모순이 그 발전과정에서 나타나는 불균형은 주요모순과 차요모순, 그리고 모순의 주요부분과 부차적인 부분이 각각 다르게 나타나기 때문이라고 합니다. 그리고 이 주요모순과 차요모순은 분산·고립되고 고정된 것이 아니라 조건에 따라서 서로 대립하기도 하고 서로 자리를 바꾸기도 합니다. 예를 들어 이 시기 중국공산당은 제2차 국공합작을 통해 항일전쟁을 수행하는데 이전에 주요모순이던 국민당과의 계급모순은 차요모순이 되고 외세(일본)와 중화민족 간의 모순 즉 민족모순이 주요모순이 되었다는 것입니다. 중국공산당은 국민당을 구성하고 있는 것이 기본적으로 반봉건적인 지주계급과 매판자본가 혹은 관료자본가계급으로 보고 반면에 중국공산당은 노동자 농민계급의 이익을 대표한다고 봅니다. 그러므로 그들은 국공내전의 성격을 상이한 정치세력들 간의 권력투쟁이 아니라 계급투쟁의 관점으로 바라보는 것입니다. 이후 일본이 패망하고 더 이상 민족모순이 주요모순이 아닐 때 다시 국민당과의 계급모순이 주요모순이 되는 것이지요.

〈모순론〉에 나타나는 또 하나의 특별한 점은 모순의 기본적인 형식을 적대적 모순과 비적대적 모순으로 구분하고 있다는 것입니다. 적대적 모순은 모순 대립하는 양쪽 중 한쪽이 소멸해야 비로소 모순관계가 해결되는 것이지만 비적대적 모순은 그렇지 않다는 것입니다. 예를 들면 부르주아지와 프롤레타리아트 간의 계급모순은 어느 한쪽 계급이 소멸해야 해결되는 적대적 모순이지만 노동자와 농민의 경우 틀림없이 모순관계에 있지만 적대적인 모순은 아니라는 것입니다.

이렇듯 〈실천론〉과 〈모순론〉은 대립물 통일의 법칙을 중심으로 마르크스주의의 변증법적 유물론을 중국이 가진 특수성에 맞춰서 실제 중국혁명에 실천할 수 있는 이론적 기반을 세운 것이라 할 수 있겠습니다.

〈신민주주의론〉

〈실천론〉, 〈모순론〉과 더불어 마오쩌둥 사상과 중국혁명의 본질을 가장 잘 살펴볼 수 있는 대표작으로 〈신민주주의론新民主主義論〉을 꼽는 사람이 많습니다. 〈신민주주의론〉은 원래 1940년 1월 섬감영변구(陝甘寧邊區: 산시·간수·닝샤 변두리지역) 문화협회의 제1차 대표대회에서 마오쩌둥이 한 연설문입니다. 원제목은 〈신민주주의 정치와 신민주주의 문화新民主主義政治與新民主主義的文化〉였지만 같은 해 2월《해방解放》에 실리면서 〈신민주주의론〉으로 개칭됩니다. 그러나 이 글은 앞에서 다룬 〈실천론〉과 〈모순론〉처럼 그 글 자체가 직접적으로 철학적인 범주를 다루고 있는 것은 아닙니다. 그렇지만 기존의 마르크스주의 혹은 러시아 볼셰비키혁명 과정과는 전혀 다른 단계적 혁명의 구상이라는 점에서, 또한 마르크스주의가 중국적으로 변용되는 과정에서 가장 뚜렷한 독자성을 띠고 있다는 점에서 이 글을 살펴볼 필요가 있는 것입니다.

먼저 신민주주의란 무엇일까요? 실제로 우리는 대부분 마오쩌둥이 1949년에 승리로 이끈 혁명을 사회주의혁명으로 알고 있습니다. 그러나 중국에서는 이 혁명을 사회주의혁명이라고 하지 않고 신민주주의혁명이라고 합니다. 그리고 이후 1949년부터 1957년까지를 사회주의 '개조' 시기라고 합니다. 1949년에 이미 혁명이 성공했으므로 이후는 사회주의로 평화롭게 옮겨가면 된다는 의미에서 혁명이 아니라 개조라는 말을 붙이는 것입니다.

마오쩌둥은 〈신민주주의론〉에서 중국혁명의 역사적 특징으로 인해 반드시 민주주의와 사회주의 두 단계로 나누어야 한다고 합니다. 그러나 여기서의 민주주의는 이미 옛날 범주의 민주주의여서는 안 되고 새로운 범주의 민주주의, 즉 신민주주의여야 한다고 주장합니다.

신민주주의혁명이란 일종의 단계론적 혁명론입니다. 중국에서는 신민주주의혁명을 "제국주의와 무산계급혁명 시대에 식민지 국가나 반식민지 반봉건 국가에서 무산계급이 영도하여 제국주의와 봉건주의 및 관료자본주의에 대해 반대하는 부르주아 민주주의혁명"(《마오쩌둥 사상사전毛泽东思想辞典》, 1989)이라고 규정하고 있습니다. 무산계급, 즉 프롤레타리아트가 부르주아 민주주의 혁명을 영도해야만 하는 이유는 하나의 역사적 특징 때문인데, 중국이 바로 '반半식민지 반半봉건사회'에 처해 있다는 것입니다. 1930년대 전반기에는 중국 내의 좌파 이론가들 사이에서 이른바 '중국 사회 성격 논쟁'이라는 치열한 논쟁이 벌어지게 됩니다. 트로츠키파를 비롯한 일단의 학자들은 당시 중국 사회의 자본주의적인 성격을 부각시키고 이를 통해 중국이 이미 자본주의 사회에 진입했다는 점을 입증하려 하였고, 중국공산당원들을 주축으로 한 다른 일단의 학자들은 오히려 중국 사회는 아직 봉건적인 측면이 우세하다고 주장하며 중국 사회는 봉건에서 완전히 탈피하지 못한 반봉건사회에 머물러 있다고 주장했던 것입니다. 이 치열한 논쟁 속에서 나온 개념이 바로 '반식민지 반봉건사회'입니다. 즉 중국은 주권을 완전히 상실한 식민지국가는 아니지만 외세에 의한 수탈의 정도가 온전한 주권국가로 보기 어렵고 일부 대도시에서는 자본주의적 상공업이 자리를 잡아가고 있긴 하지만 국가 전체의 대부분을 차지하고 있는 농촌에서는 여전히 지주계급이 농민을 경제적·경제외적으로 수탈하고 있는 봉건적인 생산관계를 벗어나지 못했다는 것입니다. 만일 중국이 자본주의적 모순이 지배하는 사회라면 마르크스가 말했던 그대로 프롤레타리아트가 투쟁을 통해 부르주아지를 몰아내는 사회주의혁명을 일으키면 됩니다. 그러나 반식민지 반봉건사회에서라면 내용이 달라져야 합니다. 반제반봉건反帝反封建, 즉 외세와 봉건세력을 몰아내는 투쟁이 우선되어야 비로소 사회주의로 이전될 준비가 갖춰지는 것입니다. 그렇다고 해서 당시의 중국 상황에서 부르주아혁명이 자생적으로 발생하기만을 기다릴 수도 없는 문제였습니다. 바로 이러한 이유로 마오쩌둥은 단계적인 혁명전략을 수립하게 되는 것입니다. 마오쩌둥은 제1차 세계대전과 러시아 볼셰비키혁명이 끝난 후에 형성된 중국의 이러한 역사적인 특징을 염두에 두고 우선 반식민지 반봉건사회를 독립적인 민주주의 사회로 변화시키고, 두 번째 단계로 혁명을 계속 발전시켜 하나의 사회주의 사회를 건설해야 한다고 주장합니다. 그리고 1940년 〈신민주주의론〉을 쓸 당시의 혁명은 첫 번째 단계, 즉 외세로부터 독립하는 민주주의 사회로 변화시키는 것이라고 규정합니다. 때문에 일본이라는 외세에 맞서기 위해서는 국민당과 합작할 수 있었고, 이후

1945년 일본이 패망한 이후로는 지주계급과 매판자본가계급이 이끄는 국민당을 몰아내기 위해 노동자, 농민뿐만 아니라 민족부르주아와 지식인계급까지 이른바 '인민민주통일전선'을 형성하여 신민주주의혁명을 승리로 이끕니다.

군중노선

1945년 8월 일본이 패망하고 중일전쟁이 끝납니다. 평화를 갈구하는 중국 국민의 여론이 뜨거워지자 장제스와 마오쩌둥은 충칭重慶에서 화평교섭회담和平交涉會談을 개최합니다. 이 회담에서 국민당과 공산당은 내전을 피하고 전국 규모의 정치협상회의를 조속히 개최하며 각 당파의 평등한 지위를 승인한다는 등의 내용에 합의하였고 1945년 10월 10일 "어떤 일이 있어도 내전을 피하고, 독립·자유·부강의 신중국을 건설한다"라는 쌍십협정雙十協定을 발표합니다. 그러나 미국의 원조 등으로 압도적인 군사력을 갖춘 국민당은 일방적으로 협정을 파기하였고 이러한 국민당의 태도에 마오쩌둥도 강경하게 대응함으로써 1946년에 전면적인 내전으로 돌입하게 됩니다. 마오쩌둥은 군사전략가로서의 면모를 다시 한 번 과시하며 장제스의 군대를 각개 격파해 나갔고 이를 통해 농촌을 중심으로 세력권을 형성하고 그 안에서 토지개혁을 추진하여 정치적·군사적인 기반을 닦아나갑니다. 부패하고 무능했던 국민당은 인민의 지지를 얻지 못하였고 1947년 말부터는 국민당과 공산당의 세력관계가 역전되기 시작하여 공산군은 총반격을 개시하여

1949년 1월 베이징에 입성합니다. 그해 4월에는 난징, 5월에는 상하이, 8월에는 창사를 점령하고 마침내 국민당 정부를 타이완臺灣으로 몰아내고 1949년 10월 1일 중화인민공화국의 수립을 선포합니다.

사실 내전이 시작될 무렵 국민당은 공산당에 비해 4배나 많은 병력을 가지고 있었고 미국으로부터 원조 받은 현대화된 무기까지 감안하면 종합군사력은 10:1 정도였다는 평가가 있습니다. 따라서 전 세계는 중국공산당의 승리를 '군사적인 기적'으로 표현할 정도였습니다. 학계에서도 중국공산당이 군사적인 열세에도 불구하고 짧은 시간에 전세를 뒤집고 결국 내전을 승리로 이끌게 된 원인을 다각도로 연구 분석하였습니다. 물론 학자들마다 중점을 둔 요인은 각각 달랐지만 대부분의 학자들이 기본적으로 동의하는 것은 공산당이 국민당에 비해서 인민의 마음을 끌고 인민의 지지를 획득하는 데 월등한 능력을 보였다는 것입니다. 공산당이 인민의 마음을 장악할 수 있었던 가장 큰 요인은 바로 마오쩌둥이 강조했던 대중노선 혹은 군중노선群衆路線이라는 원칙이었습니다.

마오쩌둥은 장시소비에트 때부터 인민대중의 능동적인 역할에 주목하고 이를 강조합니다. 물론 옌안 시기에 들어서서 이 군중노선이 체계화되고 이론화되지만 징강산에서 이미 그 기본적인 개념이 형성되었다고 볼 수 있습니다. 군중노선은 간단히 말해 모든 권력이 "군중으로부터 나와서, 군중으로 돌아가는" 원칙으로 정식화된 중국공산당의 뿌리 깊은 원칙 중 하나입니다. 마오쩌둥은 인민군중이야 말로 중국혁명의 역량의 원천일 뿐만 아니라 중국혁명의 가치가 담겨 있는 것이라고 봅니다. 마오쩌둥은 일찍이 "우리의 공산당과 공산당이 이끄는 팔로군八路軍과 신사군新四軍이라는 혁명의 대오. 우리의 이 대오는 인민의 해방을 위하며 철저히 인민의 이익을 위해 일하고 있다"라는 말을 통해 당과 인민군중의 관계를 명확히 했습니다. 지금도 중국공산당이 자주 사용하고 있는 "온 마음과 온 뜻을 가지고 인민을 위해 봉사하자〔全心全意爲人民服務〕"라는 구호 역시 중국공산당 7대 개막사에서 마오쩌둥이 처음 제출한 오래된 구호입니다. 이 구호는 중국공산당과 공산당원이 어떠한 문제를 생각하고 일을 처리할 때 인민군중의 이익이야 말로 그 모든 것의 출발점이자 귀결점이라는 의미로 사용하고 있습니다. 마오쩌둥은 "한 사람 한 사람의 동지들이 분명히 해야 할 것은, 공산당원의 모든 말과 행동은 반드시 최대한 많은 인민군중의 최대한 많은 이익과 부합하여야 하며, 최대한 많은 인민군중에 의해 옹호되는 것을 최고의 표준으로 삼아야 한다"라고 당원들에게 여러 차례 주문했고 이러한 과정에서 중국공산당 내에서는 군중노선이 서서히 뿌리를 내리게 됩니다.

이는 또한 프롤레타리아트 정당이 기타의 정당과 선명하게 구분되는 상징이라는 것입니다. 모든 것을 군중에게 의지하기 위해서는 먼저 군중이 자기 스스로를 해방시킬 수 있다는 믿음을 가져야 합니다. 또한 군중 위에 군림하며 명령만 내리는 일종의 관료주의도 배격해야 하지만 이끌기를 포기하고 군중들의 낙후된 의견에 영합하는 포퓰리즘 역시 배격해야 합니다. 반드시 군중의 의견을 청취하여 문제점을 발견하고 이 문제점을 해결하기 위해 노력해야 합니다.

마오쩌둥은 중국혁명의 동력을 '인민대중人民大衆'이라는 개념으로 형상화시킵니다. 마오쩌둥이 인민대중이라는 개념을 자주 쓰기 시작한 것은 앞서 소개한 〈신민주주의론〉을 쓸 때부터인데, 여기서 인민대중을 '제국주의 및 봉건계급 세력이라는 구세력과 대항하는 새로운 세력'이라고 규정하고 있습니다. 또한 중국의 신민주주의혁명의 총노선을 개괄하면서도 무산계급이 영도하는 인민대중이 제국주의와 봉건주의 그리고 관료자본주의를 반대하는 혁명이라고 정의 내립니다. 마오쩌둥은 인민을 세계를 창조하는 역사의 동력으로 보았고, 따라서 전체 공산당원과 전체 국가간부가 봉사해야 할 대상이라고 규정했던 것입니다. 그리고 혁명 시기에 이 인민대중들은 마오쩌둥의 기대에 부응하듯이 절대적으로 힘의 열세에 있던 공산당을 도와서 신민주주의혁명을 성공시킵니다.

주관적 능동성과 인민 역량에 대한 과신

그러나 마오쩌둥의 인민대중에 대한 절대적인 믿음과 의존은 사회주의 건설과정에서 대규모 군중동원을 통해 낙후된 생산력의 객관적인 조건을 극복하려는 시도로 나타나게 됩니다. 이 시기에 마오쩌둥은 이른바 인민의 '주관적 능동성(主觀能動性)' 혹은 '자각적 능동성(自覺能動性)'을 강조합니다.

주관적 능동성이라는 것은 세계에 대한 정확한 인식을 바탕으로 일정한 목적을 가지고 세계를 개조하는 능력을 말합니다. 마오쩌둥이 인식론 방면에서 자주 강조했던 하나의 중요한 철학사상입니다. 유물론은 유물론이되 인간의 주관을 전혀 반영하지 않는

'기계적 유물론'이나 일반적인 유심론들은 모두 사람들의 주관적 능동성을 정확히 파악하지 못합니다. 기계적 유물론은 인간 역시나 물질세계의 객관 규율의 노예로 간주하기 때문에 인간이 세계를 개조하는 능동성을 근본적으로 부인하게 됩니다. 유심론은 물질세계 및 객관 규율에 대해 근본적으로 부인하며 반대로 정신적 능동성을 무한히 과장합니다. 마오쩌둥은 변증법적 유물론이야말로 처음으로 정확히 인류의 주관적 능동성에 대해 설명할 수 있다고 생각했습니다. 변증법적 유물론에서는 이 주관적 능동성은 사상과 행동 두 방면을 모두 포함하고 있다고 합니다. 사상 방면에서의 능동성이라는 것은 사람은 객관세계의 현상을 반영할 수 있을 뿐만 아니라 이 현상을 꿰뚫고 객관세계의 본질과 규율을 파악할 수도 있다고 보는 것이고, 행동 방면에서의 능동성이라는 것은 이렇게 파악된 본질과 규율에 근거하여 실제 정황에 알맞은 계획, 방안, 이론, 정책들을 세우고 일정한 목적을 가지고 계획적으로 세계를 개조한다는 것입니다. 비록 동물 역시 어느 정도 자연계를 변화시킬 수 있지만 그것은 어디까지나 본능적인 활동에 지나지 않습니다. 인류가 가지고 있는 주관적인 능동성은 고도의 주동성主動性, 융통성(유연성), 계획성으로 표현됩니다. 마오쩌둥은 특히 그의 군사 저작에서 이러한 능동성에 대해 강조하고 있는데 중일전쟁의 결과를 예측하면서 쓴 저작《지구전을 논함論持久戰》(1938)에서 이렇게 말합니다. "이러한 능동성, 즉 우리가 자각적 능동성이라고 이름 붙인 것은 사람이 기타 사물과 구별되는 특징이다. 모든 것이 객관사실에 근거해야 하고 객관사실에 부합해야 한다는 것은 정확한 사상이다. 일체의 정확한 사상에 근거한 행동은 모두 정확한 행

마오쩌둥

319

동이다. 다만 우리가 이러한 정확한 사상과 행동을 발양하기 위해서는 반드시 이러한 자각적 능동성을 발양하여야 한다."

이렇듯 주관적 능동성이 발휘할 수 있는 능력에 대한 과신은 각성한 인민의 자각적 능동성만 있다면 이것으로 객관적인 조건을 뛰어넘을 수 있다는 생각까지 하게 됩니다. 마오쩌둥이 이런 생각을 하게 되는 것은 전혀 근거가 없는 것은 아닙니다. 왜냐하면 위에 기술한 대로 마오쩌둥은 '위대한 중화인민군중'의 자각적인 능동성을 바탕으로 군사력의 절대 열세라는 객관적인 조건을 뛰어넘어 국민당을 무찌르고 대륙을 석권했습니다. 또한 건국 직후 전쟁의 폐허 위에 세운 1차 경제개발 5개년 계획의 목표 달성이 인민들의 자각적 능동성으로 인해 훨씬 앞당겨졌기 때문입니다.

인민 군중의 자각적 능동성에 대한 마오쩌둥의 이러한 과신으로 인해 중국공산당은 1차 경제개발 5개년 계획이 끝나자마자 대약진운동과 인민공사人民公社화운동이라는 극좌적인 정책을 입안하게 됩니다. 그러나 전국적인 토지개혁운동 및 농업 집단화 운동인 인민공사화운동은 오히려 농민들의 생산 동기를 약화시켰고, 토법제철土法製鐵, 즉 제대로 된 대규모의 제철소가 없는 대신 마을마다 흙으로 재래식 용광로를 만들어 수 년 내에 영국의 철강생산량을 따라잡겠다는 무모한 계획으로 대표되는 대약진운동은, 절대적으로 부족한 생산 인프라를 인민들의 자발적인 창의력과 열정으로 뛰어넘겠다는 것으로 전혀 객관사실에 부합하지 않는 것이었습니다.

인민공사는 마오쩌둥이 머릿속에 그리던 공산주의 유토피아를 실현시키기 위한 통로였습니다. 대규모 협동농장 안에서 농공병農

工兵이 하나로 어우러져 소유와 분배는 물론이고 나아가 직업, 성, 연령, 교육 정도의 차이가 근본적으로 없어지는, 말 그대로의 유토피아를 현실로 가져오려는 것이었습니다.

그러나 객관적인 경제법칙을 무시하고 서둘러 공산주의 유토피아에 도달하려 했던 마오쩌둥의 꿈은 2년 동안의 대기근과 경제시스템의 파탄, 수천만 명의 아사자를 남기고 실패로 돌아가고 맙니다. 대약진운동이 참변에 가까운 실패로 끝나고 잠시 동안 류사오치劉少奇(1898~1969)와 덩샤오핑鄧小平(1904~1997)을 중심으로 한 실용 수정주의 노선이 당의 주도권을 쥐고 조정국면에 들어가게 되었습니다. 그러나 이를 자본주의 사회로의 회귀로 생각한 마오쩌둥은 사회주의 사회에서도 여전히 계급모순이 존재하므로 부단히 혁명을 일으켜 반동계급의 준동을 막고 역사의 진보를 추동해야만 한다는 생각을 갖게 됩니다. 결국 문화대혁명을 발동하여 당권을 쥐고 있던 류사오치와 덩샤오핑을 이른바 주자파走資派, 즉 자본주의의 길을 걸으려는 사람들로 몰아 축출합니다. 이어 중국에서 '십년동란十年動亂'이라고까지 부르는 이 문화대혁명을 전국으로 확대시켜 중국 전역을 계급투쟁의 광풍으로 몰아넣으며 숱한 폭력과 파괴의 희생자들을 양산했고 10년 동안 경제와 교육을 위시한 사회 전 분야에 있어서 정체 또는 퇴보를 가져오게 됩니다. 1976년 9월 9일 마오쩌둥이 83세의 나이로 세상을 떠나면서 이 문화대혁명도 종결됩니다.

실사구시와
중국 특색의 사회주의 건설 이론

문화대혁명이라는 비극적인 역사에 대한 중국인들의 반성은 덩샤오핑이 추진한 개혁개방 노선을 받아들이는 결정적인 계기가 됩니다. 언뜻 보면 덩샤오핑은 마오쩌둥이 이끌었던 것과는 정반대의 길로 중국을 이끈 것 같지만 그 역시 마오쩌둥 사상을 완전히 벗어나지 못합니다. 앞에서 중국에서는 마르크스주의와 상관없는 별개의 이데올로기로 인식되는 것을 피하기 위해 '마오이즘'이라는 말을 쓰지 않는다는 이야기를 한 적이 있습니다만 역시 똑같은 이유로 '덩샤오핑 사상'이라는 말도 쓰지 않습니다. 다시 말해 덩샤오핑의 개혁개방 이론 역시 마오쩌둥이 주창한 '중국의 실제에 부합하는 마르크스주의'를 시대에 맞게 새롭게 해석하고 적용했다는 설명입니다. 즉 덩샤오핑이 개혁개방을 내놓는 시점의 중국의 실제라는 것은 '땅은 넓고 인구는 많으나 생산력은 대단히 낙후된 농업국가'라는 것이고 이러한 실제에 부합하는 마르크스주의는 생산력의 발전이 위주가 되어야 하는 것이라는 주장입니다. 덩샤오핑은 이를 뒷받침하기 위해서 앞서 설명했던 마오쩌둥의 주요모순 개념을 가져옵니다. 즉 중국 사회의 주요모순은 더 이상 계급 간의 모순이 아니라 '인민들의 날로 증대하는 물질적인 수요와 이에 미치지 못하는 생산력 간의 모순'이라는 것입니다.

덩샤오핑이 개혁개방을 내세우자 당 내외의 적지 않은 사람들이 자본주의로 회귀하는 것이 아니냐 하는 불안과 의심을 나타냈습니다. 이때 덩샤오핑이 자신이야말로 마오쩌둥과 마오쩌둥 사상의 충실한 계승자라는 것을 주장하기 위해 공통분모를 찾아내어 특별히 강조한 것이 이른바 '실사구시實事求是'입니다.

> 마오쩌둥 사상의 기본점은 바로 실사구시이며 바로 마르크스·레닌주의의 보편적 원리와 중국 혁명의 구체적인 실천을 서로 결합한 것이다. 마오쩌둥 동지는 옌안에서 중앙당교中央黨校에 '실사구시'라는 네 글자를 제출했는데 마오쩌둥 사상의 정수는 바로 이 네 글자이다. (《마오쩌둥 사상의 깃발을 높이 들고 실사구시의 원칙을 견지하자高擧毛澤東思想旗幟, 堅持實事求是的原則》 중에서, 1978년 9월 16일)

이와 마찬가지로 덩샤오핑 이론의 핵심도 바로 해방사상과 더불어 실사구시라고 주장합니다. 이처럼 초기의 개혁개방은 마오쩌둥을 반대하며 추진된 것이 아니라 오히려 죽은 마오쩌둥과 그의 사상을 '진리의 표준'에 놓고 출발했던 셈입니다.

그러나 개혁개방이 어느 정도의 궤도에 오른 후 마오쩌둥에 대한 평가는 조금 달라집니다. 1981년 열린 중국공산당 중앙위원회 전체회의(제11기 6중전회)에서는 〈건국 이래 당의 약간의 역사문제에 관한 결의關于建國以來黨的若干歷史問題的決議〉라는 결의문을 통과시킵니다. 이 결의는 중화인민공화국 건립 후 일련의 중대한 사건, 특히 문화대혁명에 대한 중국공산당의 공식적이고도 총괄적인 평가를 담고 있습니다. 따라서 내용 중에는 마오쩌둥의 역사적 지위에 대한 평가도 포함되어 있습니다. 이 문건에서는 처음으로 마오쩌둥의 공功뿐만 아니라 과過까지도 모두 공식적으로 인정합니다. 1957년부터 1959년까지 전국적 규모의 우파색출운동, 즉 '반우파 투쟁'

을 벌여 무려 55만의 사람들을 우파로 몰아 박해한 일부터 시작하여 대약진운동과 인민공사화운동 그리고 문화대혁명까지 20여 년간 진행되었던 극좌적인 오류를 소위 '만년오류晩年錯誤'로 평가했던 것입니다. 그러나 덩샤오핑은 비록 마오쩌둥이 만년에 오류를 범하긴 하였으나 그 공로가 과오보다 많다고 주장하면서 여전히 당과 국가의 지도 사상으로서 마오쩌둥 사상의 지위를 보장해줍니다. 그리고 이 평가는 아직까지도 변함없는 중국공산당의 공식적인 평가입니다.

생산력의 발전이 모든 것의 중심이 된 개혁개방의 시대를 거치면서 이념적 가치는 서서히 자연스럽게 희석되었고 중국 사회에서 마오쩌둥 사상은 현실적인 영향력을 발휘하지 못합니다. 개혁개방은 눈부신 경제성장을 가져왔지만 또한 극심한 빈부격차와 범죄의 증가, 환경오염 등 그 부작용 역시 날이 갈수록 심화되었습니다. 이념적 가치가 사라지자 배금주의가 즉시 그 자리를 차지합니다. 사회 통합적 이념을 내세워 이러한 부작용을 해소하기에는 중국 사회는 너무나 다원화되었습니다. 개혁개방의 부작용이 걷잡을 수 없이 심해지기 시작한 1990년대 후반에 중국에서는 마오쩌둥과 더불어 절대적 평균주의가 지배했던, 즉 가난했지만 평등하고 평화로웠던 이른바 '마오쩌둥 시대'를 그리워하는 풍조가 나타납니다. 1999년에 새로 디자인된 중국의 인민폐는 최고액권인 100위안부터 1위안까지 모든 도안이 마오쩌둥으로 통일됩니다. 마오쩌둥이라는 인물을 중심으로 흩어진 중국인들을 재결집하여 새로운 도전을 극복하겠다는 중국공산당 정부의 의도가 읽히는 대목입니다.

이렇듯 마오쩌둥은 1935년 준의회의에서 당권과 군권을 획득한 이후로 약 40년 동안의 집권기는 물론이고 죽고 나서 지금까지 약 40년, 도합 80년 동안이나 중국에 지대한 영향을 끼친 인물이라 할 수 있습니다.

독일 고전철학이라는 철학적 토양에서 탄생한 마르크스주의 철학이 2,000년 동안 유교적 사유와 문화를 기본적으로 유지해오던 중국으로 넘어온 이후 뿌리를 내리고 운용되는 과정에서 원형 그대로 유지되기는 어려웠을 것입니다. 더구나 제국주의 자본과 국내의 봉건세력에 맞서 장기간에 걸쳐 치열한 투쟁을 전개하는 과정에서는 더더욱 그랬을 것입니다. 러시아의 볼셰비키혁명과 신문화운동 직후 중국의 진보적 지식인들이 마르크스주의를 선택한 것은 그것이 이론적으로 결함이 없고 완벽했기 때문이 결코 아닙니다. 다만 그것이 망해가는 중국을 구해낼 수 있는 가장 유력한 수단이라고 생각했기 때문입니다. 마오쩌둥 역시 마찬가지였습니다. 그렇기 때문에 마오쩌둥을 비롯한 다수의 중국공산당원들에게 있어서 마르크스주의는 목숨을 걸고 사수해야 하는 원리원칙이 아니라 그들의 혁명 활동을 하나로 묶어주는 명분이자 테두리일 뿐이었고 그보다 중요한 것은 구체적인 실천을 통해서 중국 혁명을 어떻게 승리로 이끌 것인가 하는 것이었습니다. 그렇다고 해서 마오쩌둥을 전통적인 우국지사憂國志士로만 보는 것도 문제가 있습니다. 혁명을 승리로 이끌고 나서 마오쩌둥이 중국 땅에 건설하려고 했던 사회는 틀림없이 공산주의 유토피아였습니다. 비록 그것이 말 그대로 너무나 유토피아적이었고 그것을 이루려는 방식이 너무나 성급했기 때문에 참담한 실패로 이어졌지만 말입니다.

더 읽어보면
좋은 책

마오쩌둥 지음, 김승일 옮김, 《모택동선집》 1~4권, 범우사, 2001, 2002, 2007, 2008.

《모택동선집》은 마오쩌둥의 문장과 연설, 담화들 중에서 대표적인 것들을 발췌하여 발표 순서대로 편집, 정리한 것이다. 이 책은 중국의 인민출판사에서 1944년부터 시작하여 여러 차례 개정판을 출판했다. 〈실천론〉과 〈모순론〉은 《모택동선집》 1권의 가장 마지막 부분에 실려 있다. 이 책은 중국공산당 내에서 이론공작을 담당하는 사람들의 토론에 의해 집단 편집된 것이므로 비단 마오쩌둥 개인의 사상뿐만 아니라 중국공산당이 그것을 어떻게 받아들이고 무엇을 강조하였는지를 살펴볼 수 있는 책이다.

마오쩌둥 지음, 정자근·김정계 옮김, 《모택동 사상과 중국혁명》, 평민사, 2008.

마오쩌둥의 저작 중 일부를 발췌하여 국내에서 출판된 역서들 중 비교적 최근의 것이다. 〈실천론〉, 〈모순론〉, 〈중국혁명전쟁의 전략문제〉, 〈중국혁명과 중국공산당〉, 〈신민주주의론〉, 〈연합정부〉 등이 수록되어 있다.

11장

리쩌허우의 미학사상과 서체중용론
고별혁명과 현대화로의 길

—

강진석

리쩌허우
李澤厚(1930~)

리쩌허우는 1930년 6월, 중국 후난성 창사에서 태어났다. 청년 시절, 루쉰魯迅과 빙신氷心의 작품을 즐겨 읽었다. 루쉰으로부터 비판적으로 세상을 바라보는 눈을, 빙신으로부터 순수한 사랑과 동심의 미학을 배웠다. 호남 제1사범학교 시절 이미 마르크스주의를 받아들였다. 1950년 베이징대학 철학과에 입학했다. 이 시기 홀로 학습하는 습관이 몸에 배어서 무수히 많은 책을 독파하였다. 런지위의 '근대사상사' 강의를 듣고 캉유웨이와 탄쓰퉁을 연구하기 시작했다. 1958년《캉유웨이 탄쓰퉁 사상연구》를 출간했다. 1950년대 중화인민공화국 성립과 함께 등장했던 미학논쟁에 참여하여 미학사상가로서의 입지를 굳혔다. 그 후 문화대혁명을 경험하였고 허난성으로 하방下放을 당하였다. 1980년대 개혁개방에 따른 중국 사회의 변화와 대응에 대해 벌어졌던 사상 논쟁인 '문화열文化熱'에 적극 참여하였고, 당시 젊은 세대의 전폭적인 지지를 받게 되었다. 1989년 천안문사태를 겪은 후 1992년 미국으로 건너갔다. 그 후 중국과 미국을 오가면서 꾸준히 저작을 발표하고 강연을 통해 자신의 사상을 피력하였다. 1997년에 급진주의적 혁명운동과의 결별을 알리는《고별혁명》을 출간했다. 파리 국제철학원 원사, 미국 콜로라도대학 명예박사학위를 받았다. 주요 저서로는《중국근대사상사론中國近代思想史論》(1979),《미의 역정》(1981),《중국고대사상사론中國古代思想史論》(1985),《중국현대사상사론中國現代思想史論》(1987),《고별혁명》(1997),《기묘오설》(1999),《역사본체론歷史本體論》(2002) 등이 있다.

리쩌허우의 사상 편력과 특징

1949년 10월 1일 중화인민공화국이 수립된 이래 1980년대에 이르기까지 리쩌허우는 중국의 정치현실과 사상조류의 중심에서 거의 벗어난 적이 없었을 만큼, 언제나 중국 대륙의 다양한 학술논쟁과 문화열의 중심에 서 있었고 광범위한 대중의 지지를 받았으며, 이와 함께 언제나 항상 많은 논객에 의해 비판의 대상에 오르기도 하였습니다. 21세기에 접어든 오늘날 그의 역정을 회고해보면, 그의 철학사상은 중국 정치현실의 변화에 따라 앞서거니 뒤서거니 하면서 변신에 변신을 지속하였고, 이에 따른 심각한 부침 현상이 있었음이 분명해 보입니다.

리쩌허우는 청년 시절 호남 제1사범학교를 다니게 되었고, 이 시절 이미 마르크스주의를 자발적으로 받아들였습니다. 그의 젊은 시절을 사로잡았던 사상은 분명히 마르크스주의였고, 이 사상은 그가 1950년 베이징대학 철학과에 입학하여 다양한 학문을 접하면서도 흔들리지 않는 하나의 중심 철학으로 자리 잡게 되었습니다. 그가 1950년대 중국 학술계를 뜨겁게 달구었던 미학논쟁에 참여했을 때에도 마르크스주의는 하나의 중심체계로서 작용하였다고 볼 수 있습니다. 이 시기 그가 강조했던 '실천미학'은 기실 마르크스주의에서 강조한 인간의 실천 논리에 기반한 것이었습니다. 그는 주관주의 및 기계주의적 미학론에 정면으로 맞서면서 마르크스주의적 실천미학을 강조하였습니다.

그 후 그의 사상은 일대 전기를 맞이하게 되는데, 그것은 바로 당시 중국 대륙의 사람이라면 누구도 피해갈 수 없었던 문화대혁명(1966~1976)의 경험입니다. 문화대혁명의 경험을 통해 리쩌허우는 중국 현실 속의 사회주의에 대해 심각하게 반성하게 되었습니다. 그의 후반부 저작인《고별혁명告別革命》에서 회술하였듯이, 문화대혁명 시기의 중국 사회는 거대한 광기와 폭력으로 점철되어 있었습니다. 1980년대의 중국은 1976년 마오쩌둥의 사망과 함께 막을 내린 문화대혁명을 떠나보내고, 1978년부터 제창된 덩샤오핑의 개혁개방 노선에 손짓하고 있었습니다. 개혁개방의 사회적 분위기 속에서 중국의 지식인과 대학생은 제2의 신문화운동을 꿈꾸었습니다. 리쩌허우의 문제의식도 80년대의 시대적 변화에 부응하여 새로운 변신을 꾀하였습니다. 1981년 출간된 저서《미의 역정美的歷程》은 중국 역사 속에서 펼쳐진 인간의 주체적이고 자유분방한 미학적 실험을 강조하고 중국 고전 해석의 르네상스를 불러일으키면서 중국 전역에 또 다시 미학논쟁을 불러일으켰습니다. 그의 사상은 백화제방百花齊放의 자유분방한 사회 분위기 속에서 젊은 세대의 마음을 사로잡기에 충분했습니다. 리쩌허우의 사상은 그의 미학사상과 1987년 이래로 새롭게 제시된, 서구를 본체로 삼고 중국을 작용으로 삼는다는 서체중용西體中用 사상에 힘입어 80년대 문화열의 중심에 힘을 발휘하였습니다.

그러나 제2의 신문화운동을 꿈꾸었던 중국인의 기대는 10년을 넘어서지 못하고 또 다시 1989년 천안문사건을 맞닥뜨리게 됩니다. 많은 희생자를 불러왔던 이 사건은 개혁개방 노선을 천명했던 중국 정부에게도 급진적인 민주화를 갈망했던 학생과 민중에게도 큰 시련으로 다가왔습니다. 그 후 리쩌허우는 1992년 미국으로 건너가게 됩니다. 1950년대의 미학논쟁, 1980년대의 문화열을 온몸으로 경험하면서 그 중심에 섰던 리쩌허우는 그 후 미국과 중국을 오가면서 저술활동과 강연활동을 통해 꾸준히 자신의 사상을 전개해 나갔지만, 90년대 이후 그의 사상은 중국의 정치현실과의 조우 속에서 변신을 모색하기보다는 일종의 타협점을 찾아가는 길로 점차 나아갔습니다. 90년대 그가 말한 개량주의는 혁명으로 대표되는 급진적인 계몽주의와의 결별을 뜻하지만, 다른 한편으로 정치현실의 각도에서 볼 때 덩샤오핑이 추구한 중국 특색의 사회주의로 대표되는 혼용적 이데올로기와 사회주의 초급단계론으로 대표되는 점진적 개혁노선과 절묘하게 화해하고 있었습니다. 중국 특색의 사회주의는 사회주의에 서구 자본주의 시장경제를 접목시켰다는 면에서 혼용적이고, 사회주의 초급단계론은 마오쩌둥의 대약진 노선의 비약론과 상반되게 당시 중국을 사회주의 초급단계로 인식했다는 점에서 점진 노선으로 평가될 수 있습니다.

그의 이러한 사상적 작업과는 달리, 1990년대 중국의 학술사상계는 1993년 인문정신 논쟁을 기점으로 신좌파 사상과 신자유주의 사상이 등장하면서 새로운 학술논쟁의 장으로 넘어가고 있었습니다. 인문정신 논쟁은 천안문사건(1989)과 덩샤오핑의 남순강화(1992) 이후 중국 상하이 지식인들을 중심으로 전개된 학술운동으로서, 당시 인문정신론자들은 1992년 이후 중국 사회가 인문정신이 추락하고 자본주의적 병폐로 인한 관능과 타락이 만연하게 되었다고 비판하였습니다. 이후 등장한 신좌파 학파와 신자유주의 학파도 각각 90년대의 중국을 새로운 시각에서 조명하게 되었습니다.

이렇듯 리쩌허우의 사상은 중국 현실의 변화에 민감하게 반응하면서 때로는 뒤처져서 때로는 앞서가며 중국 사상계의 뜨거운

화두가 되어온 것이 사실입니다. 이로 인해 그를 평가하는 당시 학자들의 관점도 저마다 차이를 보였는데, 베이징대학의 교수였던 장따이니엔張岱年은 그를 변형된 전반서화론자全盤西化論者로 평가하였는데, 전반서화란 중국의 체제를 모조리 서구화해야 한다는 주장입니다. 팡커리方克立(1937~)는 그가 마르크스주의와 서양 철학을 혼용하는 점을 비판하였으며, 또 다른 학자들은 1990년대 이후 그가 시장경제를 전폭적으로 수용한 점을 들어 자유주의에 경도된 것으로 이해하기도 하였습니다. 그리고 중국에서 2011년에 출간된 최신 저작인《중국 철학이 등장할 때가 되었는가?該中國哲學登場了》라는 대담집에서, 그는 또 한 번의 변신을 꾀하고 있는 것처럼 보입니다. 서체西體, 즉 서양의 과학기술문명과 서구 이데올로기만이 사회를 구성하는 본체라고 신앙했던 그가 2010년 이후로 중국 철학의 등장을 말하기 시작했다는 점입니다. 이는 아마도 2000년대 이후 강대국으로 부상하기 시작한 중국의 새로운 위상에 부응하여 또 한 번의 철학적 변신을 꾀하는 것이 아닌가 진단해봅니다. 이처럼 그의 철학사상은 시대적 변화에 민감하게 반응하면서 변신에 변신을 거듭해왔습니다. 이것은 한편으로는 시대적 고민을 온몸으로 체감하고자 했던 그의 치열한 철학정신을 보여주는 것이며, 또 한편으로는 시대의 변화 속에서 끊임없이 새로운 출로를 통해 세간의 주목을 받고자 했던 그의 철학적 성향을 보여주고 있다고 말할 수 있겠습니다.

미학논쟁과 리쩌허우의 미학사상

중화인민공화국 수립 이후로 리쩌허우가 세간에 회자되면서 일시에 저명한 청년학자로 등극하게 된 계기는 바로 그가 1956년부터 1962년에 걸쳐 중국에서 일어났던 미학논쟁에 참여한 것이었습니다. 1956년은 중국이 사회주의로의 토지개혁을 완성하면서 사회주의의 기본적인 사회체제를 정비하던 시기였습니다. 이러한 시대 배경 속에서 마르크스주의의 하부구조에 걸맞은 상부구조로서의 이데올로기적 작업이 절실히 필요했습니다. 당시 미학은 철학과 더불어 공산주의를 선전하고 대중에 호소할 수 있는 강력한 이데올로기로 인식되었습니다. 이 와중에 이른바 마르크스 미학은 어떻게 전개되어야 하는가의 문제가 표면에 떠오르게 된 것입니다. 이상옥 교수에 따르면, 그 당시에 "마르크스 미학은 어떤 형식과 내용을 지녀야 하는가?", "그 구체적인 핵심 개념과 이론의 논리는 무엇인가?", "새로운 미학의 주요 기능은 무엇이어야 하는가?" 등이 미학자들 사이에서 뜨거운 주제로 떠오르게 되었습니다.

김재숙 교수에 따르면, 당시 미학논쟁에 참여한 자들의 미학 사상은 크게 3부류가 있었는데, 주광첸으로 대표되는 주객통일론과 차이이蔡儀(1906~1992)로 대표되는 절대객관론, 그리고 리쩌허우의 객관사회론으로 나눌 수 있었습니다.

발단은 1956년 주광첸이 자신의 주관유심론적 미학 이론을《문예보文藝報》에 자아비판적인 형식으로 기재하면서 시작되었습니다. 이 이론은 객관주의에 상대되는 주관론과 유물주의에 상대되는 유심론을 결합한 형태의 미학노선을 추구하는 것입니다. 그는 기

리
쩌
허
우

333

존에 자신의 미학이 이 주관유심론에 치우쳐서 물질세계를 부인하였다고 인정하고 이에 대한 수정을 가하면서, 문예文藝는 현실의 반영이고 일종의 사회현상이며, 따라서 문예는 사회경제기초의 상부구조이므로 이 기초를 위해 복무해야 한다고 주장하기에 이릅니다. 이러한 인식의 변화 속에서 주광첸은 미美는 객관 방면의 어떤 사물의 성질, 형상이 주관 방면의 의식 형태에 적합하여 함께 교섭하면서 완전한 형상이 될 수 있는 특질이라고 규정하게 되었습니다.

그러나 이러한 주광첸의 주객통일론은 절대객관론을 주장하는 차이이에 의해 공격당하게 됩니다. 차이이에 따르면, 아름다운 사물이 미美가 될 수 있는 이유는 사물 자체에 있는 것이지 사람의 의식작용에 있는 것은 아니라는 것입니다. 다만 이 객관적인 미가 사람의 의식에 반영되거나 사람의 의식작용을 일으킬 수는 있지만 정확한 미감의 근원은 객관 사물 자체에 있는 미라고 주장한 것입니다. 차이이의 미학론은 당시 유물주의에 경도되어 있었던 중국의 학계를 나름 반영한 이론이었지만 지나치게 기계적인 유물론 미학이라는 비판을 피하기 어려웠습니다.

청년 리쩌허우는 주광첸과 차이이의 미학사상에 모두 만족할 수 없었습니다. 그가 보기에 주광첸은 여전히 주관유심론적 미학에 경도되어 있었고, 차이이의 미학은 지나치게 기계적이고 도식적이었습니다. 리쩌허우는 '미의 사회성'을 제시하여 새로운 미학사상을 전개하였습니다.

미의 사회성은 객관적으로 존재하는 것이다. 그것은 인류 사회에 의존하지 인류의 주관, 의식, 정취에 의존하지 않는다. 그것은 사회존재의 범주에 속하지 사회의식의 범주에 속하지 않는다. 후자의 범주에 속하는 것은 미감美感이지 미美가 아니다. 그러므로 미의 사회성과 미감의 사회성을 혼동할 수 없을 뿐 아니라 미감의 사회성이 미의 사회성을 그 필연적 본질로 존재근거로 객관적 현실의 기초로 삼아야 한다. (〈미감과 미와 예술을 논함論美感, 美和藝術〉, 1956)

리쩌허우에 따르면, 자연 자체가 미가 아니라 미적 자연은 사회화의 결과이며 바로 인간 본질의 대상화에 따른 결과입니다. 이것은 리쩌허우가 마르크스의 초기 사상인 〈경제철학 수고〉에 영향을 받은 것으로 인류의 물질적 현실의 실천 활동을 강조한 것입니다.

마르크스주의의 영향을 받은 리쩌허우는 '자연의 인간화'는 주광첸이 이해하는 것처럼 인간의 정취가 물상에 더해져서 이루어지는 심미 작용이 아니라, 현실적으로 세계를 개조하는 실천 활동이라는 점을 강조하게 됩니다. 바꾸어 말하면 실천을 통해 외재 자연에 인간의 본질 역량을 부여함으로써 자연을 미적 대상으로 만들 것을 강조했는데, 이것이 '외재적 자연의 인간화'입니다. 그리고 인간 자신이 미를 감수하는 감각기관과 심리구조를 발전시켜 나간 것이 '내재적 자연의 인간화'입니다. 따라서 리쩌허우는 실천이 만든 자연의 인간화가 미의 본질이자 근원이라고 생각한 것입니다. 리쩌허우의 이러한 관점은 당시 중국의 미학계에 커다란 영향을 미치게 됩니다. 이에 부응하여 동시대의 다른 미학자들도 마르크스의 실천론의 관점에서 미의 본질을 해석하게 되고, 이 사조가 현대 중국의 주류 미학으로 발전하게 되었으니, 이것을 실천미학이라고 부르게 되었습니다.

그 후 중국 대륙에는 문화대혁명의 역사가 10년을 휩쓸게 됩니다. 문화대혁명의 여파가 아직 수그러들지 않았을 무렵, 1970년대 중반 그의 미학사상은 칸트철학에 눈을 뜨면서 새로운 전기를 맞게 됩니다. 과거 마르크스의 실천미학에다 칸트의 영향을 받은 주체성 개념을 결합하게 된 것입니다. 하지만 그가 강조한 주체성은 칸트식의 선험적인 것이 아니라 발생적인 것이었습니다. 다시 말해 칸트의 병폐는 주체성이 반드시 실천이라는 기초 위에서 이루어져야 함을 간과했다는 것입니다. 임태승 교수가 표현한 것처럼 이 시기 리쩌허우의 미학은 칸트철학에서 설정된 선험적 형식을 마르크스주의 실천이라는 용광로에 집어넣어 양자가 그 안에서 정련되어진 것과 같았습니다.

중국이 1980년대 이후 개혁개방 시기에 진입하면서, 중국 전역에서 자유분방한 사회분위기가 넘쳐흘렀습니다. 학술계도 제2의 신문화운동 시기를 대망할 정도로 백화제방의 자유로운 분위기가 넘치게 되었습니다. 80년대 리쩌허우의 미학은 또 한 번 새로운 학설을 제시하게 됩니다. 그는 1987년 정감본체情感本體라는 개념을 내세우게 됩니다. 당시 현대 신유학자들이 송명대 유학 사상을 골간으로 삼고 칸트철학의 조명을 받아 재해석을 시도한 도덕본체 이론과는 달리, 이 개념은 개체적이고 감성적이고 실제생활 중에 활동하는 정감을 본체로 하자는 것이었습니다. 이에 따라 그는 실천을 계속 강조함과 동시에 무수히 많은 개체의 우연성이 자유에 참여하고 치열하게 추구하는 면을 강조하는 길로 나아가게 되었습니다. 이것은 그의 미학사상이 70년대의 집단주체성에서 개체주체성을 강조하는 방향으로 나아가고, 마르크스의 실천관에서 점차 탈피하게 됨을 알리는 것이었습니다. 리쩌허우의 미학 사상은 80년대 중국 전역을 뜨겁게 달구었던 문화열의 한 축을 이루었고, 청년 세대는 그를 사상적 지도자로까지 받들게 되었습니다.

문화열의 중심에 서서

1980년대 중국에서 형성된 문화열은 1984년을 기점으로 본격화되었습니다. 중국 각지에서 수많은 학술토론회가 개최되었고 다양한 형태의 문화서원과 연구센터가 건립되었으며 서양 학문을 번역한 책들이 총서의 형태로 속속 소개되었습니다. 이 시기 문화열은 1989년 신문화운동 70주년을 기점으로 최고조에 이르게 되었고, 한 달 후 천안문사건을 접하면서 새로운 국면으로 접어들게 되었습니다. 리쩌허우도 그의 미학사상과 서체중용론이 부각되면서 80년대 문화열의 한 중심에 서 있었습니다.

김교빈 교수에 따르면, 이 시기 문화열을 이끈 학파는 크게 유학부흥론, 비판계승론, 철저재건론, 서체중용론으로 나눌 수 있었습니다.

먼저 유학부흥론은 80년대의 자유로운 사상적 분위기 속에서 중국 전통사상인 유학을 복권시키자는 운동이었습니다. 문화대혁명 시기 철저하게 폄하되었던 유학을 다시 복원하고, 중국 문화의 뿌리인 유가사상을 통해 중국 문화의 독창성과 우수성을 알리고 부흥시키자는 취지를 가졌습니다. 그들은 당시 타이완과 홍콩 등

지에서 활약하고 있던 당대신유가 학자들과 동아시아 신생 공업
국가들을 중심으로 주목받았던 유교자본주의 사조의 지지를 받
아서 중국 대륙에서 다양한 유학 부흥 운동을 일으켰던 것입니다.
이 운동은 유학자였던 펑유란과 량수밍을 필두로 하였고, 이에 힘
입어 공자기금회, 중국문화서원, 현대신유가연구회 등이 조직되고
지정되었습니다.

둘째는 비판계승론입니다. 장따이니엔, 런지위任繼愈(1916~2009),
팡커리 등으로 대표되는 논자들은 중국전통 중에서 찌꺼기와 알맹
이를 구별하고 이를 비판적으로 계승하여, 중국적 특성을 지닌 사
회주의 물질문명과 정신문명을 내용으로 하는 사회주의 신문화를
건설하자고 주장했습니다. 그들은 개혁개방 이후 중국이 직면한 경
제개혁의 현실을 냉정하게 인정하고, 중화민족의 우량한 전통을 살
리기 위해 전통문화를 분석해내고, 서구문화 가운데 부패한 부분
을 떼어내어 현실에 유리한 과학과 민주를 들여오자고 말했습니다.

셋째는 철저재건론입니다. 진관타오金觀濤(1947~), 깐양甘陽(1952~)
등으로 대표되는 이들은 젊은 나이에 서양의 학문을 접하면서 중
국의 낙후성을 절실히 느꼈던 청년 세대였습니다. 그들은 서양의
사회과학적 방법론, 자연과학의 다양한 이론을 가져다가 자신들의
이론을 구축하고자 했습니다. 그들의 눈에 비친 중국의 현실은 경
제가 여전히 소농경제에 머물러 있고 문화도 전근대문화에 머물러
있었습니다. 따라서 중국의 전통문화를 근본적으로 개조하여 철
저하게 다시 세워야 한다고 주장하였습니다. 이러한 점에서 그들은
확실히 반전통의 입장에 서 있었습니다. 당시 황허의 죽음을 상징
하는 TV 다큐멘터리 〈하상河殤〉도 이들과 같은 생각을 담고 있었

고, 천안문사건 이전에 중국 전역에 방영되면서 큰 반향을 불러일으키게 되었습니다.

넷째는 리쩌허우로 대표되는 서체중용론입니다. 당시 리쩌허우는 유학비판론이나 비판계승론 심지어는 중국화한 공산주의마저도 여전히 중체서용의 낡은 틀을 벗어나지 못했다고 진단했습니다. 따라서 이러한 전근대적인 중국을 바꾸기 위해서는 중체서용과 같은 낡은 방식으로는 안 되고 반드시 서체, 즉 서구의 과학기술문명, 선진 방식, 서양 학문 등의 상부구조와 하부구조를 모두 들여와서 중국의 본체로 삼아야 한다고 주장하게 되었습니다. 이러한 주장은 당시 개혁개방의 물결 속에서 서구의 문물을 도입하는 분위기가 선호되고 있던 현실에 매우 적합한 이론이었습니다. 또한 그가 말한 중용中用은 중국적 현실로의 적용을 뜻하므로 이 역시 시대적 대세와 흐름을 같이 했습니다.

리쩌허우의 서체중용론

리쩌허우의 서체중용론은 1980년대에 제기되어 21세기를 넘어 오늘에 이르기까지 그의 사상에서 중심적인 뼈대를 이루고 있습니다. 그가 서체중용론을 제기하게 된 배경은 다양한 맥락을 지니고 있습니다.

그는 먼저 사상 대결적인 측면에서 중국 근대시기 지식인을 사로잡았던 양극단의 사상체계에 대해 포문을 열었습니다. 그 중의 하나는 중국의 고질적인 보수성을 대표하는 중체서용中體西用 사상이고, 다른 하나는 중국적인 것을 모두 폐기하고 모든 것을 서구식으로 탈바꿈해야 한다는 전반서화全盤西化 사상이었습니다. 리쩌허우에 따르면, 중국을 본위로 삼고 서구를 활용하자고 주장하는 중체서용은 자체로 지닌 특유의 동화력으로 자신과 비슷한 점에 주의하고 다른 점을 모호하게 하는 노선을 추구합니다. 그리고 내부적인 질서를 유지하면서 결과적으로 체제의 안정성을 추구하는 쪽을 선택합니다. 이 체제가 바로 봉건성을 뜻합니다. 따라서 과거 중체서용론자들이 외친 구호나 변형된 형태의 기독교 해방운동을 펼쳤던 태평천국운동, 심지어는 중화인민공화국 수립 이후 전개된 초기 중국 사회주의 운동에서도 뿌리 깊은 중체서용의 음영을 발견할 수 있다고 보았습니다. 이 중체서용론자들은 겉으로는 현대화를 표방하였지만 실제로는 봉건성을 벗어버리지 못했고, 결과적으로 중체로써 서구로부터 흡수한 것들을 모두 동화시켜버린 것입니다. 반면, 전반서화의 경우는 중국의 근대에서 현대에 이르기까지 단순히 모방만을 추구하여 중국 현실 속에서 성공에 이를 수 없었습니다. 전반적인 서구화를 주장한 후스, 오쯔후이吳稚暉(1865~1953) 등은 중국이 이미 가지고 있던 문화심리의 각종 전통들을 철저하게 부정하면서 서양을 모방하고자 했습니다. 그러나 이를 추종하는 사람이 드물어 중체서용과 마찬가지로 성공에 이르지 못했습니다. 타이완에서 활약한 인하이광殷海光(1919~1969) 역시 이러한 주장을 펼쳤으나 그다지 성공하지 못했습니다.

리쩌허우의 인식 속에서는 중체서용파와 전반서화파는 중화인민공화국 수립 이후에도 간판과 이름만 바꿔달았을 뿐, 여전히 통치 지위를 점하고 유행을 주도하고 있었습니다. 비록 그 내용은 많이 바뀌었을지 몰라도, 그들이 행하고 있는 방법과 행태 그리고 근본 체계는 과거 근대시기의 그것과 별반 달라진 게 없었던 것입니다.

그의 서체중용은 바로 이러한 배경 속에서 중국 철학의 새로운 방법론으로 제시되었던 것입니다. 서체중용은 전통적인 면과 서구 모방적인 면을 극복한 새로운 대안으로 제시되었습니다.

> 신문화운동 이래로 캉유웨이, 옌푸, 천두슈, 후스 등의 서구화론자는 보편성을 강조해왔고, 장타이옌에서 량수밍에 이르는 국수파는 특수성을 강조해왔다. 일파는 전반서화를 추구했고, 다른 일파는 중체서용을 강조했다. 두 파가 각기 지니고 있는 일면성을 제거해야만 진리는 그 모습을 드러낼 것이며, 이것이 바로 서체중용이다. (《만설 '서체중용'漫說'西體中用'》, 1987)

리
쩌
허
우
───
341

이처럼 서체중용이란 바로 전반서화의 보편성과 중체서용의 특수성을 창조적으로 결합하는 것이고, 전반서화와 중체서용이 지니고 있는 일면성을 제거하는 데서 그 존재 의의를 찾을 수 있습니다.

그렇다면 그가 말한 서체중용은 어떤 내용일까요? 그 해답은 먼저 뿌리 깊은 중체로 얼룩진 중국의 현실을 서체로 대체해야 한다는 데 있습니다. 리쩌허우는 이렇게 말합니다. "중국의 경우 이러한 사회존재의 본체 자체를 바꾸지 않는다면 마르크스주의를 포함하여 그것이 아무리 선진적인 서학西學이라 할지라도, 모든 학문은 중국 원래의 사회존재의 체, 즉 봉건적 소생산의 경제기초와 그 문화심리구조라는 갖가지 중학中學에 의해 잠식될 가능성이 있다.

앞에서 태평천국을 이야기한 것은 바로 이 점을 설명하기 위해서였다. 다른 글에서 중국의 마르크스주의를 이야기한 것 역시 이 점을 포함하고 있다. 따라서 이른바 근대화라는 것은 우선 이러한 사회본체, 즉 소생산의 경제기초, 생산양식을 변혁해야만 한다. 이것은 현실의 일상생활을 이에 맞게 변화시키고 비판할 것을 필요로 한다."(《만설 '서체중용'》) 따라서 봉건성에 잠식되지 않기 위해서는 서체를 기준으로 하여 서체로써 중체를 대체하는 길로 나아가야 합니다. 다시 말해 정신 및 사상적 이데올로기를 포함해서 근본적인 경제기초, 생산양식도 모두 서체를 따라야 합니다.

리쩌허우는 근대화가 모두 서구에서 시작되었고, 현대의 대공업생산, 증기기관, 전기, 화학공업, 컴퓨터, 그리고 그것들을 생산하는 각종 과학, 공업기술, 경영관리제도 등이 모두 서구에서 전래되었다고 생각했습니다. 그렇기 때문에 현대적 대공업생산으로 발전시키는 근대화는 바로 서구화라고 주장합니다. 서체의 근본적인 틀을 이루는 것은 서구로부터 시작되고 유래된 현대적 대공업의 생산양식과 과학기술과 경영제도입니다. 이러한 서체를 구축하기 위해서는 이러한 근대화, 즉 서구화의 토대를 받아들여야 하고, 이로부터 본체를 진정한 의미의 서체로 건설할 수 있다는 것입니다. 이러한 맥락에서 그는 넓은 의미의 서체를 표방하였는데, 그 속에는 서구의 과학기술, 생산양식과 함께 서구의 학문인 서학도 포함되어 있는 본체로써 중국을 개조할 것을 주장했습니다.

서체의 근본토대인 현대공업과 과학기술의 기초 위에서 형성된 자아의식과 심리본체는 서체의 물질적 토대를 유지하고 추진하고 유발하기도 한다. 이러한 정신적 측면, 즉 정신생산은 엄연히 서학西學의 몫이다. 이런 의미에서 서학을 체로 삼는다는 말이 성립될 수 있다. 이 서학에는 마르크스주의도 포함된다. 왜냐하면 마르크스주의는 근대 공업의 기초 위에서 탄생한 혁명이론이자 건설이론이기 때문이다. 하지만 이 마르크스주의 역시 반드시 세계라는 사회존재 본체의 발전과 변화에 따라 발전하고 변화해야 한다. 《만설 '서체중용'》

리쩌허우가 말한 넓은 의미의 서체는 물질적 생산토대라는 유물론적 요소, 물질적 생산양식을 유발하고 강화하는 서학이라는 이데올로기적 요소 그리고 서양의 고전적 자유주의 경제이론과 대립되는 마르크스주의 좌파이론 등의 요소를 포함하고 있었습니다. 그러나 90년대 이후 리쩌허우의 서체 이론은 점차 정통 마르크스주의와는 거리를 두면서 발전하게 됩니다.

서체중용에서 서체가 일차적이고 우선적인 것이었다면, 중용中用은 그 적용이라는 측면에서 구체적이고 방법적인 것입니다. 이런 의미에서 서체중용의 관건은 오히려 중용에 달려 있습니다. 다시 말해 서체를 사용하여 서구의 생산력과 생산방식을 끌어들여 중국의 독자적인 길을 걷는 것이 바로 서체중용입니다. 중용의 구체적 실현은 중국이 현대사회로 진입하는가의 성패와 직결됩니다. 다시 말해 "서체중용에서 관건이 되는 것은 용用입니다. 어떻게 중국이 진정으로 비교적 순조롭고 건강하게 현대사회로 진입할 수 있는가, 어떻게 인민생활의 현대화가 건강하게 전진하며 발전할 수 있는가, 어떻게 개인계약을 기초로 한 근현대 사회생활이 중국에서 뿌리내려 발전할 수 있는가, 그리고 이를 바탕으로 독자적인 길을 걸어갈 수 있는가 등의 문제는 여전히 큰 난제입니다." (《재설 '서체중용'再說'西體中用'》, 1995)

리쩌허우는 '서체'를 중국에 '응용'하는 것은 대단히 곤란하고도 창조적이며 역사적인 과정이 될 것이라고 고백합니다. 이를테면 누구나 일찍부터 서구의 과학과 민주주의를 받아들여야 한다는 것을 알고 있었지만, 중국에서 그것을 응용했을 때 체와 용이 전화되는 과정이 곤란함을 의식하지 못했기 때문에, 매우 두터운 겹겹의 장애에 부딪힐 수밖에 없었습니다. 이것은 자국 현지의 국가적 상황과 전통에 대한 이해가 불충분했기 때문이라는 것입니다. 그는 중용의 어려움을 이렇게 토로했습니다.

> 중용中用은 서체를 중국에 응용하는 것을 포괄한다. 동시에 중국 전통 문화와 중학을 서체를 실현하는 방법과 방식으로 삼아야 함을 의미한다. 이러한 응용 가운데 원래의 중학 역시 갱신되고 변화될 수 있을 것이며, 이러한 응용 가운데 서체가 중국화의 기치 아래 중체서용으로 바뀌는 게 아니라, 진정으로 그리고 제대로 중국화할 수 있을 것이다. 이것은 물론 아주 곤란하고 기나긴, 모순에 가득 찬 과정이 될 것이다. 하지만 진정한 서체중용은 중국이 새로운 공예사회구조와 문화심리구조를 수정할 수 있게 할 것이며, 중국 민족의 생존과 발전에 새로운 길을 열고, 새로운 세계를 창조하게 할 것이다. (《만설 '서체중용'》)

중용은 서체가 중국에 적용되면서 중국적인 것을 개조하고 수정하는 과정이고, 동시에 중국이 주체가 되어 서체를 도입하는 과정에 발생하는 판단, 선택, 수정, 개조 등의 일련의 행위 등을 모두 포괄하는 쌍방향적인 특징을 지니고 있습니다.

리쩌허우는 서체와 중용의 결합을 통해서 전반서화가 지니고 있는 보편 담론의 맹목성을 고발하고, 중체서용이 지니고 있는 특수 담론의 편협성을 극복하고자 하였습니다. 그러나 그가 제시하고자 했던 보편성과 특수성의 창조적 결합은 그다지 성공적이지 못했습니다. 왜냐하면 그는 보편성과 특수성의 창조적인 결합을 성공시키기 위해서, 서체를 구성하는 대목에서는 서구의 물질적 생산양식에다가 마르크스주의의 중국화를 결합하였고, 중용을 구성하는 대목에서는 서체의 실현이라는 주체와 중학中學의 수용이라는 주체를 이중으로 설정함으로써 논리적인 혼선과 맹점을 드러냈기 때문입니다. 결과적으로 그의 사상 역시 근대시기 중체서용론자의 고민과 마찬가지로 현대화와 전통의 모순을 놓고 고뇌했던 그 근본적 사유에서 완전히 자유롭지 못했던 것입니다.

고별혁명과 현대화로의 길

리쩌허우는 청년 시절 문화대혁명을 겪고 중년 시절 천안문사건을 겪으면서 점차 중국의 혁명을 고취하는 문화급진주의 자체에 대해 회의하게 되었습니다. 문화급진주의는 빠른 시간 내에 모든 것을 혁명의 방식으로 탈바꿈할 수 있다는 신앙 체계를 의미하며, 그 경로는 문화적 선동주의와 대중주의에 기반하고 있었던 것이 중국의 현실이었습니다. 이러한 배경 속에서 그는 1997년《고별혁명》이라는 저작을 펴내게 됩니다. 그는 이 책에서 이렇게 말합니다. "문화대혁명 이후로 나는 캉유웨이를 점점 더 높이 평가하게 되었습니다. 그가 선택한 것은 영국식 개량주의의 방식이었는데, 이러한 방식은 폭력혁명을 피하고 사회에 상대적인 안정과 조화를 유지해 줌으로써 대규모의 파괴와 심한 기복을 피할 수 있게 해줍니다." 이 책 속에서는 문화대혁명의 급진주의적 병폐만을 말하고 있지만 그 행간에는 문화대혁명과 천안문사건으로 점철된 문화급진주의에 대한 종합적인 반성이 깃들어 있다고 볼 수 있습니다.

캉유웨이로 대표되는 개량주의를 그는 '전화轉化적 창조'라는 말로 바꾸어 말하기도 하였습니다. 전화적 창조는 과거의 형식 위에서 점진적인 과정을 통해 점차 새로운 형식으로 전환시키는 방법을 말합니다. 다시 말해 이것은 마치 헌 병에 새 술을 담고, 과거에 기대 새것을 세우고, 진부한 것을 미루어 새것을 도출하고, 낡은 형식을 점차적으로 새로운 형식으로 전환시키는 것을 의미합니다. 그가 1995년 중산대 강연에서도 말했던 것처럼, 전화적 창조는 서체중용의 방법이 더욱 구체화되어 드러난 것으로서, 이는 낡은 형식을 잘 이용하고 돌다리를 두드리면서 강을 건너는 것과 같이 낡은 몸에서 새로운 형식을 창조해내는 것을 말합니다. 이로써 서체중용은 중체서용과 같이 단지 전통을 묵묵히 고수하여 제자리에서 맴돌고 마는 행태에 빠지지 않고, 또한 무조건 서양이 좋다고 몽땅 가져다가 베끼는 전반서화의 길로 기울지도 않게 됩니다.

급진적인 혁명의 방법과 구별되는 이 전화적 창조의 길은 일원성과 다원성의 조화, 과거와 현대의 접목, 중국과 서구의 절충 등의 요소를 함께 내포하고 있습니다. 이러한 형식의 구현은 매우 지난하고 모순된 과정을 통과해야 하며, 급진적인 혁명을 기대하는 자들의 신속성과 과격성을 방어하면서 사안을 점진적으로 수행해야 하는 과제를 떠안고 있습니다. 리쩌허우는 수천 년간 중국을 견인해 온 봉건적 전통의 실체를 직시했습니다. 그는 이 전통이 오늘날에도 여전히 맹위를 떨치고 있으며 아직도 근대화에 완전하게 진입하지 못한 중국의 무수한 백성들의 마음속에 살아 있다고 보았습니다. 따라서 이러한 봉건적인 중국의 심층문화의 심리를 명확히 인식하고, 아울러 수준 높은 이론으로 끌어올려 이러한 문화를 재해석하고 병폐를 보충하는 일이 바로 미국과 유럽의 선진적 문명을 흡수하고 동화하여 전화적 창조의 토대를 마련하는 길이라고 생각했습니다.

1990년대 이후, 리쩌허우의 사상은 점점 더 개량주의적 자유주의에 가까워집니다. 그는 비록 그의 사상이 자유주의와 차별을 갖는다고 말하였지만 그가 강조한 시장경제, 개인의 자유, 민주화 등의 개념은 서구 자유주의의 내용에 매우 근접해 있는 것이 사실입니다. 그는 앞서 말한 전화적 창조의 방법에 입각하여 중국의 현대화를 4단계로 나누어 설명하였습니다. 이 4단계론은 이른바 경제발전—개인주의—사회정의—정치민주로 대표되는 사회발전론을 말합니다. 리쩌허우는 이 4단계론이 어떤 필연적인 법칙을 의미하는 것은 아니지만 중국의 현실에 비추어볼 때 나름대로 그 선후와 경중에 있어서 우선순위에 기초하고 있다고 보았습니다. 그는 1999년의 저작《기묘오설己卯五說》에서 이와 같이 말했습니다.

나는 혁명과 작별 인사를 하는 네 가지 단계, 즉 중국의 근대화 과정과 관련된 경제발전, 개인주의, 사회정의, 정치민주라는 네 가지 커다란 문제를 어떻게 처리할 것인가 하는 이론을 제기했다. 나는 이러한 네 가지 측면을 분명하게 나눌 수 있는 역사적 단계로 생각하지는 않지만, 여전히 경중과 완급, 선후와 순서로 나눌 수 있는 과제이자 작업이며 임무라고 생각한다. 《기묘오설》)

4단계론은 기계적인 역사법칙을 의미하지는 않지만 적어도 무엇이 오늘날 중국의 현실에서 가장 시급하고 무거운 주제인가를 논하는 면에서는 분명한 방법을 제시하고 있다고 보았습니다. 확실히 리쩌허우는 경제발전을 최우선 과제로 설정하고 정치민주화를 최후의 과제로 설정했다는 점에서, 90년대 당시 덩샤오핑의 개혁개방 노선, 그 중에서도 1992년 덩샤오핑이 중국의 남쪽 지역을 방문하여 개혁개방의 지속적인 실천을 강조했던 남순강화南巡講話를 발표한 이래로 유지된 경제발전 우선정책과 정치민주화에 대한 침묵기조와 흐름을 같이하고 있습니다. 다시 말해 그의 방법적 설정은 경제발전은 최우선으로 두고 정치민주화를 가장 나중에 두었다는 점에서, 90년대에 중국 내에서 새롭게 등장했던 여러 사상 사조들, 그 중에서 사회정의를 최우선 가치로 내세웠던 신좌파이론과도 구별되고, 정치민주화와 시장경제를 최우선 가치로 내세웠던 신자유주의와도 거리를 두고 있습니다. 그의 이론은 한층 더 나아가 덩샤오핑이 제창했던 선부론先富論마저도 긍정적으로 평가하였으니, 이러한 점에서 그의 사상은 90년대 이후 중국 현 정부의 정책기조와 거의 유사한 메시지를 풍기고 있다는 혐의를 벗어내기 어려워 보입니다. 또한 그는 4단계론이 지닌 선후와 경중의 측면만을 논했을 뿐, 경제발전 우선정책이 가져오는 여러 부정적 현상들, 예를 들면

계층의 양극화, 지역 간의 격차, 정신문화의 황폐 등에 대한 문제를 심각하게 인식하지 못했으며, 정치민주화를 늦춤으로써 나타나는 사회 전반의 병리현상과 개인자유에 대한 현실적 퇴보에 대해서는 그다지 심각하게 논의하지 않았으니, 이 또한 그가 비판받을 수 있는 대목들입니다.

남겨진 과제들

1990년대의 주요 담론은 사실상 천안문사건과 남순강화 이후의 중국의 실상에 대해 문제제기를 하는 데서부터 출발하여 1993년 인문정신 담론 그리고 그 후 전개된 신좌파 담론과 신자유주의 담론으로 파생되어갔다고 볼 수 있습니다. 이 중에서 인문정신 담론은 90년대 중국 사회에 만연한 시장경제와 대중문화의 관능과 타락의 현상을 고발하였고, 신좌파론자들은 개혁개방 노선이 가져온 중국 사회의 불공정과 불평등의 현실을 지적하였고, 신자유주의자들은 중국 사회가 지니고 있는 자유와 민주의 결여 현상을 끊임없이 조명하였습니다. 이에 반해 90년대 이후 리쩌허우의 사상은 주로 문화급진주의에 대한 반성에 초점을 맞추었을 뿐 정작 당시 중국 사회가 당면했던 여러 문제점들에 대해서는 직접적인 비판을 가하지 않았습니다. 이러한 측면에서 볼 때 리쩌허우 사상의 전성기는 사실상 문화대혁명의 전후 시기와 천안문사건 전후 시기에 머물러 있다고 말할 수 있습니다.

크게 볼 때 리쩌허우의 사상은 1단계로 중화인민공화국 성립 시기에서 문화대혁명 이전까지 마르크스주의에 입각하여 중국의 미학사상을 재정립하고자 했고, 2단계로 1980년대의 자유로운 학술 분위기 속에서 한편으로는 서구의 자유주의 사상을 수용하고 한편으로는 중국적 현실의 적용을 강조하는 서체중용의 이론을 수립하고자 했으며, 3단계로 1990년대 이후 고별혁명을 선언하면서 문화급진주의와 결별하고 전화적 창조로서의 개량주의를 강조하게 되었다고 말할 수 있습니다.

리쩌허우는 물질세계를 기반으로 한 사회생활의 진보를 믿었다는 점에서 마르크스주의적인 유물론적 성향을 가졌고, 이 신념을 꾸준히 견지해갔다고 볼 수 있습니다. 그러나 중화인민공화국 수립 이후 발생한 커다란 재앙적 사건들과 마주하면서 그의 사상은 혁명보다는 개량을, 계획경제보다는 시장경제를, 정치민주화보다는 경제개발을 우선하는 방향으로 나아갔고, 이는 기실 덩샤오핑의 개혁개방 노선이 천명된 이후로 전개된 중국 특색의 사회주의 노선과 궤적을 같이 하였다고 평가될 수 있습니다. 그는 중국의 봉건성과 현대성의 모순 속에서 끊임없이 고뇌하였고, 이 모순을 해결하기 위한 현실적인 사유 속에서 서체중용의 모델을 제시하였습니다. 그는 고전적인 학문에만 몰두하는 학자가 아니라 중국의 변화하는 현실 속에서 사유의 촉각을 예민하게 세우고 사유하는 치열한 사상가였습니다. 비록 그의 사상이 시대의 변화에 호응하면서 변천을 거듭하는 가운데 이론적 한계와 모순을 노출시키기도 하였지만, 시대와 함께 호흡하고자 했던 그의 학문정신은 오늘날 우리에게도 커다란 울림으로 다가오고 있습니다.

***

더 읽어보면
좋은 책

리쩌허우 지음, 임춘성 옮김, 《중국근대사상사론》, 2005, 한길사.

이 책은 근대시기 중국사상가의 사상과 철학을 저자 특유의 필체와 관점으로 해설한 역저이다. 저자는 태평천국의 교주였던 홍슈취안에서부터 시작하여, 19세기 개량파인 캉유웨이, 탄쓰퉁, 옌푸 등을 소개하고, 20세기의 사상가인 쑨중산, 장타이엔, 량치차오, 왕궈웨이의 사상을 소개한 후, 마지막으로 루쉰의 사상을 소개하며 끝맺고 있다.

리
쩌
허
우

———

351

리쩌허우 지음, 이유진 옮김, 《미의 역정》, 2014, 글항아리.

이 책이 발간된 당시(1981) 중국의 젊은이들은 문화대혁명의 억압 속에서 막 기지개를 펴고 있었다. 리쩌허우의 이 저작은 당시 새로운 것을 갈구하던 젊은 세대에 끊임없이 솟아나는 샘물과 같이 새로운 사상의 자양분을 제공했고, 그 영향력은 가히 타의 추종을 불허하였다. 이 책은 상고시대와 청동기시대를 먼저 소개하였고 한 왕조, 위진시대, 당 왕조 시대의 미학의 특징을 짚었으며, 명청의 문예사조를 소개하면서 끝맺고 있다.

리쩌허우 지음, 김형종 옮김, 《중국현대사상사론》, 2005, 한길사.

이 책은 20세기 중국 대륙의 계몽과 혁명으로 대표되는 인물들의 사상을 집중적으로 소개하였고, 마오쩌둥과 중국 마르크스주의의

***

소개에 많은 지면을 할애하고 있다. 또한 현대 신유가로 대표되는 슝스리, 량수밍, 펑유란, 모우쭝산 등의 철학도 소개하고 비평하고 있으며, 끝으로 그의 대표 철학으로 평할 수 있는 서체중용론을 일목요연하게 논하였다.

리쩌허우·류짜이푸 지음, 김태성 옮김,《고별혁명》, 2003, 북로드.

이 책은 두 사상가의 대담을 책으로 엮은 것이다. 이 책에서 리쩌허우는 본격적으로 중국의 혁명사조가 지닌 문화급진주의를 비판하고 있다. 그것은 기실 문화대혁명으로 대표되는 중국의 혁명 전통에 대한 반성의 의미를 담고 있다. 그는 혁명은 정당했는가에 대해 질문을 던지면서, 혁명보다는 개량이 필요한 당대 중국의 현실을 진단하고 있다.

이연도 중앙대 교양대학 교수. 중앙대를 졸업하고 중국 베이징대에서 중국 근현대철학을 전공하여 박사학위를 받았다. 정치와 사회철학에 관한 논문을 주로 썼으며, 동서양의 유토피아 사상에 관심이 많다. 중국 철학뿐만 아니라 철학치료와 고전에 관한 저술 작업을 꾸준히 하고 있다. 중앙대, 서울대, 강원대 등에서 동양철학과 동양윤리사상, 중국미학 등을 가르쳤으며, 고전 읽기의 즐거움을 대학 내외의 강의를 통해 전파하고 있다. 주요 저서로는 《강유위가 들려주는 대동 이야기》, 《인문치료》(공저), 《세상을 바꾼 철학자들》(공저) 등이 있으며, 번역서로는 《공자전》, 《징비록》 등이 있다.

양일모 서울대 자유전공학부 교수. 서울대 철학과를 졸업하고 동대학원에서 동양철학으로 석사학위를 받았으며, 도쿄대 인문사회계연구과 대학원 동아시아 사상문화학 전공으로 박사학위를 받았다. 도쿄대 문학부 조수, 한림대 교수를 지냈다. 동아시아의 근대성과 번역, 서양 철학의 수용을 통한 동양철학의 근대적 전환, 개념사 등에 관심을 갖고 있다. 주요 저서로 《옌푸: 중국의근대성과 서양사상》, 《개념의 번역과 창조》(공저), 《동아시아 근대를 번역하다》(공저), 《좌우파에서 보수와 진보로》(공저) 등이 있고, 번역서로는 《천연론》(공동 역주), 《정치학이란 무엇인가:중국의 근대적 정치학의 탄생》, 《관념사란 무엇인가》(공역), 《중국민족주의의 신화》(공역) 등이 있다. 주요 논문으로 〈중국철학사의 탄생-20세기 초 중국철학사 텍스트 성립을 중심으로〉, 〈J. S. 밀과 근대중국〉, 〈'사상'을 찾아가는 여정: 일본인의 중국 인식과 중국학〉, 〈진화론적 비유의 한어 번역 Translating Darwin's Metaphors in East Asia〉 등이 있다.

고재욱 강원대 인문대학 철학과 교수. 고려대 철학과를 졸업하고 동대학원에서 석사학위를 받은 다음 타이완 푸런대에서 〈대동원철학의 분석과 비평戴東原哲學析評〉으로 박사학위를 취득하였다. 타이완 중앙연구원 방문교수와 중국 베이징대 및 지린대 교환교수를 역임하였고, 주로 한국중국학회와 한국중국현대철학연구회에서 학술활동을 하며 학회장을 역임하였다. 현재 대학에서 중국철학사,

중국현대철학, 동서비교철학 등을 강의하고 있다. 근래에는 불교연구와 강의를 병행하고 있다. 공저로 《중국사회사상의 이해》, 《중국철학의 이해》, 《현대사회와 동양사상》 등이 있고, 번역서로 《중국사회사상사》, 《중국근대철학사》, 《일곱 주제로 만나는 동서비교철학》, 《중국경학사의 기초》 등이 있다.

황종원 단국대 철학과 교수. 성균관대를 졸업하고 중국 베이징대에서 송명철학으로 박사학위를 받았다. 박사학위 취득 후에 전통 유학사상에 관한 연구를 지속적으로 하면서도 한국과 중국의 근현대사상에도 관심을 갖고 관련 논문을 여러 편 발표했다. 베이징대, 서울교대, 단국대 등에서 중국 철학, 한국 철학, 한국 문화 등을 주제로 강의했으며, 동양철학의 현대적 의미를 학생들과 나누는 일에 정진하고 있다. 저서로는 《장재철학: 천과 인간의 구분과 합일》 등이 있고, 역서로는 《중국의 품격》, 《논어, 세 번 찢다》, 《손 안의 고전, 사서》 등이 있다.

황갑연 전북대 철학과 교수. 타이완 퉁하이대에서 차이런호우蔡仁厚 교수의 지도하에 〈심학의 도덕형이상학연구心學的道德形上學研究〉로 박사학위를 받았다. 주요 연구 분야는 선진유가철학, 송명유학, 응용윤리다. 50세 이후 연구 방향은 3단계로 설명할 수 있는데, 1단계는 리학과 심학 논쟁의 실상과 득실을 해부하는 것이고, 2단계는 선진에서부터 송명유학까지 문文과 도道의 관계 변화를 연구하여 도덕주체와 심미주체의 관계 설정을 새롭게 정립하는 것이며, 마지막은 모우종산의 양지감함론의 한계를 분석하여 도덕주체와 지성주체의 관계를 재설정하는 것이다. 저서로 《리학 심학 논쟁, 연원과 전개 그리고 득실을 논하다》, 《공맹철학의 발전》, 《동양철학과 문자학》(공저) 등이 있고, 역서로 《맹자의 삼변철학》, 《심체와 성체》(공역) 등이 있다. 주요 논문으로는 〈양명의 주자철학 비판의 적부適否에 관한 고찰〉, 〈모종삼 양지감함론의 이론적 난제에 대한 고찰〉 등이 있다.

김태용 한양대 철학과 교수. 한양대 철학과와 동대학원을 졸업하고, 타이완대 철학연구소에서 노자철학연구로 석사학위를, 베이징대 철학과에서 도교철학연구로 박사학위를 받았다. 박사학위 취득 후 주로 중국 노학사를 연구하고 있으며, 대학에서 중국철학사, 도가철학, 노자와 한비자의 제왕학 등을 강의하고 있다. 한양대 재학 시절 현대 신유학 동인인 은사의 영향으로, 모우종산의 저작과 철학을 접하고 중국 현대철학에 관심을 갖게 되었다. 이를 계기로 지금까지 관련 학회에 꾸준히 참여하며 중국 현대철학을 공부하고 있다. 근래에는 '현대 신유학과 중국 특색의 사회주의' 및 '당대 중국사상계의 현실인식에 대한 철학적 조명과 전망' 등 한국연구재단의 연구과제를 수행하였고, 모우종산 저작 번역 작업을 진행하였다. 저서로는 《두광정 〈도덕진경광성의〉의 도교철학 연구杜光庭 《道德真经广圣义》的 道教哲学研究》, 《현대 신유학과 중국 특색의 사회주의》(공저)가 있고, 역서로는《(모종삼 교수의) 중국 철학 강의》(공역)가 있다.

김철운 강원대 철학과와 동대학원을 졸업하고, 고려대학교 대학원 철학과에서 박사학위를 취득했다. 현재는 강원대에 출강하고 있다. 저서로는《유가가 보는 평천하의 세계》,《공자와 유가》,《순자와 인문세계》등이 있으며, 역서로는《일곱 주제로 만나는 동서비교철학》(공역),《중국 경학사의 기초》(공역)가 있다. 주요 논문으로는 〈놀이하는 몸homo ludens: 자연과 인공의 경계에서〉, 〈수신修身의 근대적 변용: 국가에 의해 유폐된 개인〉, 〈공자의 '앎'(知): 人道의 실현〉, 〈춘추 패권 시대의 존왕양이론과 화이분별론〉, 〈맹자의 용하변이설〉, 〈농암 김창협과 삼연 김창흡의 인물성동론 연구農巖金昌協,三淵金昌翕人性與物性同論之究〉, 〈순자의 관상비판과 도덕실천 의의〉 등이 있다.

이원석 서울대에서 〈북송대 인성론 연구〉로 박사학위를 받았다. 중국 사회과학원 방문학자를 지냈고, 서울대, 명지대, 한신대, 홍익대에서 강의했다. 현재는 서울대 자유전공학부 전문위원으로 근무하면서 동대학에 출강하고 있다. 역서로는《주희의 역사세계》,《주자와 양명의 철학》,《이 중국에 거하라》,《평유란 자서전》(공역) 등이 있으며, 주요 논문으로 〈유가 경전 내 주요 존재론적 개념에 대한 여말 유학자들의 인식〉, 〈이정二程의 원기설 비판과 리 개념의 특성〉, 〈호원 역학 사상의 연구〉 등이 있다.

355

이철승 조선대 철학과 교수 및 우리철학연구소 소장. 조선대 철학과를 졸업하고, 성균관대에서 동양철학으로 석사학위와 박사학위를 받았다. 중국 베이징대 철학과 연구학자, 중국 중앙민주대 객좌교수, 중국 형양스판대 객좌교수, 성균관대 동아시아학술원 연구교수 등을 지냈다. 요즘 어울림철학을 통한 우리철학의 정립 문제에 관심이 많다. 저서로는《유가사상과 중국식 사회주의 철학》,《마오쩌둥: 현대 중국의 초석과 철학사상》,《현대신유학연구》(공저)가 있고, 역서로는《왕부지, 중용을 논하다》(공역) 등이 있다. 주요 논문으로 〈현대사회의 외로움 문제와 치유의 유가철학〉, 〈민주주의의 법치와 유가의 덕치 문제〉, 〈같음과 다름의 관계와 유가의 어울림철학〉, 〈현대 사회에서 인仁은 어떻게 실천되어야 할까?〉, 〈현대 중국 사상계에 나타난 '중국학열'과 신중화사상〉, 〈현대 중국의 소외 문제와 어울림철학〉, 〈현대 중국의 '중국의 꿈'관과 유가철학〉 등이 있다.

조봉래 인천대 인문대학 중어중국학과 교수. 인하대 중국어중국학과를 졸업하고 중국 베이징대에서 철학 석사학위를 받고 동대학원에서 〈실천인식론의 중국에서의 운용과 발전: 마오쩌둥에서 덩샤오핑까지〉로 철학 박사학위를 취득하였다. 현재 인천대에서 중국 전통사상, 중국 근현대사상, 중국 근현대 인물평전 등을 강의하고 있다. 공저로《현대 신유학과 중국 특색의 사회주의》가 있고 중국 현대철학사상과 관련한 다수의 논문이 있다.

강진석 한국외대 중국어대학 중국외교통상학부 교수. 한국외대 중국어과와 철학과를 졸업했다. 중국 베이징대에서 석사학위를 받았고 동대학원에서 〈주자체용론 연구〉로 박사학위를 받았다. 2001년 귀국하여 대학에서 강의하면서 한국중국학회, 중국학연구회, 중국현대철학연구회 등의 학회에서 주로 학술활동을 했다. 현재 한국외대에서 중국 철학의 이해, 중국 정치사상사 등을 강의하고 있다. 최근에는 본 전공인 유가철학의 영역 외에도 동양윤리, 중국문화, 중국 현대철학, 동서비교철학 등으로 연구 영역을 확대하여 저술활동을 하고 있다. 저서로는《중국의 문화코드》,《체용철학》,《중화전통과 현대중국》(공저),《현대 신유학과 중국 특색의 사회주의》(공저),《주자학의 형성과 전개》(공저),《중국 속의 중국: G2 시대》(공저),《중국 속의 중국: 그레이트 차이나》(공저) 등이 있다.